2013 年度教育部重大攻关项目

"农村土地股份制改革的理论探索与制度设计"（13JZD007）

农村土地股份制改革的
理论探索与制度设计

THEORETICAL EXPLORATION
AND INSTITUTIONAL DESIGN OF
RURAL LAND SHAREHOLDING SYSTEM REFORM

刘云生　著

社会科学文献出版社
SOCIAL SCIENCES ACADEMIC PRESS (CHINA)

自　序

1998 年，我由文史研究转向法学研究。在恩师李开国教授和前辈陈小君教授、刘俊教授、赵万一教授等人的影响、带领下，一直关注农村土地以及世代栖居于其上的农民兄弟，迄今刚好 22 年。

2013 年，有幸入围、中标教育部重大攻关项目，得以有较为充裕的经费和时间奔赴乡村进行田野考察。按照项目合同书与研究计划，项目本应于 2016 年底完成并申请结项。但受多种因素影响，2016 年 10 月 8 日，课题组致函教育部社科司，申请延期结项，获得批准。

之所以延迟结项，所涉原因太多。

一是国家政策持续性调整，课题定位存在严重障碍。项目立项后，适值国家农村土地重大改革酝酿、推动时期，党的十八届三中全会、四中全会、五中全会连续召开，2014 年、2015 年"中央一号文件"次第颁发；相关改革举措深浅不一，加之各类试点渐次展开、推行。鉴于此种变化，课题组一方面需要精心消化文件精神，厘清三次全会公报、两个"中央一号文件"就农村土地改革的基本定位和措施；另一方面还要关注各地试点的最新进展及其效能。除理论研究基本完成外，对于农村土地股份制改革基本模式、法律风险、内部治理等问题均需作重大调整和补充调研；对股份制改革之适用空间、时段、模式、效能、评估等具体问题均需进一步论证，费时无算。

二是国家政策与法律衔接工作展开缓慢。三次全会公报与两个"中央一号文件"导致现行法律文本与政策指向之间存在极为严重的冲突，如何解读、解决二者之间的冲突与调适问题，不仅导致课题定位障碍，还关系到未来法律修订问题。但截至今日，除相关试点外，相关政策与法律衔接步骤尚未完成。

三是等待《民法典》制定对相关问题的通盘定位。课题组延迟结项的另一个重要原因与《民法典》有关。随着《民法典》编纂工作大力推进和国家立法计划的实施，课题组迫切希望能够在《民法典》中寻求立法支撑，特别是在"总则编""物权法编（含担保法）""合同法编"等编中解决农村土地股份制改革所涉主体资格、行为能力、行为效力、物权类型等问题，以期吻合《民法典》之大致走向。

但最重要的原因来自调研过程中，各观测点、试验点取样差异过大，直接导致课题研究陷入迟滞状态。

课题立项后，课题组分别在重庆南川、四川绵阳、海南澄迈、黑龙江大庆、河南商水、上海闵行与青浦、江西余干、广东佛山、福建永春等地设立了观测点、试验点。但通过对调研案例的深入细化研究和反馈数据的认真解读，课题组发现很多问题。

一是基本命题面临重大调整。依照原有课题设计方案，农村土地股份制改革可以在全国范围内统一试点并渐次推广。但通过前期调研发现，农村土地股份制改革于发达地区如广东佛山、上海闵行等地毫无窒碍，但此类区域均属高度发达地区，且所谓"农地"已然有名无实，绝大部分农地已然实现了非农化。而全国大部分地区，特别是中部、西部农村土地股份制改革多系股份合作社形式下的土地流转，而非真正意义上的股份制改革。

由此，农村土地股份制改革能否作为一项制度改革于全国范围内全面推行，疑点尚多，尚需进一步谨慎论证。此点决定了课题基本命题可能发生重大变化。土地效益优良地区推行固然无碍，但在广大的中西部地区是否具有实效，尚需持续考察。

二是分析模型亟须重新设定。根据当时样本、数据可知，真正实现土地股份制改革的区域均位于经济发达地区的城郊接合部或环城市（镇）地带，其他诸多地区的农村土地股份制改革多属有名无实，最常见的现象是名为股改实为租赁。此点决定了课题分析模型需重新矫正、设定。

三是数据采样范围尚需扩大。鉴于基本命题与分析模型发生变化，课题组决定进一步扩大取样地域，加大调研力度，力求获取科学、客观的数据与样本。

虽然存在大量障碍和短暂迟滞，但立项以来，课题组积极、认真展开调研工作，吸收青年教师、博士研究生、硕士研究生深入田间地头，进行田野考察、个案访谈，并与多地政府机关（农委农办）、人民法院

（庭）保持广泛而持久的联系。

截至 2017 年 9 月，课题组共计发表学术论文 73 篇，其中 CSSCI 来源期刊 37 篇，CSSCI 来源集刊 8 篇，CSSCI 扩展版 9 篇，成果数量差强人意，但其学术水平如何尚有待学界科学评估，更有待实践检验。

本项目研究进行期间，本人同时完成了中国法学会部级法学研究课题"农村土地股权制改革：现实表达与法律应对"〔课题立项编号：CLS（2013）D130〕和司法部国家法治建设与法学理论研究部级科研项目"中国农村土地银行法律问题研究"（项目编号：12SFB2040）两项成果。其中中国法学会项目以优秀等级结项，作为首批"中国法学会优秀课题成果文库"出版；司法部项目鉴定合格，项目成果已于 2018 年初出版。

一定程度而论，上述两项成果实则本项目成果的有效组成部分，结项报告中，立论、论证及基本观点亦多有重合；但因为研究视角不同，重心重点自然有异，特别是农村土地股份制改革所涉各类障碍与风险，前两项成果或未予涉猎，或仅限于现象扫描、个案分析，未作深入、系统的理论研究和类型归纳。此次成果对上述两项成果的不足、缺失以及未予阐析部分进行了全方位、深层次的研究，既有量的差异，更有质的不同。

虽有殚精竭虑之艰辛付出，亦有出精品的美好愿景，但农地股份制改革毕竟是新生事物，加之学识、精力有限，错谬在所难免；为观点、行文统一，更为了文责自负，所有结题正文均由本人一力完成。身在局中，大道多歧，迷途之论，恐或多多，硕学方家，幸以教我！课题组成员之成果，待机会成熟后再单列出版奉教。

是为序。

刘云生

2020 年 12 月 8 日

小谷围岛 排云轩

目　录

第三编　法律文本与政策指向

第四编　行为特征、模式选择与风险防范

第一编
理论困境、改革路向与路径探索

第一章 公有制下的股份制改革是否可行

我国推行的是土地公有制，集体是《宪法》《民法典》确证的集体土地所有权人。集体通过土地承包合同将土地发包给农户，或通过竞争性缔约方式如招投标等方式将农地之外的其他土地用益物权转让给他人，借此实现土地公有制所维护的各项价值。

第一节 所有权与所有制

不可否认，现行农村地权结构的权利总源头在立法上表现为土地集体所有权，但其本质仍然归属于国家所有权，是基于所有制进行权利分配的结果。故而，在终极权利的形态上，农民对土地享有的仅仅是一种身份性权利——成员权。从逻辑上讲，只要符合该身份性要件，即应享有上述土地权利。

一 所有制的概念与内涵

（一）归属还是利用？

自 20 世纪 80 年代进行经济体制改革以来，经济学界对所有制的概念与内涵进行了广泛的讨论。讨论中形成了两种相互对立的意见。一种意见认为所有制是生产关系的核心和基础，它决定劳动产品的分配关系和交换关系，但并不包括分配关系与交换关系本身。另一种意见认为所有制就是生产关系的总和，它不仅包括生产资料的占有关系，还包括劳动产品的分配关系与交换关系。

虽然两种意见至今仍没有统一，但是经过讨论，人们对所有制的认识比起单一计划经济年代已有了很大的飞跃。已没有人再把所有制单纯归结为生产资料的归属关系，也没有人再认为生产资料的归属具有决定一切的作用。人们越来越普遍地意识到生产资料的归属问题只能从静态上解决生产资料归谁所有的问题，不能从动态上解决如何利用生产资料创造社会财富，使财产增值的问题。因此，作为社会基本经济制度的所有制应当同时解决生产资料的归属和生产资料的利用两个问题。如不解决后一问题，前一问题的解决也就失去了实际意义。因为在现代商品经济条件下，无论生产资料为国家所有还是为个人所有，单凭所有者一己之力均不可能使生产资料得到有效利用。

共识由此达成：所有制不是一个简单的生产资料归属问题，它还包含生产资料的一定归属关系在具体生产过程中的实现方式问题，即生产资料在具体生产过程中的利用形式问题，而且后者的内容要比前者的内容丰富得多、复杂得多。

基于上述共识，对所有制可作出如下界定：所有制系指生产资料归谁所有和生产资料在生产过程中如何具体利用的经济制度。所有制的内容天然包含如下两方面：生产资料的归属关系与生产资料于具体生产过程中的实际利用关系。

现行农村集体所有制即包含如下两方面：其一，土地和其他生产资料归集体所有；其二，集体所有的土地和其他生产资料通过承包交由承包者在生产中具体利用。这两个方面结合起来，就构成了我国农村当前的集体所有制。

（二）马克思的论断

其实，对所有制的两个方面的内涵，马克思早有论述，只不过在实行高度集中的计划经济体制的年代，为了强调国家对生产资料的绝对支配地位，过分强调全民所有制和集体所有制两种公有制，进而从法律上不断凸显国家所有权和集体所有权两种公有财产权，反倒忽略、弱化了生产资料之具体利用。

马克思在《资本论》中曾对资本主义所有制进行评价，认为"资本决不是简单的关系，而是一种过程"。[①] 进而批判蒲鲁东把所有制单纯归结为生产资料归属关系，"在现实世界中，情形恰恰相反：蒲鲁东先生的分工和所有其他范畴都是社会关系，这些关系的总和构成现在称之为所有制的东西；在这些关系之外，资产阶级所有制不过是形而上学的或法学的幻想"。蒲鲁东"把所有制规定为独立的关系"，就不只是犯了方法

[①] 《马克思恩格斯全集》第30卷，人民出版社，1995，第214页。

上的错误，"他清楚地表明自己没有理解把资产阶级生产所具有的各种形式结合起来的纽带，他不懂得一定时代中生产所具有的各种形式的历史的和暂时的性质"。[①]

生产资料的归属关系仅仅反映了所有制的一个层面，而且，它对生产方式和社会形态的决定作用也是相对的而非绝对的。在生产资料归属关系不变的情况下，生产资料在生产过程中的具体利用形式仍然是可以变化的，而且它的变化对生产方式和社会形态的变更仍然具有一定的推动作用。

（三）　物权法调整范围的界定

物权法调整的物质资料占有关系虽然不限于生产资料所有制关系（生产资料占有关系），它还同时包括生活资料的占有关系，但是对物权法起决定性作用的不是生活资料占有关系，而是生产资料所有制关系。按马克思主义的所有制学说，生产是人类社会存在和发展的基础，而要进行生产，人们就必须以一定方式占有生产资料，从而形成一定的所有制关系。所有制关系作为生产关系的基础和核心，存在于人类社会之始终。而物权法则是所有制关系发展到一定阶段的产物。

在物权法与所有制的相互关系上，所有制学说认为，是一定形式的所有制决定一定形式的物权法，而不是相反。但是，马克思主义的唯物辩证法也承认物权法对所有制有反作用，认为一定形式的物权法对它赖以产生和形成的所有制具有维护、巩固并促进其发展的作用。

计划经济体制时期，人们对所有制及其法律表现问题一直按如下逻辑进行解读：所有制是一定社会生产资料归谁所有、由谁支配的基本经济制度。所有制的法律表现就是所有权制度。上述理解无论是对所有制本身还是对其在法律上的表现，都具有很大的片面性。就所有制本身而论，此种理解仅关注了所有制关系的一面——生产资料归谁所有和由所有者进行支配的一面，而忽视了所有制关系的另一面——生产资料在生产过程中由非所有人实际利用的一面。就所有制的法律表现而论，此种理解也只看到了所有权制度对生产资料归属关系的表现，而忽视了他物权制度对生产资料之他主利用关系的表现。

[①]　《马克思恩格斯选集》第 4 卷，人民出版社，1995，第 536 页。

对所有制及其法律表现的上述错误理解长期以来严重阻碍着社会主义国家物权法的建构与立法。因此，于宏观层面上研究物权法时，有必要对所有制及其法律表现问题进行较为全面而深入的检讨，以正本清源。

二　物权法对所有制的反映与调整

依照历史唯物主义的理论，经济基础决定上层建筑，上层建筑又反作用于经济基础；有什么样的经济基础，就有什么样的上层建筑。由于所有制是一个包括生产资料归属关系和实际利用关系在内的两层面结构体，对所有制关系的法律表现和调整就不是一个单纯的所有权制度所能完成的，必须建立包括所有权制度和各种他物权制度在内的完整的物权制度才能全面反映和调整所有制关系。因为所有权制度的一般社会功能是确认和保护生产资料的归属关系，对生产资料在生产过程中的实际利用关系，特别是在非所有人利用所有人的生产资料进行生产经营活动时，所有权制度的法律调整就显得无能为力，必须建立相应的他物权制度才能协调所有人与利用人以及所有人、利用人与第三人的物质利益关系。

社会主义各国在建立之初，普遍生发了一种观念：社会主义公有制一经确立，就能在社会生产中自然发挥制度优越性。这导致在一个较长的历史时期内忽视了对公有生产资料在其运行过程中所产生的一系列物质利益关系的法律调整，如所有者、经营管理者、使用者、劳动者之间的物质利益关系的法律调整。其结果也就形成了在民法上只有所有权制度而无他物权制度的局面，或者把他物权的适用范围仅限于满足公民居住用房、用地之单一目的。由于缺乏法律规范，未从法律上明确经营管理者、使用者、劳动者对其在生产过程中实际利用的公有生产资料享有物权，其应有的利益难以得到法律保护。长此以往，不仅挫伤了经营管理者、使用者、劳动者的生产积极性，还滋长了对公有财产漠不关心的态度，使公有财产在生产经营的各个环节均出现惊人的耗散与浪费，影响了社会主义公有制优越性的发挥，阻碍了社会主义生产力的发展。反映在法律上，《民法通则》之前，我国法律没有任何他物权的规定；《民法通则》也仅仅规定了几种有限的他物权，远远不能适应社会主义市场经济下的所有制关系的法律调整要求。

2007年的《物权法》自有其历史性进步，但诸多权利并未充分释放能量，产生良好的制度绩效。特别是在涉及农村土地方面，并未有效克服传统的高成本、低效率问题。党的十七届、十八届中央全会开始力图革新，农村土地股份制改革蓝图跃然而出。

第二节　股份制改革与所有制

私有制下的财产权作为一种个人占有的权利，意味着财产权利人可以按照自己的意志，而不是按照外在的强制放弃或让渡自己的财产权。因此，个人财产权是一种"充分自由的所有制度"。[①] 此点决定了股份制与私有制具有天然契合的机缘，但公有制是否就与股份制形同水火？

一　股份制产生的真正动因

股份制产生于公元 10 世纪的教会经济。教会面临众多的归属于上帝的财产，经营乏力，又必须让其保值增值，只好通过职业经理人对财产进行管理、经营并通过股份获得收益，以实现所有权与管理权分离。由此催生了公司、股份制等先进制度，使其成为引领西方近代经济的经典创造。

20 世纪五六十年代，我国传统民法与西方民法私法语境中所有权理念淡出经济生活与法律生活，伴随所有权理念隐退的是主体独立、地位平等、意思自治等核心价值理念，取而代之的是源于政治经济学与社会理论中的所有制理论。周其仁先生更明确指出，现行的土地集体所有制本质上是国家控制下的集体土地所有制。[②] 由此，土地权利中的国家所有权成为决定性权利、基础性权利，非经该种所有权派生或许可，其他权利自无产生的前提。

但无论是土地的国家所有制还是集体所有制，如果要实现其最大化效益，必须通过设定他物权方式来达成目标。此点与当初英国教会组织所面临的问题具有同步性、同质性。

---

① A. M. Honore, "The System of full Liberal Ownership, 'Social Justice'," in R. S. Summers（ed.）, *Essays in Legal Philosophy*, Oxford：Clarendon Press, 1968.

② 参见周其仁《中国农村改革：国家和所有权关系的变化（上）——一个经济制度变迁史的回顾》，《管理世界》1995 年第 3 期。

究其实质，就理论层面而论，土地效益与土地所有制之"公"或"私"并无多大关联。土地价值之实现、增长主要取决于土地用益物权体系是否合理。日本学者渡边洋三认为，就土地权利而言，法律应重点保护者并非所有权，而应当是用益物权，因为真正对土地作出投入并使其产生实际效益者即用益物权人。[①] 如此，所有人在保有所有权前提下，通过土地使用权人对土地直接利用而获得报酬；相应地，土地使用权人通过交付报酬，取得土地之用益权，满足自身需要，各取所需，两得其便，以合理而公平之方式实现土地资源利用价值之最优化最大化。

他物权的出现与完善，决定了所有权各项权能的分解、让渡，权利分离势成必然。

二　股份制改革的实质

于私有制逻辑前提下，权利分离是所有权实现其效益价值的最重要途径；于公有制逻辑下，权利分离是所有权实现其公平价值的最重要途径。但这种公平价值是否就必然排斥效益价值？

这就是中国农村土地改革几十年遭遇的两难选择：公平、效益价值孰先孰后？

如果只顾公平，势必陷入平均主义误区：以牺牲效益追求公平，又以差别性分配与再分配机制矫正理想化公平所带来的不公平。最终，公平、效益两项价值诉求均难实现。

如何脱离困境？以农村土地为例，首先得破除两大认知误区：一是公有制实现方式即意味着平均分配地权；二是权利分离必然阻遏土地所有权目标实现。

（一）　土地公有制实现绝非意味着平均分配地权

无论是小岗村的"吃螃蟹"冒险实践，还是后来的基本国策，乃至于再后来的《农村土地承包法》与《物权法》，遵循的都是"耕者有其田"的公有制理想，对土地资源进行实体化平均分割，借此实现公有制的政治目标和社会理想。此点改变了"大锅饭"的积贫积弱，解决了温饱问题，但高度零细化带来了低效率、低产出。

---

① 　参见杜颖《日本的近现代土地所有权理论》，《中外法学》1997 年第 3 期。

实际上，公有制下的农村土地经营只要能恪守如下三大原则，不一定非要走平均分配地权的道路。此点决定了农地改革的基本逻辑前提，也是实现公有制最终目标的价值前提，双向决定了农村土地股份制改革的基本路向和价值指向。

第一大原则，效益增长。通过财产性权利的市场化配置，实现农村土地效益的持续增长，是党的十八届三中全会以来最重要的政策指向标，而农村土地股份制改革在一定程度上可以有效实现这一目标。

第二大原则，公平分配。在市场化配置权利过程中，特别是通过股份制模式进行权利流转，通过合同磋商和利益衡量，自然能够有效实现土地利益的公平分配，实现集体、农户以及其他农业经营者之间利益的均衡。

第三大原则，生态均衡。除了土地效益增长和土地利益公平分配外，尚需恪守绿色生态原则，保护土地资源及其他一切自然资源的可持续开发、利用，同时，还必须保护乡村社会中弥足珍贵的文化资源。

（二）权利分离是实现土地效益的前提

股份制的制度基础是权利分离与再集合，此点是克服目前农地零细化经营弊端的有效举措之一。

股份制改革前，为消解家庭经营的零细化和低效率，很多地方推行了"反租倒包"，极大程度提高了农地经营效率。

高圣平教授认为，所谓"反租倒包"，是指乡镇政府或村集体经济组织根据群众意愿，将已发包给农户的土地反租（反包）回集体，经过投资开发、改善生产条件后重新发包给本集体经济组织的农户或租赁给本集体经济组织以外的人。这一流转方式涉及两次流转：农户将其土地承包经营权出租（转包）给乡镇政府或集体经济组织；乡镇政府或集体经济组织再将土地承包经营权出租（转包）给农户或其他农业生产经营者。这种流转方式不涉及承包方与发包方土地承包关系的改变，只是债权性地变更了农地利用关系，在一定程度上解决了农地的零细化带来的生产效率低下等问题，为农业规范经营和产业结构调整提供了可能。但在具体实践过程中，有的地方出现了村集体违背农户意愿，利用"反租倒包"的形式进行炒地和权力寻租的情况，导致 2001 年、2008 年中央两次发文禁止"反租倒包"。实际上，"反租倒包"这一流转方式与家庭承包制之间并不矛盾。在新型农业经营体制之下，"以家庭承包经营为基础、统分结合的双层经营体制"仍属题中应有之义，家庭承包经营并不排斥农地的流转。"反租倒包"是一种符合当事人意愿的农地流转方式，通过土地要素契约和商品契约的共同作用，对劳动要素形成了约束，有效地减少了交易成本，形成了稳定的契约安排。①

"反租倒包"虽然实现了土地的效益价值，但因权利分离不彻底、利益均势难以达成，最终遭遇"禁条"，无疾而终。如果按照党的十八届三中全会以来的政策精神，农民以契约形式将农地经营权以入股方式向外流转，只保留股份和红利分配权，则不会存在任何问题。

第三节　农村土地股份制改革模式下的产权安排

严格意义上说，股份制是根据市场需求和合同约定对特定财产进行市场化管理和公平分享利益的产权安排，是一种财产权利管理和营运的组织形式。当然，股份制也是所有权实现的方式、路径之一。

但在土地公有制前提下，股份制经营不能最终获得土地的处分权，也不能侵害、限缩农户的承包权，农民的农地经营权亦不能因股权丧失而消灭。此点必然会对股份制的市场化营运效果产生影响，但不会影响这种组织形式本身存在的合理性及市场需求。

如何最大限度地激活股份制的制度绩效，目前学界提出了三条路向。

一　改良论

该观点坚持保留农村土地集体所有制，对农村土地集体所有制的产权模糊性、土地要素流转机制缺位等问题，主张改良、创新。

其中，从事农村政策研究的学者主张"完善"。认为现行农村土地问题并非产生于农村土地集体所有制本身，而是源自农业生产经营的具体形式和管理方法以及相应外部条件。故而主张通过延长土地承包期，推行税费改革，减轻农民负担，降低农村电价，限制农村中小学收费项目和金额，试行多种形式的"产业化经营"等方式巩固和完善集体所有制。

①　参见高圣平《新型农业经营体系下农地产权结构的法律逻辑》，《法学研究》2014 年第 4 期。

而坚持保留集体土地所有制的大部分学者主张"创新"。认为现有集体所有制必须从土地使用权流转、经营规模和劳动力向非农产业转移等方面进行"制度创新"，同时，提出了诸如"承包经营权""发包权""转包权""继承权""租佃权""永佃权""转让权""承租权""开发权""土地使用股份化、证券化"等法权模型改造系列性观点。

至于股份制，该类观点的代表人物陈小君教授建议走社区型股份合作社的道路。

要保有集体土地公有制，同时推进农地股份制改革，必须充分重视如下问题。

第一，集体土地所有权以及与其相匹配的家庭联产承包责任制产生的土地零细化经营模式及其低效率是否能够彻底改变、克服？

第二，地权流转因国家所有权的介入致使土地可交易性大大降低，而交易成本则可能大幅上升。

第三，依照现行法律，国家为确保耕地红线和国土空间统一规划，掌握了乡村土地的非农用途及其利益分配的最终控制权、处分权，集体如何在有限空间内最大限度发挥土地权利效能，吸引工商资本下乡，进入农业经营领域，尚需经过更多的实践探索历程，最终在公平和效益之间达成中和值。

第四，即便通过土地股份合作社、基金会、土地信托等制度创新模式，在一定程度上可以摆脱土地零细化经营的困境，有限实现土地的市场化，但农民无论是作为股东，还是作为委托人，均须承担由此而产生的市场风险及相应费用。在土地之社会保障功能尚不能通过有效制度替代的前提下，其社会风险、政治风险远远大于其经济风险。

二　土地私有化

该模式主张农村土地私有化。土地私有化论者从农业资源配置和微观经济效率等方面考察集体土地制度，主张取消农村土地集体所有制，将农村现有的土地产权归属于农户，土地作为私人不动产，可以抵押、继承、赠送、转让等，其转让价格由市场供求和买卖双方协商谈判来决定。

此种观点最适合股份制改革。但此种观点无论是技术方案，还是价值选择都不可能在中国实现。

　　就技术方案而论，综合近年来学界观点，该模式提出了四种具体私有化确权方案：其一，承认新中国成立前的土地所有格局，将土地改革分配的土地所有权，重新由土地改革前的土地所有者所有，原土地所有者已故的，由其子女继承；其二，以土地改革后的土地所有为准，农民入高级社时所有，后来成为公社所有，现在又为村集体所有的，同时被各户承包经营的土地，重新划归入社前原有土地所有者所有，原所有者农民已故的，由其子女继承；其三，以改革开放后的第一或者第二次土地承包经营为准，将土地的所有权划归土地承包经营者，土地产权划归农民的人口为当时的分地人口，去世和出去的人口不减少土地，后来增加的人口不增加土地；其四，按照集体经济组织实有人口，将现有的土地重新进行分配，划归农民所有，出去的人口不补土地，再生的人口也不再增加土地。

　　就价值选择层面而论，该模式虽然可使农民拥有真正的土地权利，但其可行性不强，且具有极大的制度风险。

　　第一，与现行主流意识形态相悖，政治风险不可避免。其中，违反《宪法》之基本经济制度规定与执政党的基本宗旨将是农村土地私有化难以逾越的法律障碍与体制羁绊。第一种土地私有化的确权方案无疑会颠覆新中国成立以来的基本理念与制度选择。

　　第二，即便政治风险得以克服，上述四种方案亦缺乏合理的制度支撑，徒增土地改革成本。依照第一、二、三种方案，现在农村大量农民将会失去土地，而主张归还城市化和工业化建设征用的土地并进行补偿，更不具现实性。

　　第三，即便克服了上述三种方案之困难，第四种方案也难以实现。按照该种方案，势必全盘打破现行地权结构，破坏现有农村生产力各大要素，导致农民经济的短暂崩溃；同时，按现有人口进行土地分配，看似于短暂历史时期内实现了公平，但从代际公平、区域公平、城乡公平等维面考察，实则从根本上违背了公平正义。

　　第四，即便实现了农村土地私有制，依现行农村生产力发展水平，也不可能保证土地的规模化、产业化、企业化经营并借此带动农村的现代化转型，相反，还可能因土地的自由流转导致大量农民土地被蚕食、吞并。同时，中国现有的农村社会保障体系极不完善，城市发展水平尚不足以救助、接纳众多农民进城，土地危机势必演化为乡村危机。

第五，农村土地私有化必然引发全国范围内的历史产权确证，基于土地征收、人口流动、土地权属等问题而产生的改革成本巨大，而各类确权纠纷之成本分摊必将诱发社会性动荡。

三　国有化

该模式主张农村土地国有化。有感于集体土地所有制阻碍资源流动，不利于土地规模经营以及农民权利缺席等制度性弊端，主张在农村废除土地集体所有制，比照城市建设用地模式将农村一切土地收归国有。由国家作为发包人将土地发包给农民或从事农业经营的经济组织；同时，土地发包人必须赋予土地使用权人永租权。有学者据此甚至设计了"农村土地国有化+999年使用权期限"等模式。[①]

相较之下，该模式既可以实现土地的规模化、产业化、企业化经营，增进土地效益，又可以在国家统一调控下，实现土地权利或利益的公平分配，同时有利于实现城乡一体化发展，促进城市资本的乡村流动，建立切实可行的农村社会保障体系。

就价值层面而论，该模式可以实现土地规模化经营，提高农业经济科技生产力水平，促进农村的产业化发展以及劳动力的自由转移，激发土地使用人的积极性，最大限度实现土地效益，借此解决农村、农民的贫困问题，缓解现有社会矛盾，消弭潜在社会隐患。

但不可忽略的问题是，此类模式在消解矛盾和隐患的同时，也进一步强化了公有制力度，导致国家和地方政府对土地资源的高度垄断，国家只能通过代理人进行土地管理、营运，无限增大治理成本和营运成本；农业经营者只需要从国家或其代理人手中获取土地租赁权，或与国家合股经营，但这会陷入与现有国有企业同样的障碍和难题，产业绩效低，内部治理受钳制等。如果将土地资产作为股份入股与他人联合进行规模化经营，其"租赁权"是否能够作为股份投资，也是一大理论难题。

---

① 参见周天勇《农村土地制度改革的模式比较和方案选择》，《中国经济时报》2004年2月26日；周天勇《土地制度改革的几个问题》，《经济参考报》2004年11月17日。

第二章　集体土地所有权下的股份存在形态

公有制形态下的股份制改革，与其说是改革，毋宁说是经营体制创新。根据十八届三中全会的精神，具体要求就是落实集体所有权、稳定农户承包权、放活土地经营权。此种定性和定向并非为了地权改革，而是为了推动"集体所有、家庭承包、多元经营"的新型农业经营机制，进一步巩固和完善农村基本经营制度，加快农业现代化步伐。

此种背景下，如何落实，如何稳定，如何放活，后面将有专章论及。本章所关注的是集体土地是否能入股，农户承包权是否可以股份化，农地经营权入股有哪些风险，这些都是农村土地股份制改革不可回避且争议较大的问题。

第一节　股份制改革的制度前提

所谓股份制，系指以入股方式集聚不同生产要素，统一管理，市场化经营，自负盈亏，按股分红的一种经济组织形式，同时也是财产所有制的一种实现方式。其早期形态表现为合伙，后期的高级形态为股份公司。

一　权利分离

股份制的首要前提是权利分离与集聚。所谓分离，系指原权利人以权利让渡获取股份或股权，取得收益分配权；所谓集聚，是指新的经济实体集合各类生产要素，进行整合，配置股份后独立管理，自主经营。

就农村土地股份制改革而言，权利分离意味着两个层面的内容。

（一）所有权与承包经营权分离

该层面之权利分离系指集体土地所有权与农户土地承包经营权分离。集体以发包方式让渡土地的经营权，农户以缴纳地租或税收方式获取土地使用权。2006年废除农业税后，土地使用权的对价基础消灭，农户获得的是较为纯粹的经济性权利。

所有权与承包经营权分离，实现了世纪性的大转换。一方面，集体角色发生转向，从传统的政治、社会、经济三合一功能转向单一的经济组织体功能；另一方面，农民也从皇粮国税的传统中解放出来，成为真正的"经济人"。

（二）承包权与经营权分离

第二个层面的分离于民间出现得很早，农民通过合同转让自己的承包经营权激活了家庭承包制度的最大效能，俗称"流转"，后来成为法律术语。

彻底从政策层面肯定承包权与经营权分离的应当是十八届三中全会。中央以政策文本形式倡导农户分解承包经营权为两种：农户承包权与农地经营权。而农地经营权可进行自由流转，其中入股是最重要的流转方式之一。到了十八届五中全会，更是倡议打造现代农业经营体系，提高农业生产经营的集约化、专业化、组织化、社会化程度，农地股份制改革获得了更大的运行空间和通道。

经过两次分离，农村土地权利形成了所谓的"三权分置"：集体土地所有权、农户承包权、农地经营权。

二　有限责任

股份制不仅追求经营绩效的无限增长，还意味着责任的有限承担，此点构成股份制组织形式分散经营风险的最原初动力。

（一）集体的有限责任：风险递减还是风险递增

无论是采股份制还是合作制，如果集体以自有资产入股，则仅以其投资额为限承担法律责任与亏损风险。

十八届三中、四中、五中全会召开后，很多地方开始加快步伐，积极寻求盘活集体资产，推进集体土地的市场化、资本化、证券化进程，而最重要的方式就是股份制。但不可回避的问题或风险就在于，集体资产可以转化为资产、资本，但其最后的法权归属依然是集体土地所有权。市场化、资本化、证券化最后沉淀的风险和责任都由集体土地所有权兜底承接。但集体土地所有权的公有制属性，必然会对未来的市场形成潜在的约束机制。因此，如果集体以相应土地资产入股，其承担责任的有限性实则表现为承担责任的方式，应当特别留意如下三大规则。

首先，基于公有制的法权属性，如果集体以建设用地入股，经营发生亏损，移转的只能是建设用地使用权，不能及于建设用地所有权。如2013年11月20日，北京市十四届人大常委会第七次会议对《北京市促进中小企业发展条例（草案修改稿）》进行审议，支持利用农村集体建设用地发展中小企业，允许集体建设用地使用权依法入股中小企业。①如果亏损，只能以建设用地使用权承担责任，不能及于集体建设用地所有权。

其次，如果该项建设用地使用权与其上的不动产建筑同时存在，且不动产建筑足以承担亏损责任，如发生亏损，就应当以该不动产建筑抵偿亏损，不能及于建设用地使用权本身。而该类建设用地上一般都有经营性的不动产建筑或设施，为确保集体的公益功能的实现，应当优先考虑以不动产建筑本身抵充债务。

最后，如果集体建设用地使用权及其建筑物与附属设施均有特殊公益目的，则只能以上述土地权利及其财产性权利之未来收益权转让抵偿债务，或者通过抵押法律许可的建筑物及其附属设施承担亏损。

对于集体资产而言，上述显然属于"风险递减"；但对于其他投资人或者未来的债权人，显然就是"风险递增"。此点决定了集体资产入股必须慎之又慎。

当然，上述三大规则可能属于杞人忧天，但绝不能否认在实践中已经发生的诸多案例。如果无视这三大规则，一方面可能导致集体资产的流失、耗散，集体土地所有权名不副实，农民成员权严重受损，甚至滋

---

① 该修改案具体描述为："本市支持农村集体经济组织在符合规划的前提下，依法探索利用农村集体建设用地建设产业用房，出租给中小企业使用；也可以依法将集体建设用地使用权入股，投资设立中小企业或者创建小企业创业基地。"2013年12月27日通过的《北京市促进中小企业发展条例》第14条规定："农村集体经济组织在符合规划和用途管制的前提下，可以利用农村集体经营性建设用地建设产业用房，出租给中小企业使用；也可以依法将集体经营性建设用地使用权入股，投资设立中小企业或者创建小企业创业基地。"2020年修订后该条例第13条第2款规定："重点产业集聚区和功能区配套建设小型微型企业创业基地，以及利用存量国有建设用地，闲置商务楼宇、产业用房和农村集体经营性建设用地等建设小型微型企业创业基地的，按照有关规定给予政策和资金支持。"

生大量的乡村腐败；另一方面，又会侵害债权人的合法权益，增大其经营风险和维权成本，最终导致集体资产入股"有退路、无进路"，最终阻遏其市场化进程。

（二）农户的有限责任："弱者"与"强者"的不同逻辑

农户承担责任的前提是土地承包权与土地经营权分离，农户承包权带有身份性、专属性，无从进行投资入股，只能以带有经济利益内涵的经营权投资入股。当经营发生亏损，农户仅能将经营权之收益权作为承担责任的保障。

以经营权投资入股，为什么又不能以经营权作为承担责任的方式？这来自承包权与经营权二者之间的法权属性：承包权的身份性、专属性决定了其不可转让性、不可资本化，亦不可市场化；如果剥离了承包权中的经营权内涵，承包权则只剩下身份性权利，没有任何实体性经济利益关联，会动摇农户承包权的制度基石。

政策文本极大程度放活了农地经营权，允许、鼓励投资入股、担保抵押，但一旦亏损发生，农户的农地经营权又不能丢失，剩下唯一的路径就只能通过农地经营权的收益权来清偿债务，而不能危及农民的实体土地权利。

这是农地股份制改革的逻辑前提，也是公有制实现的价值前提。

如此"有限责任"会影响农村土地的市场化程度，更可能使土地的市场化功能无法有效发挥，还可能使工商资本与农村土地结合的信任与信心遭到破坏。

但这种潜在风险似乎并未阻却改革的热情与步伐。从长三角珠三角到边疆大漠，从海疆渔村到北国雪原，股份制热潮一直未减。此点固然说明中共中央文件精神推动的力度、强度、广度，但也说明了乡村土地经营渴求资本融入的急迫性。

但出于对资本的天然防范本能，农民对股份制组织形式的选择只能遵循风险最小原则，多选择股份合作社，而不愿意选择股份公司。

农民这种选择是否就是保守？不是。这是基于目前立法和政策导向作出的相当理性的选择。如果选择股份合作社，按照2021年农业农村部发布的《农村土地经营权流转管理办法》，承包方之间可以自愿将承包土地入股发展农业合作生产，但解散时入股土地应当退回原承包农户。

无论盈亏，农户承包权和经营权不会受到任何损害。《农村土地经营权流转管理办法》对土地经营权"入股"尚有用途管制上的限制，入股成立的股份公司也好，土地专业合作社也好，都必须保证农村土地的农业用途，不能进行非农经营。

《农村土地经营权流转管理办法》一定程度提高了农地的规模化经营水平，但失于保守。不可否认，对于广大的乡村社会，这是最具实效也是最为妥当的办法：一方面可以最大限度保护农民利益，维护社会稳定；另一方面可以防范农地非农化，确保粮食安全。

如果纯粹采用商事法意义上的股份制，农户的责任虽然是有限责任，但其后果绝非广大农民所能接受。比如，根据《公司法》，一旦以农地经营权入股，则只能转让股份，却不能要求退股还地。而根据《企业破产法》，公司破产后，农户就要以所有财产包括土地权利偿还债务，最终导致倾家荡产。

（三）经营权人的有限责任

根据上述逻辑，即便农户转让了农地经营权，实际经营权人以经营权入股或者设定抵押，当出现亏损或强制实现抵押权时，不能直接执行农地经营权，仅能就经营权产生之收益进行优先受偿。

三　信用内核

在三权分置、有限责任之外，股份制改革还离不开一个前提：信用。无论是珠三角、长三角较为成熟的以资合形式产生的土地股份有限公司、农业发展股份公司，还是中西部盛行的土地专业合作社，都必须将信用作为缔约、履约的基础。

培育信用机制是目前农村土地股份制改革的一大难题。课题组的理论研究与实证调研都发现，信用缺失或缺损构成了股份制改革的较大障碍。具体而微，这种缺失或缺损主要表现在如下方面。

（一）政府强制

研究农村土地股份制改革，一个不能忽略的事实就是，地方政府为了突出政绩，加快城市化步伐，利用股份制改造强制推动所谓的"城市化率"。

城市化、现代化固然可喜可贺，农地股份制改革也功勋卓著，但最大的一个问题就是，有的地方政府以股份制改革为名，危及农民土地权利，强行实现了农地的非农化。换言之，农地股份制改革成了消解农民土地权利的最有效、最有力手段！

细加寻绎，不难发现，很多股份经济联合社、股份经济合作社仍然回归原来政企不分的社会管理模式，所谓董事会、股东会、监事会仅有虚名，而传统的"政社合一"体制产生的路径依赖导致党组织、自治组织、经济组织"三位一体"，所谓股份制组织形式根本无力摆脱传统惯性，行政权力和村社权力最终全方位、深层次控制了农村土地。最终引发农民对公权力产生信用危机，坚决要求退股还地。[1]

（二）信息屏蔽

公权力介入导致农民产生不信任感，有的与农民的认知水平有关，有的确实是农民产生错觉，但在农地股份制改革之初，很多村社并未向农民宣讲什么是股份制，也未征得农户同意，更未获取农民信任，就直接以社会化、组织化形式推行股份制。

信息屏蔽还表现在：股份公司成立后，村社与公司订立协议，或与外来公司联合，积极获取政府支持，很快就将股份公司项下的农村土地转化为非农用地，而农民既不知情，也无从知晓，最后真相大白，但一切都无能为力。[2]

（三）土地投机：农地股份制改革的阻力、推力和引力

农业作为弱质产业、基础产业，投入高、周期长、风险大、收益低。农村土地股份制改革一定程度上仅仅是也只能是经营体制的改革，此点成为工商资本下乡的最大阻力。但生态农业、观光农业、休闲农业于未来中国将有极大的市场空间，此点又构成了农地股份制改革的最大推力。

但在阻力和推力之间，农村土地股份制改革还必须正视另外一种力量，这就是土地投机产生的引力。不可否认，农地非农化所产生的巨额增值利益空间是一部分工商资本下乡的最大动力；此外，利用农业政策获取高额农业补贴，通过项目建设获取专项基金也是支撑工商资本下乡的强劲驱动力。如此，所谓股份制改革与农村土地投机必然相伴而行。

---

① 参见冯善书《广东"土地入股"遭遇退股流》，《中国改革》2008 年第 5 期。
② 参见冯善书《广东"土地入股"遭遇退股流》，《中国改革》2008 年第 5 期。

作为理性的经济主体，农民可能看不透工商资本的最终动机，但"无利不起早"的常识甚至经济本能随时会提醒农民对工商资本保有极高的警惕性并采取相应的防范措施。这种信任感缺乏和资本下乡的阻力结合，可能会导致农地股份制改革在广大农村仅能选择低层级的组织形式而不会遵循纯市场化逻辑。

第二节　股权的法权属性与农地入股的法权障碍

农地入股后的股权在法权上如何进行定性和定位？目前农地产权结构下各种权利入股将有哪些法权和理论障碍？

一　股权的法权属性

股权究竟属于物权抑或债权，学界难有定论。

主张股权为物权者，其大旨略谓：其一，股权系所有权人以自有资金购买股票而获得之权利，为所有权之转化形态；其二，股权之持有、存续系以占有有价证券为权利外观，属于典型之有体物；其三，股权中记名者必须登记，不记名者必须交付，此点与物权之公示公信方式吻合；其四，股权人不仅享有表决权，还对持有之股票享有处分权，可自由交易、赠与甚或抛弃。

主张股权为债权者，其大旨略谓：其一，股票虽系所有权之转化形态，但权利人不得主张返还原物，亦不得主张返本或保底，否则有违股权产生之原初机理，权利人一旦购买股票，仅得依股权人身份行使请求权而非物权；其二，股票表现形态虽系一种有体物且具有客观化、形式化等类似物权之公示公信特征，但其记载之权利本质上仅能为债权，不能为支配权；其三，股权之实现虽有赖于股权人之处分行为，但其实现权利之最终方式及所实现权利之后果系以请求权为基础，以股票记载权利为目的，而非实体性处分股票。

上述两论，各持一端，难以契合。缘此，学界主张以"混合型权利"概括物权、债权二元模式所不能涵括之权利。此点看似左右圆通且具实效，实则分裂物权、债权二元区分模式之逻辑基础，使该种区分失去固有之逻辑基础与价值基础。理论研究中，对于不动产租赁权与股权之性质等问题当然可自由研析，从容辩论，但于立法与司法领域则应明确界定其权利类型。笔者以为，作为一种新型权利，股权之性质仍应于物权、债权二元区分模式下予以界定，不宜斤斤拘泥于"物权债权化""债权物权化"，更不宜再翻新词，徒增困扰，引致无谓之争论。质而言之，本书采用"创设目的—实现方式"分析路径，主张股权无论其创设还是其实现，均以未来、可能之债权实现为目的，以请求权实现为手段，故应认定为债权。

二　法权障碍与理论难题

早期农村土地股份制改革的实践形式主要有两种：一种是集体股份制，即集体经济组织的股份制；另一种是农民股份制，即土地承包到户后，农民再自愿组织起来实行股份制。过去《农村土地承包法》对农民股份制规定得较为保守，十八届三中全会对此进行了重大突破。但是上述两种形式的股份制改革仍然面临以下困境。

（一）农村地权入股的理论障碍

1. 我国集体土地所有权的困境

集体土地所有权如果入股，面临的理论障碍和法律障碍有以下三点。

首先，权利的模糊性与封闭性。集体土地所有权性质模糊，多级所有权主体导致农村集体土地所有权范围交错，权属不清。

其次，集体土地所有权通过权利分离，已经通过承包合同或招投标合同让渡了实质性的经济权利。此种情形下，再以所有权入股，受限过多。

最后，集体土地所有权虽然名为所有权，但依据《土地管理法》，集体对土地之终极命运并不享有处分权；依据《宪法》、《物权法》乃至《民法典》，集体也不能对抗国家的征收、征用。

上述三点说明，我国现行法权下的集体土地所有权并未体现土地的财产特性，权利设计也呈现为封闭性样态。

2. 以土地用益物权入股的困境

我国《民法典》将土地承包经营权、宅基地使用权等作为用益物权进行规定。而《民法典》第 323 条对用益物权进行了界定，即用益物权人对他人所有的不动产或者动产，依法享有占有、使用和收益的权利。

由此，如果以土地用益物权入股，就会产生如下四方面的理论障碍。

首先，用益物权作为他物权，不包含土地的处分权能。依照物权法原理，入股是一种财产处分行为。但股份制中所谓处分，仅能处分自有之物，非经授权不得处分他人之物。按照《农村土地承包法》和《民法典》，农户显然对集体土地不享有处分权。

其次，用益物权作为有期物权，具有存续期间的限制，此点与股权之无期性相悖。虽然目前政策文本有"长期不变""长久不变"的表述，但具体期限在法律上都有明确规定。当新一轮承包开始，前一轮以用益物权入股之权利人如果发生变化，其股权是否还继续存在？股权收益是否自然转归后续承包权人享有？如果二者发生纠纷，势必影响股份制企业的经营效益甚或生死存亡。

再次，不稳定性。农地用益物权还可能面临集体土地所有权人基于公平原则而进行调整，此点必然影响用益物权入股后的股权形态，造成股份制实体内部的股权动荡。

最后，逻辑上，农地股份制中所谓股份仅限于土地权利的有限处分而非土地本身的实体处分。由此，农地股份制之股份化只能是以土地权利入股而非以土地入股。如何对此种权利进行价值评估，尚属于技术问题，但如果权利本身丧失或受限，所谓股份必然名存实亡，其中的巨大风险不容小觑。

（二）如何界定入股资格

第一，农户承包经营权入股中的入股主体应当如何界定？比如，我国的农村土地承包经营权系以"户"为单位。一旦进行股份制改革，是以"户"为股东，还是将家庭所有成员记入股东名册？后者比较容易处理。但实践中多以前者计算、登记股份。如果家庭内部成员离婚、分家、分户，如何确证并分配股权？非股权名义登记人的权利如何保护？

第二，集体土地所有权入股中的成员权范围如何界定？权利如何分配？农村集体经济组织本身的人员构成在不断变化，不断增加或者减少，入股的资格应该如何确定？随着时间的变化，是否需要调整？新生、出嫁、入赘、迁户、返乡等都会涉及集体成员的增加。这些新增成员是否属于集体经济组织成员？是否有入股资格？其成员权如何实现？

这些问题必须解决，否则因分配不公引发的社会纠纷不仅会影响股份制改革的绩效，还会危及地方稳定。比如，某地政府赋权股份合作经济联合社和股份合作经济社"实行自主经营、独立核算、自负盈亏、按股分红，依法享有独立进行经济活动的自主权，独立承担民事责任"。在股份配置之初，虽然遵循了公平、公开、公正的原则，但最大的问题就是，在将全部可量化资产进行折股量化，变集体资产共同共有为按份共有，变成员为股东的过程中，所谓成员，仅包含现有户籍登记中的成员。更严重的是，将可量化净资产按集体股、个人股设置股权，全部量化到个人，只设个人股，不设集体股。此举无疑截断了新增人口入股的权利。其中，外嫁女未迁移户口，但实践中一般以所谓"乡规民约"方式否定了外嫁女对集体土地的权利，以至于最后只能通过立法机关对外嫁女问题进行立法，予以特别保护。①

第三，没有集体股份，新增人口利益会受到损害。如果有集体股份，集体成员又如何实现成员权？特别是在土地增值利益暴涨的地区，因土地征收补偿而发生的纠纷日趋增多。如何对集体股份收益进行有效而合理的分配，亦是股份制改革中的一大难题。

（三）折股或配股困境——分配标准的确定

在农村土地股份制改革中如何折股或者分配股份，不仅关系到股份制改革的绩效，还会影响其生存发展。对于配股标准，课题组在调研中发现，很难有统一的权威性的配股方案。是按照集体经济组织成员的人数一视同仁地进行分配，还是区分对村社的贡献大小？是仅限于户籍所载成员，还是包括作为社员的全体？成年人与未成年人是否区分？新增人口是否享有股份？这些问题都激发了不少矛盾。

从 20 世纪 80 年代（1987 年）至 21 世纪初，广州天河区一直探索股份制改造的方法与路径。十里不同风，百里不同俗，全区 24 个行政村及各（联）社在股权结构的设置、股权分配的标准、股权的确认和集体分配形式（包括股份分红、劳动分配）等方面标准各异，方式多元，差

---

① 2007 年 5 月，广东省第十届人民代表大会常务委员会对《广东省实施〈中华人民共和国妇女权益保障法〉办法》进行修订，有针对性地保护外嫁女的合法权益。该办法规定，"任何组织和个人不得以结婚、离婚、丧偶为由，阻挠、强迫农村妇女迁移户籍"，"农村集体经济组织成员中的妇女，结婚后户口仍在原农村集体经济组织所在地，或者离婚、丧偶后户口仍在男方家所在地，并履行集体经济组织章程义务的，享有与本农村集体经济组织其他成员平等的权益"。

异很大。[①] 90 年代初，天河区进行股份制探索，先规定了集体占股 60%，几年后明确取消"集体股"，全部量化为个人股。此举克服了集体成员权落空的缺陷，但又滋生了其他弊端。更值得留意的是，不仅取消了集体股，还取消了"发展股"，并且实施三个"一刀切"：全部还股于集体经济组织成员；"生不增，死不减，迁入不增，迁出不减"；福利分配以股份分红为主，逐步弱化直至取消集体福利分配。

为实现最大化公平，该轮改革明确确立了统一的配股标准，凡具有村民身份，参加过集体劳动，承担社员义务，不论出嫁女或其他外出者，包括依照国家政策，按正常渠道出国或在港澳定居、招工招干、参军转业、读书就业，或按规定"农转非"人员等均按同一标准对待。

（四）农地入股后成员权与股东权的保障困境

就农民而言，无论是作为集体股享有的成员分配权，还是以土地权利入股作为股东的权利如何行使与保障，也是股份制改革的一大难题。

就集体股层面而论，农民作为成员或社员对集体股到底享有何种权利？列举下来，应当有知情权、参与权、监督权、收益权各项。其中，最为重要的就是收益权。推行股改以来，珠三角、长三角地带集体经济组织成员之收益权实现状况良好，就全国范围考察，绝大多数地区农民的收益权也呈递增趋势。但根据相关学者统计，2010 年，全国 59.3 万个村中，无收益和收益在 5 万元以下的村比例高达 81.4%，其中有 53%的村无经营收益，28.4%的村经营收益在 5 万元以下。[②]

此种现象直接催生了对集体股的信任危机，以至于有些地区村社废止集体股，全部将股权量化到农民个人。如广州天河区即为显例。如上提及，20 世纪 90 年代初，在全区范围内推行社区型股份合作制，要求集体股比重不低于 60%。但两年时间不到，很多村社就取消了集体股，所有资产及可分配福利全部个体化。

---

① 参见傅晨、杨钢、郭晓鸣《农村集体经济组织管理体制改革的探索——广州市天河区社区股份合作制考察》，《社会科学研究》1994 年第 1 期；陈暹秋、郑划《广州社区集体经济引入股份制改造合作制做法及意义》，《农村经营管理》2004 年第 4 期。

② 参见关锐捷等《如何提高农民的财产性收入》，《改革内参》2012 年第 30 期。该报告指出，村集体经济组织用于农户分配的总量已从 2005 年的 177.35 亿元逐步上升到了 2010 年的 320.87 亿元，2010 年人均 34.1 元，5 年增长了 12.6%。转引自韩松《论农民集体土地所有权的集体成员受益权能》，《当代法学》2014 年第 1 期。

就农民自身股权而论，是否可以自由转让、继承、赠与、抵押？基于中国特殊的产权结构，作为股东的农民权利也经历了较长时期的演化，最终获得了较大的自由空间。仍以天河区为例，早期农民享有的股份被称为"社员分配股"，农民只享有每年按股分红的分配权，但没有处分权。不得退回股份，不得转让买卖，不得设定抵押，甚至非直系亲属也不能继承，体现了浓厚的封闭性、地缘性、血缘性特征。如此设计，固然保障了股份合作社的资产稳定，却消解了农民的自由权利。

随着改革的深入，各地开始进行新的探索，不断扩展农民的权利。比如广州黄埔区沧联股份经济联合社按照区委、区政府《关于完善社区经济组织股份合作制指导意见》制定了章程，规定联社的股份结构除社区股、社会股外，将来可根据需要融入募集股，股权经董事会批准并办理有关手续后可进行转让、继承、赠与。

但需要留意的是，这种"放权"一般限于农地非农化区域。直到2006年《农民专业合作社法》第3条第3款明确规定了入社自愿、退社自由原则，这一难题才最终解决。

三　农村土地承包经营权抵押和担保的突破与法律困境

十八届三中全会通过的《中共中央关于全面深化改革若干重大问题的决定》（以下简称《决定》）指出："赋予农民更多财产权利。保障农民集体经济组织成员权利，积极发展农民股份合作，赋予农民对集体资产股份占有、收益、有偿退出及抵押、担保、继承权。保障农户宅基地用益物权，改革完善农村宅基地制度，选择若干试点，慎重稳妥推进农民住房财产权抵押、担保、转让，探索农民增加财产性收入渠道。建立农村产权流转交易市场，推动农村产权流转交易公开、公正、规范运行。"而根据《物权法》第184条第2项之规定，耕地、宅基地等集体所有的土地使用权，除法律规定外不得进行抵押。

《民法典》时代届临，原《物权法》的局限被突破，农村土地经营权担保获得了较大空间。但仍然存在两个问题。一是《民法典》与《农村土地承包法》相关条文之间衔接不当，《农村土地承包法》第47条规定的是土地经营权担保，而《民法典》第342条规定的是土地经营权抵押，同时第399条删除了《物权法》第184条有关耕地不得抵押的规定；

二是《民法典》与《农村土地承包法》对土地经营权抵押的范围与对象都作出了相应限制，封闭性、内部性较为明显。

四　农村土地股份制改革中的平等保护困境——农民、集体与工商资本权利保护的矛盾与冲突

我国农村土地具有身份性、保障性和福利性，如何防止农民和集体在土地股份制改革中的风险并兼顾对流入农村的工商资本的利益保护，是农村土地股份制改革的关键问题之一。

在农村土地股份制改革的过程中，要实现土地流转的市场化，提高土地的经营使用效益，无论是土地股份合作社形式还是基金会等其他形式，农民作为股东，都要面临产生的市场风险及其相应费用负担问题。这就要求在农村土地股份制改革的过程中，对农民和集体的财产性权利给予特殊关注，这是由土地本身具有的保障性特征所决定的，但这并不意味要在利益衡量时放弃对农村土地股份制改革的城市工商资本的平等保护。

五　现有股份制相关法律的供给困境——《公司法》与《合伙企业法》对农地股份制模式和制度的可适用性探索

《公司法》、《证券法》乃至《民法典》是否能够为农地股份制改革提供有效的制度供给？答案很明确：除长三角、珠三角一带村社已经实现了公司化改制的农业股份公司基本可以适用外，在广大的中西部地区、东北地区，现有的股份制改革无论从主体资格、股份构成，还是从内部治理到投融资路径都不可能完全适用商事法。如何突破此类困境，也是课题组面临的重大难题。

第三节　集体土地所有权是否能够股权化
——以上海九星村模式为考察对象

一　集体土地所有权股权化的三大前提

与《决定》第 20 条单纯强调"坚持农村土地集体所有权"不同，

《中共中央　国务院关于稳步推进农村集体产权制度改革的意见》采用了"落实集体所有权"的表述。相形之下，"坚持"是强调路向问题，"落实"则是强调农村集体所有权的实现问题。

如何落实集体土地所有权？股权化是一个相对优势的选择。但其前提必须是：首先，不能改变集体土地的公有制性质。2016 年 10 月，中共中央办公厅、国务院办公厅印发《关于完善农村土地所有权承包权经营权分置办法的意见》（为避免与中央文件混淆，以下简称"两办意见"），重申党的十八大以来历年中央文件精神，要求"始终坚持农村土地集体所有权的根本地位"。其次，不能损害集体成员的合法权利。最后，不能破坏土地生态与农业产业生态。

按照上述三个标准，集体土地所有权中能够进行股权化或者股份制改革的最重要资源只能是集体所有的非农用地部分。如何利用这种土地资源，各地有不同模式。本节以上海市九星村为例，说明集体土地所有权实体化的方式、路径及其价值诉求。①

二　为什么不从农用地股权化进行改革

九星村位于上海市闵行区七宝镇，2006 年，该村实有农户 1117 户，农民 3757 人，农地 4230 亩，后来被征收 2600 亩。虽然身处闹市，但一直拒绝城镇化，不搞撤村建居工程。该村落实集体土地所有权的典型做法是从非农用地入手。

为什么不从农业用地入手？

首先，农用地占比很小，难以进行规模化经营。

其次，农用地之承包经营权已经移转给农户，集体土地所有权受限。

最后，农用地股权化的前提，不仅要征得农户同意，增加谈判和治理成本，还不得改变土地的农业用途，难以实现土地效益的高效、快速增长。

三　非农用地股权化改革的模式与绩效

从 20 世纪 90 年代末期开始，九星村即开始对农地股份制进行大胆

---

① 本节基本数据来自邓伟志《对深化农村集体土地产权制度改革的建议——以上海九星村为例》，《探索与争鸣》2006 年第 7 期。

探索。其非农用地的股份制改革可谓引领了中国农村土地改革的基本方向。

第一，土地产权实体化，有效利用，增值保值。面临国家的土地征收和城市化发展潮流，九星村将全村600多亩非农用地全部进行开发利用，建设成为九星村贸易市场，然后凭借高额地租房租和地缘优势维系高位运作态势，获取了极大的市场利益。集体所有权不仅实体化，而且保持了迅猛增长势头。

1998年，九星村产值为0.17亿元，到2005年，激增至1.8亿元，集体产值净增长达到九倍有奇，一跃成为上海特色亿元村第一名。

第二，巧妙回避国家征收。毋庸回避，九星村拒绝撤村改居并不是拒绝城市化，而是为了巧妙回避国家征收，在保有土地权利后自主城市化，借此实现土地增值利益的最大化分配。

此点是否损害了国家利益？课题组认为，这不仅不损害国家利益，反倒为国家、为社会、为村民作出了卓越贡献。单就利税而言，2005年，九星村2.65亿元的集体积累中，上缴国家利税即达到8000万元。

第三，公平分享。九星村模式之所以能焕发出强劲的生命力并保有优势的竞争力，内在原因就是在实现集体土地股权化改革后以公平分享理念让村民有了存在感、获得感与幸福感。其具体步骤是将土地存量资产量化后，再以股份形式直接分配给农民个人，彻底实现成员权。如九星村物流股份公司8000万元股份中，村民股占64.6%，岗位股占25.0%，法人股占10.4%。

九星村对非农用地的股份制改革可谓成功。其绩效表现为，既解决了集体产权虚化的历史遗留问题，又改良了土地经营体制，还防范了基层腐败。

必须说明的是制度张力固然重要，但市场需求是根本。九星村模式和经验仅能适用于经济发达地区，特别是城市集群的城郊接合部，并不适用于以一般农业经营为主的地区，特别是地租效益低下的中西部地区。

第四节　农户承包权是否能够股权化

三权分置模式下，农地改革中集体可用非农用地入股，也可以其他资产入股，那么，农民以何种权利入股？

农户对集体土地享有的物权性权利只有一种，那就是承包经营权。党的十八届三中全会以后，又进一步分解为农户承包权和农地经营权。解读党的十八大以来的各类政策文本发现，农户承包权更多关注的是农民的身份性、集合性权利，这些权利无从入股。2016 年的"两办意见"也一再强调："任何组织和个人都不能取代农民家庭的土地承包地位。"由此可见，农民对土地权利于逻辑层面唯一能作为股份投资者只能为农地经营权。

此前，未进行三权分置政策规范期间，学界对农地权利入股出现了各种学说。

一 反对入股学说评介

该派反对土地承包经营权入股。理由是土地承包经营权属于物权，一经出资入股，即意味着成为公司的法人财产。如此一来，就会产生两个问题。一个是违法性问题，直接违背了土地承包经营权只能在集体经济组织内部成员中转让的法定条件，可能导致无效。2016 年的"两办意见"也重申了这一前提："承包农户转让土地承包权的，应在本集体经济组织内进行，并经农民集体同意。"另一个是经营风险问题。如果公司化经营失败，引发亏损、破产，土地承包经营权就可能成为破产财产，直接导致农户失去对集体土地的物权性权利。[①]

上述观点在三权分置之前，确有理论上的研究意义和实践借鉴价值，但在党的十八大以后，这两个问题都已不存在。十八届三中、四中、五中全会一致致力于农地经营权与农户承包权分离并倡导市场化流转，其时，《土地管理法》暂停适用，"两办意见"也仅仅新增了一个程序性要件："流转土地经营权的，须向农民集体书面备案。"换言之，两权分离后，只要不涉及承包权，经营权的流转只需要有流转合同加上书面备案即可生效。

至于经营风险导致的亏损、破产，依据《农村土地承包法》（2009年修正）、《物权法》以及党的十八大以来的各项文件精神，用于抵偿或

---

① 参见房绍坤《物权法用益物权编》，中国人民大学出版社，2007，第 104 页。

抵充债务的仅能是土地承包经营权的收益权而非承包经营权本身，此点显属对农户承包权的最高保护，既不会导致承包权易主，也不会导致经营权灭失。

二　经营权入股说

该派的观点是，农户承包权具有身份性、专属性，且受《宪法》、《物权法》及中央文件特别保护，自然不能入股，但其经营权可以出资入股。①

此类学说与党的十八大以来的各项政策文本很接近，但又遭遇其他学说质疑：经营权脱离不了承包权的终极控制，承包权又脱离不了集体所有权的终极控制，最终入股的所谓权利既不能作为法人独立财产，又不能作为破产财产，按照《公司法》《企业破产法》，如此出资显然有虚假出资、逃避债务之嫌。②

这种质疑有一定道理，但从纯商事法角度解读农村土地入股，违背了农村土地权利流转的中国国情和特殊语境。

三　隐性出资说

该类学说主张，如果农民以土地承包经营权入股，可以不计入出资总额，仅仅是登记入账，作为以后分配利润、承担损失的依据。换言之，农村土地承包经营权入股，只能作为隐性股而不能作为显性股。③ 有人将此种模式称为"双重资本制"。④

此类观点本意在避实击虚，却陷入了梦中说梦的迷途。

首先，农地入股并非以权利本身入股，而是以土地权利的转换形态入股，是以权利折算为金钱后作为股份进行投资。

其次，如果土地权利入股只入账，不登记，势必严重危及农民的权利。一旦兴讼，农民于实体法上的权利性质界定和程序法上的举证责任

①　参见马新彦、李国强《土地承包经营权流转的物权法思考》，《法商研究》2005 年第 5 期。

②　参见宋志红《土地承包经营权入股的法律性质辨析》，《法学杂志》2010 年第 5 期。

③　参见高海《土地承包经营权入股的法律性质探析》，《法学论坛》2011 年第 3 期。

④　冯曦：《家庭土地承包经营权入股公司的法律建构——基于公司双重资本制》，《法学杂志》2013 年第 2 期。

都将承受过重的负担，甚至面临败诉的风险。因为此类记账性权利只能作为债权，并且是不受《民法典》《公司法》特别保护的债权。是否构成股份，还需要农民自己举证。

最后，关于虚假出资问题。2013 年 12 月 28 日，十二届全国人大常委会第六次会议审议并通过了《公司法》修正案，股东不再受虚假出资或者抽逃出资的困扰。农民的土地权利作价、折股完全可以通过合同方式约定并通过权威评估机构进行评估，最终以市场价格计价入股，无须担心虚假出资或抽逃出资所承担的民事责任、行政责任或者刑事责任。

第五节　农地经营权股权化的困境

农户保留承包权，流转经营权，此类经营权入股有两种情形。一种是农户自己以经营权入股，公司或合作社是否有权再行流转？另一种是农户将经营权流转后，继受经营权人是否有权以经营权入股？两种入股都涉及一个问题，即经营权股权化后受让人的权利空间到底有多大？这些问题都是农地股份制改革的必要前提。更重要的问题是，继受型经营权人能否以经营权入股？

"两办意见"秉持党的十八大以来的文件精神，鼓励采用土地股份合作等经营方式，探索更多放活土地经营权的有效途径。但在一些具体细节上无疑为农地经营权入股设置了限定条件，较此前三次全会精神更趋保守。

一　农地经营权的定性问题

"两办意见"明确指出了农地经营权是在土地流转中，由农户承包经营权派生出来的权利。如此定性，就会出现诸多问题。比如农户流转农地经营权后可以成为股东；实际经营权人如果以经营权入股，谁是股东？这个问题本无异议，似乎多余。但"两办意见"明确规定："经营主体再流转土地经营权或依法依规设定抵押，须经承包农户或其委托代理人书面同意，并向农民集体书面备案。"

此种规定意味着实际经营权人如果要对经营权进行处分（转让、入股、抵押等）均需经过两道关口：一是必须征得承包权人书面同意，二是必须向农民集体经济组织书面报备。但农户承包权人是否愿意经营权再次流转？如果亏损，经营权损失理应由实际经营权人承担。如果盈利，农户提出增加流转费，实际经营权人是否能够拒绝？更重要的是，如此规定，将主动权全部交由农户承包权人控制，势必削弱股份制改革的动能。

二　农地经营权定位问题：优先抑或平等

"两办意见"肯定了土地经营权人对流转土地依法享有在一定期限内占有、耕作并取得相应收益的权利。但在其权利保护段落，有如下表述："在依法保护集体所有权和农户承包权的前提下，平等保护经营主体依流转合同取得的土地经营权。"

这表述前后矛盾。一方面，优先保护集体所有权和农户承包权是前提；另一方面，在确保上述前提下，才平等保护农地经营权。既然优先保护，那就不可能平等；既然平等，就无所谓优先。

此种矛盾表述体现的是一种矛盾的心态：一方面需要维护集体土地的公有制底线，另一方面又需要兼顾农户承包权所承载的社会保障功能。只有这两方面条件具足，才对农地经营权进行保护，体现了十足的权利保护位阶性甚至等级性，这可能成为农村土地股份制改革的强大阻力。

三　权利空间：合同约定抑或政策规定

依照合同法原理，农地经营权人之权利理应由农户承包权人与实际经营权人之间通过合同约定，但"两办意见"对合同的基础权利义务关系进行了硬性规定。

第一，经营权人行使权利必须征得农户承包权人同意。经营权人有何种权利，如何行使权利，这本属合同约定内容，但"两办意见"明确规定，改良土壤、提升地力，建设农业生产、附属、配套设施，都必须经过承包农户或其委托代理人书面同意。

第二，补偿请求权须经农户承包权人同意。如果依照流转合同约定，经营权人在实际经营期间要依法依规获得合理补偿，也须征得农户承包权人同意。此项规定毫无必要，既然合同已经约定，自然视为同意，何须再行经过同意？此项规定不仅无实益，反倒会滋生投机行为。

第三，合同期间届满，实际经营权人如果要实现优先续租权，也必须经农户承包权人同意。就物权法原理而论，经营权人之优先权本身即属于法定的物上优先权；就债权法原理而论，经营权人之续租权也是合同约定的债上优先权，为什么还要在期满后再次征得农户承包权人同意？

第四，土地征收补偿显失公平。对于土地被征收，虽然规定了地上附着物及青苗补偿费应按照流转合同约定确定其归属，但经营权人作为实际占有人、经营者，对土地征收补偿费是否有权利分一杯羹？"两办意见"回避了这个问题。但细加寻绎，文件前后的表述已然暗含结论：只能归农户享有。由此产生两个问题：一是经营权人长期的投入和改良，因土地征收导致巨额亏损，单纯获得地上附着物与青苗补偿费，是否公平？是否会阻断农村土地的流转动力机制？二是如果农户与实际经营权人事前有合同约定，由双方共享土地征收补偿利益，农户承包权人后来拒绝履行合同，此类纠纷应当如何处理？

第五，公示公信力。基于上述立场，"两办意见"对农户承包权的公示公信方式规定的是"确权—登记—颁证"，还通过承包合同网签管理系统健全承包合同取得权利、登记记载权利、证书证明权利的确权登记制度。但对于农地经营权人之权利，则采用流转合同鉴证、交易鉴证等方式予以确认。此项规定明显将农地经营权排除于物权法范畴之外，意味着农地经营权在公示公信力上完全逊色于农户承包权并无从对抗农户承包权。

第三章　农村土地股份制改革的内部
限制条件与路径探索

农村土地股份制改革并非来自理论研究，也非来自政策导向，而是来自民间实践。这种民间实践是对变革时期地权逻辑与土地效益的一种敏锐感知和对地权利用的一种审慎改良，其功效自不待言，提高了农地的规模化经营程度，实现了经营体制的创新，也为中国农业现代化提供了有益的制度借鉴。后来，农村土地股份制改革才进入国家层面，渐次通过政策倡导进行推广并于十八届三中全会以来臻于极峰。

因为具有很大的民间创制色彩，股份制改革的限制条件有哪些，是否能够进行一体化的改革，如何建立科学合理的绩效评估机制，多元化的股份制改革模式隐含了何种风险，这些问题的解决是农村土地股份制改革施行、推进的基本前提。

第一节　农村土地股份制改革推行的内部限制条件

农村土地股份制改革初期，仅限于有限农户的经济合作，既缺乏有效的法律制度供给，也没有充足的资本支持，更没有高科技的提升，所有的目标就是通过农村土地的规模化经营，提高粮食产量或以种植较高经济价值和附加值的经济作物增加收入，后来才渐次演化为较为完备的土地股份合作社、社区型土地股份公司、企业型土地股份公司。

农村土地股份制改革是否适用于全国任何农村地区？是否具有差异性和地域性？这就涉及农村土地股份制改革实施和推行的基本前提。换言之，课题组认为农村土地股份制改革的推行需要考察其限制条件。其中，除了法权、政策等制度供给限制条件外，最重要的还应该考量如下四大要素。

一 土地作为市场要素的区域发展水平：方竹笋产业的序列演进

作为生产要素的土地，其发展水平不仅受制于所在区域的总体经济发展水平、科技发展水平与投资环境等条件，还受制于土地自身的自然禀赋、经营者法治水平等条件。

只有明确了土地的制约性因素，才能探究农村土地股份制改革的适用空间和实施路径。本节以重庆市南川区特色产业——方竹笋开发与种植为例，说明土地禀赋对股份制改革的重要意义。

（一）空间竞争与非均衡发展

区域经济学理论提出了"空间竞争"命题，认为不同区域的土地发展并不具备均质性，而是处于一种非均衡状态的竞争条件下，所以才有了不同的区域经济发展模式与特色。换言之，空间竞争的本质是非均质条件下的竞争。

一个地区的经济要素可分为两类：一类是基于资本、劳动、土地、技术、知识、制度而产生的经济要素；另一类是基于自然要素和地理特征状况而产生的非经济要素。上述两大要素如果从竞争空间角度界分，又可区分为区域性要素（regional specific-factor）和非区域性要素（non-regional specific-factor）。

按照区域经济学理论，区域性要素禀赋是一种动态的变化过程。[1]此种变化源自区域性要素的两种特性：自我累积性和外生累积性。一方面，区域性要素在生产过程中可以不断自我加强、自我累积；另一方面，非区域性要素在区域中的投入也可以在一定程度上沉淀成区域性要素，而使区域性要素外生地被累积。

此种理论可以在实践中得到有效验证。[2] 南川区位于重庆南部，地处渝黔、渝湘经济带交会点。境内地形以山为主，地势呈东南向西北倾斜。既有大娄山脉褶皱地带，又有川东平行岭谷区，呈台地低山地貌；沿线为低山漕坝地带。金佛山位于南川区南部，为 5A 级国家风景名胜区，核心景区规划面积 441 平方公里，自然景观优美，物产丰富，属于

---

① 参见郝大江《区域经济增长的空间回归——基于区域性要素禀赋的视角》，《经济评论》2009 年第 2 期。

② 重庆市南川区金佛山山地农业区和大观镇农业产业园区系课题组试验站，设有 12 处观测点。

蜀中四大名山之一。

　　山区居多，设区前南川经济发展多以农业、工矿业、药业为主，属于典型的山地经济。工农业生产总值不高，科技水平欠发达，资本融入艰难，产业结构相对单一。虽然位居山区，但南川历史上为"黔蜀喉襟、巴渝险要"，交通较为发达，此点为南川经济发展奠定了基础。设区以后，南川针对自身的山地经济特色，为了生态环保，积极建设国家级旅游区，减少、限制工矿企业发展，大力发展特色农业。其中，南川方竹笋既是特色产业，也是优势产业。

　　方竹笋为南川特产，素称"中国独有，世界一绝"，肉质丰厚，质地嫩脆，细腻化渣，味道鲜美。其市场价格也极具竞争优势：有机干笋市场价 100~200 元/斤，鲜笋 35 元/斤左右。

　　虽然有特色、有市场，但多系农村土地家庭经营，加上交通不便，科技水平欠发达，所以历年来方竹笋规模小，产量低，营销不畅，难以形成优势市场竞争力。

（二）山地经济的优势与劣势转换：农地股份制的适用空间

　　规模化经营是突破山地经济约束机制的最原始驱动力。早在 20 世纪90 年代初期，当地农户就开始了最原始形态的联户经营，扩大生产规模，细化内部分工，走出了早期规模经济的第一步。

　　到了 21 世纪初，陆续出现了一批方竹笋种植基地和龙头企业，再后来演化为股份专业合作社，最后，优势商业资本开始进入方竹笋产业，企业型股份公司应运而生。

　　从南川区方竹笋的经营体制变化可以看出，从私人种植场到龙头企业，再到社区型专业股份合作社，最后到纯公司化的企业型股份公司，虽然有一个较为长期的演变历程，但确实带动了土地、资本、技术、劳动力各项生产力要素的优势组合和经营体制的不断创新，加上政府政策的有力扶持，几大高速公路的贯通，旅游产业的侧翼宣传，最终使南川区方竹笋产业成为生态型产业链，年产量逐步提升，市场占有率攀升，至 2012 年，每年产值过 2 亿元，80%产品还远销美国、韩国、日本及东南亚。[①]

---

① 　参见王中伦、李明、梁蔚、刘立才《重庆市南川区笋竹产业化发展对策》，《世界竹藤通讯》2009 年第 2 期。

此点也证明了，农村土地股份制改革实现了土地经营的"联户经营→土地专业合作社→企业型股份公司"的全方位转型，不仅能够集合资源，提高效益，还能够实现区域性要素的动态演变；不仅将传统区域性要素中的劣势转化为优势，还增强了区域性要素与非区域性要素之间的适宜度，实现了方竹笋产业的收益递增。

农村土地股份制改革推动了重庆市山地经济的多种产业，除了方竹笋，还有南川的贡米、玄参，江津的花椒，永川的林木苗圃，一大批生态农业园区、休闲农业园区、旅游观光农业园区纷纷出笼，有效改变了原来单一的农业产业结构，形成了强大的经济牵引力和示范效应。

随着土地规模化经营的纵深推进，南川方竹笋产业开始不断吸入工商资本，从种植发展到深加工，进而扩展到市场销售环节，实现了一二三产业的全面渗透，加上现代的"互联网+"，目前的方竹笋市场已成为全国规模最大、影响最大的特色产业。

（三）　土地股份制推动各大要素的结合

农村土地股份制改革不仅实现了一二三产业的渗透、贯通，还推动了其他区域性要素和非区域性要素的结合。

比如从创建品牌到捍卫品牌，南川区经历了比较艰辛的过程。方竹笋种植面积因为土地的规模化经营越来越大，但在早期，无论是种植基地还是龙头企业都面临一个巨大的法律障碍：没有商标，也难打造品牌。

最大的障碍就有两个。一个是与南川区毗邻的邻省某县早在 2002 年即已申报了"中国方竹笋之乡"并获批准，由此导致正牌的南川方竹笋不仅难以获得原产地地理标志，不能获得法律保护，还被众多商家冒牌经营，从云南、浙江贩运大量竹笋，冒充金佛山方竹笋，以假乱真，以次充好，最后导致逆淘汰：正宗的金佛山方竹笋市场价格从 30~40 元/斤降低到 10 元/斤都不能站稳市场。

另一个障碍是，各地种植公司、股份合作社、股份公司、加工企业、销售公司退而求其次，准备使用"金佛山"农产品商标，但早在 20 世纪 90 年代，重庆一家科技实业公司已经抢注了"金佛山"商标。后来经过政府出面，在各大企业、公司的基础上组建了南川区金佛山方竹笋协会，据理力争，历经曲折，2008 年才正式夺回"金佛山"商标。① 截至 2015 年初，"金佛山"系列地理标志证明商标先后注册南川方竹笋，南川鸡、鸡蛋、大树茶、贡米、中华蜜蜂、玄参，水江黑猪以及杜鹃、银杉、银杏等达 15 件。南川区最终成为地理标志大区，"金佛山"商标和产品品牌享誉全国，为未来的农村土地股份制改革和招商引资、现代化经营奠定了坚实的基础。

方竹笋在短短几年之内，就从偏处深山的丑小鸭（农家菜）变成了翱翔天空的白天鹅（有机生态农产品）。

简言之，农村土地股份制改革推动了南川区方竹笋的市场化、社会化，也带动了与此有关的知识产权、现代技术、市场信息、政府制度供给等各方面要素的整合和优化。

二　土地资本融通功能与土地股份制改革

规模化农业投入高、产出慢、风险大，十八届三中全会以来，土地和住房抵押贷款成为农业融资最重要的两种途径。2013 年以来，实践中已经出现了各式各类的农村土地抵押模式，有的调研报告证明，至少有"信用+抵押"模式、"保证+抵押"模式、"反担保+抵押"模式、"信托+抵押"模式、"土地证券化+抵押"模式五种类型。② 仔细考察，不难看出，在具体的土地融资过程中，无论是土地融资意愿，还是融资方式，因为土地的区域性差异，不同地区有着不同的逻辑，有的反差特别巨大，此点说明了作为生产要素的土地因为地缘差异所产生的融资水平差异，也直接决定了农村土地股份制改革过程中组织形式、内部治理的选择有着较大的差异，甚至直接影响到股份制改革的推行。

（一）金融机构如何对待土地融资

总体而论，金融机构对于发达地区的股份制改革企业或公司有着较大的热情和积极态度，但对贫困地区的土地融资缺乏积极性甚至态度消

① 参见孟芮溪、杨耀文《何处觅品质　"金佛山"中来》，《中华合作时报》2013 年 12 月 6 日。
② 参见程郁、张云华、王宾《农村土地与林权抵押融资试点调查》，《中国经济时报》2016 年 4 月 15 日；程郁、张云华、王宾《农村土地产权抵质押：理论争论、现实困境和改革路径》，《金融监管研究》2014 年第 10 期。

极，缺乏兴趣和信心。有学者对辽宁省法库县 350 位金融机构从业人员进行随机访问发现，只有 50% 的从业人员希望国家出台农村土地抵押贷款政策。究其原因，农村土地作为抵押物处置困难，金融机构权利实现难度过大，同时，农业经营风险过大，难以有效保障债权的实现。换言之，农村土地的社会保障功能过强，法律、政策监管力度大，农户行为难以监督，农业经营效果难以预测，加以贷期短、利息低、中介服务组织缺乏，极大程度削弱了金融机构的寻利动机和出贷热情。[1]

综合而论，在土地市场化程度较低的区域，土地价值难以达到金融机构的贷出预期。主要原因有三。

第一，价值低。一般情形下，只有当农村土地单位价值达到或高于某个阈值时，金融机构才有意愿接受农村土地作为抵押品。如果土地"不值钱"，即便农村土地需求度极高，也不会激发金融机构的意愿。

第二，风险大。农村土地抵押的风险一般表现为如下几方面。

（1）制度供给缺乏，难以阻却法律风险。不发达地区的土地价值之所以过低，并非其流通能力低，而是其背后的社会保障功能受法律的强制保护，金融机构在农户不能履约时无法对土地权利主张强制执行。加上地方政策可能随时发生变化，无形间增加了金融机构的贷出风险。因此，绝大部分金融机构不愿意接受农村土地权利进行抵押。

（2）农民经营水平低，难以确保债务的及时、有效履行。

（3）农业自然灾害概率高，波及面广。不仅颗粒无收还亏损，加重了还款的风险。

（4）农民投机。即便赢利，个别农户也可能不愿意偿还债务，金融机构无从强制。

第三，稳定性差。土地产权不稳定，土地价值认定标准不一、评估困难，农村土地收益具有很大的不确定性。上述三点加重了农村土地价值的负面评价，也加剧了金融机构对土地价值的判断难度。

---

[1]　参见兰庆高、惠献波、于丽红、王春平《农村土地经营权抵押贷款意愿及其影响因素研究——基于农村信贷员的调查分析》，《农业经济问题》2013 年第 7 期；李辰未、于丽红、兰庆高《农地经营权抵押贷款制约因素分析——以辽宁法库县为例》，《农村经济与科技》2014 年第 2 期。

（二）　土地区位价值与规模经营程度对土地权利融资意愿的影响

虽然十八届三中全会的《决定》、2014 年的"中央一号文件"（《关于全面深化农村改革加快推进农业现代化的若干意见》，以下简称《意见》）、《国务院办公厅关于金融服务"三农"发展的若干意见》和《中国银监会办公厅关于做好 2013 年农村金融服务工作的通知》等政策文件都对农村土地融资提出了相应要求，但不可否认，在实务操作中，土地区位价值与规模经营程度必然影响农民土地权利融资的意愿并影响农村土地股份制改革的进程和路径。

土地的区位价值不仅影响着农村土地的融资、投资制度供给，还会严重影响农户和土地股份制合作社或土地股份制公司的融资意愿。基本情形是：越是发达地区，规模化经营程度越高的农村土地实际经营人的融资意愿越高；① 反之，越是贫困地区，土地实际经营人的土地融资意愿越低。②

就土地区域差异而论，即便身处偏远地区，如果土地价值高，土地权利融资意愿也会很高。比如重庆市开县，位处重庆市东北部，三峡库区腹心地带，既是农业大县，也是农民工输出大县，还是三峡库区移民搬迁重点县。但相对而言，该县的经济较为发达，经济结构也较为合理，其中，三次产业结构比重分别为 22.8∶44.3∶32.8，外出务工农民比例达到 60% 以上，所以土地规模化经营程度较高。农户资金缺乏，企业资金不足，财政资金困难，农业信贷资金所占比重较小。有学者进行实地考察，在抽样调查的 198 户农户中，有贷款意愿的为 174 户，占 87.9%。其中，单纯将贷款用于发展农业生产的比例就达到 43%，说明了农民在规模经营目标实现后对农业前景抱有充分的信心。③

单就土地规模化经营程度与土地融资意愿的关系而论，2014 年，有学者对陕西、宁夏两省份 2493 户农户进行调研，以农地规模对农户参与

① 参见房启明、罗剑朝、蔡起华《农地抵押融资意愿与最优土地规模》，《华南农业大学学报》（社会科学版）2016 年第 6 期。

② 参见黄惠春、徐霁月《中国农地经营权抵押贷款实践模式与发展路径——基于抵押品功能的视角》，《农业经济问题》2016 年第 12 期。

③ 参见邱继勤、邱道持、王平《农村土地抵押贷款面临的挑战与政策检讨——以重庆市开县为例》，《农村经济》2012 年第 2 期。

农地抵押融资意愿的影响分析为基础，实证分析农户参与农地抵押融资意愿最大化条件下的最优土地规模。其数据表明，农地规模对样本农户参与农地抵押融资意愿呈倒 U 形影响。高陵、平罗地区农户参与农地抵押融资的最优土地规模分别为 12.67 亩、56.50 亩，分别超出当地户均农地规模的 2.68 倍、3.00 倍。①

比较之下，土地区位价值低、规模小，地方经济不发达地区的农户土地融资意愿则呈低迷趋势。有学者对欠发达地区 10 个省份的调查发现，只有 13.6% 的农户希望以抵押方式流转土地。② 而在辽宁省，学者的调研数据表明，45% 左右的农户不愿意参加土地产权抵押贷款。③ 主要原因并不是没有融资需求，而是土地的社会保障功能过于强大，经营地块较小，加上金融服务平台缺乏，农户担心失去土地、政策改变，又怕欠人情、高利息。前者固然出于对土地的高度生存依赖性，也对国家土地政策的持续性缺乏信心，后者却无疑增加了融资成本，如果人际交往费用与贷款利息比土地产出收益高或持平，则自然阻遏了土地融资动力。

农村土地股份制改革不仅强化了土地规模化经营程度，还集合了竞争力较强的市场优势，不仅可以增强金融机构的贷出意愿，也可分散股份制实体的经营风险。即便于土地区位价值较低的地区，亦可缓解土地权利融资难的问题。根据有关重庆市不同区位的土地融资调研数据，38.4% 的农户愿意通过土地入股形式将土地流转给大户或企业，并且愿意接受以土地使用权进行抵押贷款，借此实现规模化经营和土地效益的增长。④

极而言之，农民愿意选择土地入股的动因仍然是利益的增长，既实现高收益，又可以回避风险。实际上，在课题组实地调研过程中，农户很形象地解释了不愿意独立与银行订立土地权利抵押合同的真正原因：首先

---

①　参见房启明、罗剑朝、蔡起华《农地抵押融资意愿与最优土地规模》，《华南农业大学学报》（社会科学版）2016 年第 6 期。

②　参见郭继《土地承包经营权抵押的实践困境与现实出路——基于法社会学的分析》，《法商研究》2010 年第 5 期。

③　参见于丽红、陈晋丽《农村土地经营权抵押贷款的经验与启示：昌图县案例》，《农村经济》2014 年第 4 期。

④　参见藏波、杨庆媛、周滔《农村土地收益权证券化的农户意愿及其影响因素——基于重庆市 11 个典型村的调研》，《中国人口·资源与环境》2013 年第 6 期。

是担心"肉包子打狗，一去不回"（经营权被强制执行），其次是担心"骨头没啃上，还撕皮带肉"（经营亏损），最后才是对土地入股后是否公平分配缺乏信心，担心土地入股后实际经营权人"面红心黑"，"说一套做一套"，坑人还叫屈、卖乖（内部股份或股权分配与利益分享）。①

（三）土地与房屋的融资反差

农村土地股份制改革不仅涉及农村土地承包经营权的股份制改革，还广泛涉及宅基地以及其他集体建设用地等层面的股份制改革。与农地股份制改革不同，宅基地及其他集体建设用地的股份制改革虽然也涉及土地区位价值，但其难度远较农地股份制改革高。

此种难度主要来自国家法律、政策的双重管控。

就法律层面而论，从《担保法》第 37 条到《物权法》第 184 条，再到《民法典》第 399 条，都明确禁止宅基地的抵押。

就政策层面而论，国家对以宅基地为中心的集体建设用地管控极严，三令五申。兹选择典型文件精神胪列如下。

（1）1963 年 3 月 20 日，中共中央发布《关于各地对社员宅基地问题作一些补充规定的通知》，明确规定："社员的宅基地，包括有建筑物和没有建筑物的空白宅基地，都归生产队集体所有，一律不准出租和买卖。"此文件不仅实现了农村土地的全盘公有化，还限制了所有农村建设用地的市场化路径。

（2）1997 年 5 月 18 日，中共中央、国务院发布《关于进一步加强土地管理切实保护耕地的通知》（中发〔1997〕11 号）重申，"农村居民建住宅要严格按照所在的省、自治区、直辖市规定的标准，依法取得宅基地。农村居民每户只能有一处不超过标准的宅基地，多出的宅基地，要依法收归集体所有"。此文件重申宅基地"一户一宅"原则，同时禁止宅基地单独转让。

（3）2004 年 10 月 21 日，国务院发布《关于深化改革严格土地管理的决定》（国发〔2004〕28 号）进一步严申："禁止擅自通过'村改居'

---

① 此类心理广泛存在于不发达或欠发达农业经营区。上述结论分别来自课题组的调研个案，广泛涉及重庆市南川区、四川省绵阳市游仙区、福建省泉州市永春县、江西省余干县等地。

等方式将农民集体所有土地转为国有土地。禁止农村集体经济组织非法出让、出租集体土地用于非农业建设。改革和完善宅基地审批制度，加强农村宅基地管理，禁止城镇居民在农村购置宅基地。"三个禁止彻底阻断了农村建设用地的市场化通道，同时禁止宅基地的城乡流动。

（4）2007年12月30日，国务院办公厅发布的《关于严格执行有关农村集体建设用地法律和政策的通知》（国办发〔2007〕71号）规定："农村住宅用地只能分配给本村村民，城镇居民不得到农村购买宅基地、农民住宅或'小产权房'。单位和个人不得非法租用、占用农民集体所有土地搞房地产开发。农村村民一户只能拥有一处宅基地，其面积不得超过省、自治区、直辖市规定的标准。农村村民出卖、出租住房后，再申请宅基地的，不予批准。"该文件三个"不得"虽然用语上渐次弱化，但其价值立场与前述文件完全一致。不仅强化了集体建设用地的身份属性，还截断了宅基地市场化的其他建设用地非法开发通道。

30年集体建设用地的封闭式管理，导致了土地价值的内部性、身份性，窒碍了土地的市场化、资本化通道，土地功能仅限于有限的社会功能和政治功能，其经济功能被极度限缩。

真正的转机出现于2014年。该年《国务院关于进一步推进户籍制度改革的意见》（国发〔2014〕25号）认定了土地承包经营权和宅基地使用权是法律赋予农户的用益物权，集体收益分配权是农民作为集体经济组织成员应当享有的合法财产权利。同时提出了加快推进农村土地确权、登记、颁证的要求，统一将土地承包经营权、宅基地使用权视为农村产权，并提倡建立农村产权流转交易市场，推动农村产权流转交易公开、公正、规范运行。此文件为农村土地股份制改革提供了政策性支撑。

2015年8月10日，国务院发布《关于开展农村承包土地的经营权和农民住房财产权抵押贷款试点的指导意见》（国发〔2015〕45号），以试点的形式赋予"两权"（农村承包土地的经营权和农民住房财产权）抵押融资功能，维护农民土地权益。虽要求债权人实现债权时必须坚持"保证农户承包权和基本住房权利"的前提，不利于激活金融机构的积极性、主动性，却客观放开了宅基地的法权桎梏，赋予了农地经营权和住宅财产权的市场化、资本化权能。

针对《物权法》第184条、《担保法》第37条的硬性法律约束，

2015 年 12 月 27 日第十二届全国人民代表大会常务委员会第十八次会议通过了《全国人大常委会关于授权国务院在北京市大兴区等 232 个试点县（市、区）、天津市蓟县等 59 个试点县（市、区）行政区域分别暂时调整实施有关法律规定的决定》，调整了两部法律关于集体所有的耕地使用权、集体所有的宅基地使用权不得抵押的规定，为国务院前述"指导意见"张本开目，提供试点空间。

2021 年 1 月 1 日起开始实施的《民法典》第 399 条删去了"耕地"禁止抵押的字样，以法典的形式为农地融资提供了全新空间和可靠路径。

上述法律的限定和政策的演化体现在不动产融资领域就是土地权利与住房权利融资出现极大反差。实际上，在中央文件尚未发布之前，诸多地域已然开始土地融资，以所谓"两权"进行抵押。但囿于强大的法律阻力，民间的先行实践最多体现在法律允许的农村住房抵押贷款环节，截至 2014 年 3 月末，湖南省 25 个县农房抵押贷款余额即达 84.8 亿元；而相对处于"违法"困境的土地承包经营权抵押贷款同期不足 1 亿元，二者相差很大。[①]

随着土地权利的逐步市场化，农村土地股份制改革通过土地权利融资的渠道愈来愈广，此点不仅可以弱化土地区位价值的不足，提升土地的价值，无形间也为股份制实体竞争力的提升打开了通道。

三　土地的区位优势与农村土地股份制改革的路向选择

（一）差异存在的常态性与制度决策

按照区域经济学的基本理论，农村土地股份制改革必须注意两大限制性条件：第一个条件，区域性要素禀赋导致区域的不平衡发展，这是一种常态存在；第二个条件，单纯的非区域性要素投入无从缩小或改变上述区域发展差距。[②]

1. 农村土地股份制改革模式的决定性条件

按照第一个限制性条件，必须考虑农村土地股份制改革的基本模式。

---

① 参见程郁、张云华、王宾《农村土地与林权抵押融资试点调查》，《中国经济时报》2016 年 4 月 15 日。

② 参见郝大江《区域经济增长的空间回归——基于区域性要素禀赋的视角》，《经济评论》2009 年第 2 期。

土地的区位价值可以视为区域性要素禀赋，形成了一个地区稳态的经济增长模式与绩效。此类禀赋既取决于土地自然禀赋的高低、好坏，也取决于土地市场的活跃与沉寂。但究其实，土地自然禀赋才是决定性条件，市场属于助推性或阻力性条件。

此点决定了农村土地股份制改革的最基本动因和行为模式，影响到组织形式选择、出资偏好、收益分配模式等重要步骤、方式的决策。①

2. 农村土地股份制改革路向的决定性条件

按照第二个限制性条件，必须考虑农村土地股份制改革的基本路向。如前所述，土地市场是活跃还是沉寂表面上取决于法律、政策、习惯等土地制度供给是否完备、先进、科学，但这些市场培育要素都属于外在条件，而不属于内在条件。

农村土地的规模化经营和市场化流动是激活土地资本要素市场的必要手段，但必须清楚地意识到以下三点。

第一，规模化经营程度受限于土地自然禀赋。为什么耕地与"四荒地"、建设用地会通过不同的法律条文进行调整？这是土地自然禀赋决定的权利内建构。为什么发达地区的土地区位价值高且能实现充分的市场化？也是土地的区位决定了土地的市场价值。

由此土地的投入需求和产出效益就必然决定着土地经营的规模。上举重庆市南川区方竹笋产业就属于典型。据课题组实地调研，2016年南川金佛山方竹笋种植面积20万亩，年产量15000吨，产值1.5亿元。除工商登记的重庆市南川区娟笋方竹笋种植场、重庆市南川区烂泥凼方竹笋专业合作社、重庆市南川区柏枝山方竹笋种植专业合作社、重庆市南川区双洞方竹笋种植专业合作社等数家种植场、股份合作社外，还有大量的小规模经营组织，最大规模所能吸纳的劳动力为500人（含少量技术、管理人员）。

此种规模于当地算是极大规模，但与发达地区相比，明显有三大劣势：一是位居山区，交通不便，种植、运输、加工成本高；二是劳动力转化程度低，除了极少数技术、管理人员，95%以上为当地务工农民，其劳动均为简单劳动，缺乏技术含量，也无从转换为高位阶劳动力；三

---

①　参见刘云生、吴昭军《农村土地股份制改革中的行为特征》，《求实》2016年第9期。

是劳动力报酬较低，除了技术人员、管理人员包吃住每月 3000 元工资较高外，其他务工人员都是按劳取酬。鉴于方竹笋秋天收取，季节性特征明显，单天的高报酬和全年的低报酬平均后，虽高于单纯务农，但与城市相对稳定、持续的务工报酬相比，没有任何优势。此点决定了笋工多为农村老弱劳动力，收笋也是季节性工种，缺乏稳定、持续的劳动力供给。

上述劣势显然取决于土地的区位价值和方竹笋的生长规律。作为稀有产品，方竹笋主要生长于海拔 1400～2000 米的金佛山区，形呈四方，有棱有角，其笋发于春而茂于秋。此种产品的土地依赖性无疑加大了种植、护养成本，且周期较长，加上市场价位高，无形间削弱了方竹笋产业的其他优势。

方竹笋种植的地理环境依赖和高成本决定了当地农村土地股份制改革的基本模式只能选择"农户+龙头企业"和土地股份合作社组织形式。其中，2007 年 12 月 11 日经工商注册成立的重庆市南川区柏枝山方竹笋种植专业合作社，注册资本 1000 万元。但如果缺乏商业资本融入或加大特色产业补贴，盈利空间虽大于单户自产自销，但仍然有限。

相形之下，位于南川区大观镇农业园区的蓝莓产业就占据了相对优势的土地区位。蓝莓园位居大观镇"国家级乡村旅游度假区"——中国重庆生态大观园园区中心地段，平均海拔 850 米，无工业污染，风景优美，空气新鲜，环境宜人。大观镇交通便利，距离高速路口 3 公里，距重庆市区约 45 分钟车程，距南川区 16 公里，地理位置优越。但相对而言，土地租金与金佛山地区并无明显差距：流转土地租金每年 600 斤稻谷/亩。

该种土地区位价值带来了其他优势，如良好的产业生态链。蓝莓园自身产业结构多元，集蓝莓采摘、餐饮住宿、垂钓、露营、养老度假于一体，属于典型的乡村旅游度假村。而周边特色产业如旅游观光农业、休闲农业都很发达，有薰衣草园、玫瑰园、万亩风情猕猴桃园、葡萄园、虾场、泥鳅基地、甲鱼场等，加上风情民宿、农家乐，土地价值显性攀升。此外，大观镇每年举行大观园 12 金钗巡游、全国自行车山地比赛等活动，最终推动了大观镇的商旅农贸市场化进程，旅游高峰为每年 3～10月，年接待游客高达 580 万人次。此外，蓝莓产品市场价值高，刚入市基准价格可达到 240 元/公斤，采摘周期为 5～9 月。

正是基于上述优势，蓝莓产业已经吸引可观的商业资本进入，从育苗到移栽再到养护、采摘、销售形成了一条龙服务，更兴建了蓝莓酒厂，实现了一二三产业的全面渗透和融合。

第二，市场化程度取决于土地的最终用途。如果是进行规模化的现代化农业经营，土地的市场化程度就只能在农业经营前提下进行权利的集聚与转让。此点决定了农村土地股份制改革一方面要秉持公有制的大前提，寻求对每一个集体组织成员的成员权的保障；另一方面，还得恪守农业经营的前提，不能改变土地用途，实现土地本身的市场化价值。

上述两方面导致农村土地股份制改革都只能是集体土地所有权和农户承包经营权权能的有限让渡。

这种有限性表现为：一是土地用途具有限定性，只能从事农业生产、经营；二是受承包期限的限制，流转的经营权权利行使受制于承包权存续的期间；三是受限于集体土地所有权，经营权存续期间内，集体有权对承包权进行调整，经营权权能的范围可能会缩小，股份也可能发生变动。

上述农业现代化目标决定了该类农村土地股份制改革不可能一次性实现土地的市场化价值，而是派生于承包权的占有、使用、收益权能的阶段性享有和利用。

由此，工商业资本的进入与城市化、城镇化的模式也会迥然而异：与城市化、城镇化路向的大包大揽、总体开发、高利润率不同，此类投入一般具有阶段性特征，逐步加大投入，收回成本，获取利润。鉴于土地用途限制，农村土地的市场化也属于权利层面的有限流动，所以该类投入一般避免与农户直接进行谈判、合作，而是吸收乡村股份合作社入股，重新成立新的市场主体进行运营，且产业选择一般多愿意选择加工、销售特殊农产品的二三产业，从而回避第一产业的高成本、低利润。

当农村土地的开发进入高品质阶段，土地用途限制有所缓和的时候，工商资本就会果断进入，寻求最大化的土地增值利益分配。前列重庆市南川区大观镇的蓝莓生产行业体现了工商资本的此种"逐利性"：在占地面积33335平方米的规模中，获批能够作为建设用地的面积为6000平方米，此点无论是作为旅游观光农业、休闲农业的开发，抑或是以后城市化、城镇化补偿都有利可图，所以工商资本会源源流入，不仅吸引了大量的优质劳动力，还带动了周边土地的升值。

有鉴于此，政府亦逐步加大投资，道路交通、公共教育、湿地公园等公共服务渐次到位，城镇化趋势逐步显现。

此点就是区域经济学所谓的土地非区域性要素与区域性要素的动态转换。

第三，基于上述两点，农村土地的规模化经营水平和市场化程度都决定了农村土地股份制改革有着不同的目标和路向。

一个目标是发展现代农业，走农业现代化道路。基于此种目标定位，农村土地的市场化并不发生权属变革只能是有限的市场化，且市场化目标是变革土地经营模式，改良土地经营所需各类制度供给方式，最终提升农地效益和现代化水平，而非实现农业土地的非农化市场收益。

由此，农村土地股份制改革的农业现代化目标就必须坚守以下两大前提。

（1）权属稳定。十八届三中全会以来的文件精神一再提倡"坚持"农村土地的集体所有权，确保农户土地承包权，显然指向的是农业现代化目标。能够有限进入市场并进行大规模集聚的只能是农地的经营权。此点可以解释为什么欠发达或不发达地区的农村土地股份制改革多采用土地专业合作社、土地银行、土地信托等方式。

（2）用途稳定。在农业现代化目标下，农地的有限市场化并不是单纯确保土地的公有制或农户对土地的身份性权利，而是为了国家的粮食安全战略，确保耕地资源。所以，该前提下的农村土地股份制改革无论采取何种模式，都不得改变土地的农业用途。

上述两个"稳定"必然加大土地区位价值的差异且不可能通过充分的市场化加以改进，最佳的模式只能是通过国家产业扶持政策，加大农业投入来弱化、淡化差距。

另一个目标是发展城市，为城市化提供足量的土地供给。

简言之，农村土地股份制改革如果趋向于农业现代化目标，则倾向于以土地专业合作社为主要组织形式，实现区域经济总量的提高和农业的可持续发展；如果趋向于城市化、城镇化目标，则倾向于以企业型或社区型股份公司为主要组织形式，力求以土地为核心的集体资产与农民财产权的一次性实现。土地的用途改变与高额增值不仅实现了集体、农民身份的"蜕变"（村社街区化、农民市民化），同时也获得优势发展的条件。

（二）国家扶持与区域土地收益均衡

基于上述两种不同目标定位，土地的区位价值不仅决定了农村土地股份制改革的组织形式，也决定了土地的区域收益水平。相形之下，农业的弱质性并不能得到有效改善，农村的发展仍然受限，农民的增收也相对缓慢。

为最大限度克服农村土地区域收益的不平衡，除了进行农村土地股份制改革外，政府亦需提供有效的制度供给，缩小差距。关于此点，日本的相关经验可资借鉴。[①]

1980 年日本政府颁布《农地利用增进法》，其后出台《农业经营基础强化法》，促进农地的规模化经营，实现农地资源的有效配置。揆诸其产业促进与强化措施，无非有如下数端。

一是近似于中国现行的"农户+龙头企业"，以"作业委托"方式将土地交付给拥有一定土地规模、具有较强的生产能力和经营能力的上层农户经营，其组织形式多为公司方式或协业经营方式。[②]

二是农业补贴由"普惠型"转变为"选择型"。新修订的《农业基本法》废除了原来的农民补贴普惠制待遇，重点将农业补贴倾斜发放给农业的实际经营者，主要有三类。第一类是自立经营农户，即具有正常家庭结构的农业就业者，不仅使其收入与其他产业收入基本均衡，也能享有同等的生活质量，更能有效解决充分就业问题。第二类是农业法人，即公司化运作的农业经营组织，该类公司一般拥有相当规模的固定资产，能够有效进行各大生产要素的市场化配置，提升整个农业经营水平。第三类是认定农业者。[③] 该项改革始于 1993 年。所谓"认定农业者"，系指市镇村基于农业产业促进、强化系列法律，根据土地区域实际状况，

---

① 参见吴长波、徐鑫《日本农业产业化法律政策及启示》，《广东农业科学》2012 年第 2 期。

② 参见李燕琼《日本政府推进农业规模化经营的效果及对我国的启示》，《农业技术经济》2004 年第 5 期。

③ 参见赵维清《日本认定农业者制度及其对我国的启示》，《现代日本经济》2012 年第 2 期。

以效率、安定的农业经营目标为内容，对农业者提交的农业经营改善计划（一般为 5 年内的经营目标）进行认定。一旦获得认定，即可享有重点实施农业经营基础强化资金等低利率融资制度、农地流转化对策及支援农业骨干的基础配备事业等优惠。自 2007 年以后，还可以享有水田、旱田经营安定所得对策的补贴。

认定农业者制度是日本改善农业经营状况、推进农业规模经营、提高农业经营效率的重要农政改革措施。自 1993 年日本制定并推进该制度以来，政府对认定农业者重点实施了农业经营基础强化资金等低利融资制度、农地流转化对策及支援等措施，产生了良好的效果。

三是农产品价格体系改革。如前所述，土地区域性差异系基于土地的自然禀赋而产生，难以进行实质性改观。但如果有较为科学而合理的制度供给，则可从根本上改变这种区域性要素所导致的弊端，平衡土地收益的地区性差异，既可防范走单一化的城市化、城镇化道路，还可吸引充足的资本和劳动力进入农村产业，切实推进中国的农业现代化进程。

1961 年《农业基本法》公布后，日本制定了新的农产品价格政策，引入"生产费补偿和平衡工农收入"的计算方法，大幅提高农产品价格。生产费补偿算是对产业成本的直接补偿，而平衡工农收入则显系矫正土地区位价值的缺失。1994 年，日本颁布新粮食法，对农产品价格政策再次进行调整，由此形成了系列性价格体系。比如最低价格保证制度，当市场价格低于政府规定的最低价位时，由政府以最低价收购，确保了小麦、大麦、土豆、甘薯、甜菜、甘蔗等基本农产品的生产与供给；安定价格带制度，主要用于对牛肉、猪肉、蚕茧和生丝等畜牧业、蚕桑业农产品的价格支持，政府设定最高价、基准价、最低价，在坚持自由贸易前提下对价格进行干预，防范市场价格的剧烈波动给经营者带来损失；价格稳定基金制度，该项基金由政府统筹，民间共同参与，主要对蔬菜、小肉牛、仔猪、蛋类及加工水果等农产品进行价格补偿，当市场价格低于标准价格，其差额由基金支付；目标稳定价格制度，由畜产品振兴事业团主导，平衡乳制品、乳粉、炼乳奶制品等农产品的价格差。还有由政府直接管控的管理价格制度，针对水稻等农产品，政府直接控制价格并管理农产品的购销和进口；"双重米价"制度，推行"高收低出"倒挂政策——从农民手中高价收购，再低价出售给市民。此外尚有价格差额补贴制度、国际贸易保护政策等，全方位、深层次保护农业产业，最大限度降低农业经营风险，增进农业经营者利益，最终消解了土地区位价值所带来的非均衡效应。

四是"以城带乡"。1953 年的《町村合并法》制定了城乡合并的发展战略，以城带乡。通过将町周围的村纳入或新设町镇，实现了城镇化，也实现了市町村社会资源的合理配置。

（三）差序性格局下的策略选择与城乡均等化发展

土地的区位价值不仅影响地区性产业结构，更直接影响地域性差异，最终带动人口、资本、科技服务等优势资源巨量外流，加重区域性非均衡发展。农村土地股份制改革可实现土地资源的规模化经营，也可带动相应劳动力就业，吸引相关资本投入，提升科技服务水平。但如果政府缺位，单纯依靠土地股份制改革拉动，难以扭转大局且耗时过长。

如果政府充分重视土地区域性要素的决定性作用，锐意缩小城乡差距，加大后进地区的各项投入，股份制改革就会如虎添翼，事半功倍。

日本解决"过疏"问题的战略同样值得借鉴。20 世纪 50 年代中后期，因为经济发展的严重区域失衡，伴随着产业化和城市化进程的加快，日本人口迁徙和流动趋势不断加剧，出现了大量的"空心村""老人村"，农村人口锐减，生产规模缩小，村落社会礼崩乐坏，"过疏"问题出现。所谓"过疏"，内藤正中的定义是："以人口急剧减少这一环境条件为前提，在农村山村地带生活的居民意识消沉、衰退，以地域的基础单位——部落（村落）为中轴的地域社会，在生产生活的基础条件崩坏的背景下，地域居民的生产生活难以为继。"[1]

实际上，日本后进区域的过疏化主导性因素还是土地的自然禀赋。根据有关统计，日本的过疏化地区远离大都市圈，地理条件、交通条件与气候条件远远低于城市、城镇，人居环境相对恶劣，大部分地区为山区、孤岛、豪雪区等。"2000 年，日本 1164 个过疏町村中有 742 个位于山区，占 63.7%；有 479 个地处豪雪地带，占 41.2%；有 106 个是孤岛，

---

① 〔日〕内藤正中：《过疏和新产都》，今井书店，1968，第 49 页。转引自田毅鹏《20 世纪下半叶日本的"过疏对策"与地域协调发展》，《当代亚太》2006 年第 10 期。

占 9.1%。"①

我国学者将日本过疏地域的特点总结为：分布面广，自然条件和经济条件差，町村政府财源少，普遍高龄化。②这些特征与当代中国面临的问题具有惊人的一致性。

有鉴于此，日本政府积极立法，竭力矫正。就立法层面而言，相继制定、颁布了《过疏地域对策紧急措置法》（1970 年）、《过疏地域振兴特别措置法》（1980 年）和《过疏地域活性化特别措置法》（1990 年）等系列法规。特别是 2000 年出台的《过疏地域自立促进特别措置法》，无论是立法定位的科学性、合理性还是措施的可行性、实效性都值得我国借鉴、学习。③

具体到农业产业，除了上述的各项综合整备，最大的推进力就是对过疏地区影响很大的农业收入直接进行补贴，最大限度缩小了地域差别，形成了极具特色的地域政策体系和振兴模式。如果借鉴上述做法，辅以农村土地股份制改革，城乡均等化目标应当可以较快实现。④

就理论层面考察，区域性发展不可能完全均衡。但在相对较小的差异性发展模式下，城市、乡村各有利弊，是进入城市还是留守或迁居乡村可以任民众选择。在农村土地股份制改革模式下，既可以将土地经营

---

① 饶传坤：《日本农村过疏化的动力机制、政策措施及其对我国农村建设的启示》，《浙江大学学报》（人文社会科学版）2007 年第 6 期。

② 参见田毅鹏《20 世纪下半叶日本的"过疏对策"与地域协调发展》，《当代亚太》2006 年第 10 期。

③ 2000 年的《过疏地域自立促进特别措置法》具体实施的对策概括起来包括七个方面。（1）产业：促进农业与休闲旅游业的结合，充分利用本地资源，开发特色产品，加强对研究开发型、地区资源开发型等企业的引进，以提高地区经济水平。（2）交通通信：完善地区的对外交通系统和产业园区道路设施建设，加强通信网络和信息化建设，加强和周边中心城市的联系。（3）生活环境：完善地区水道、污水处理等生活基础设施建设，加强防灾减灾工作，改善地区的生活环境。（4）社会保障体系：加强养老敬老设施的建设，完善养老保险制度，提高老年人的自立能力。（5）社会服务体系：加强医疗设施建设，确保医疗队伍，加强教育设施和文化设施建设，振兴地区教育。（6）地区特色文化：积极开展地区民俗和传统文化的保护，挖掘地方特色文化，形成富有个性的地区社会。（7）村庄整治：实施村庄迁移和村庄合并工程，建设人居环境良好的农村居住区，积极吸引城市人口的回流，确保村庄能够得到稳定的发展。参见饶传坤《日本农村过疏化的动力机制、政策措施及其对我国农村建设的启示》，《浙江大学学报》（人文社会科学版）2007 年第 6 期。

④ 参见胡霞《日本过疏地区开发方式及政策的演变》，《日本学刊》2007 年第 5 期；杨东亮、王羿钦《日本区域经济发展的集聚式收敛表现》，《现代日本经济》2016 年第 3 期。

权流转，安居乡村养老，获得良好的生态效益和心理安宁，也可以凭借土地股份收益，进入城市，享受较为先进的城市化生活。

四　优质劳动力的获取与弱质劳动力的转换：不同定位与不同策略

（一）农业现代化目标下的优质劳动力获取

严格意义上说，农村土地股份制改革带来的规模化经营会吸引优质劳动力的流入。农业经营具有季节性、单一性特征，直接影响到农业经营劳动者收入的稳定性和增长空间，加上较为后进的经济发达程度和文明程度，必然产生一种"推力"，将农村优质劳动力推向发达地区和城市圈。而先进、便捷的城市化环境与"陌生人"世界的自由度和较高收入产生的是一种"拉力"，会吸引各地优质劳动力的流入。

这种劳动力的推拉，必然导致农村土地股份制改革过程中优质劳动力的获取难度增加，或者是成本增加。

与"隐性失业"中的劳动力构成不同，为提高产出、节约成本，农村土地股份制改革模式下的现代农业必然遵循优胜劣汰的市场法则：以相对高薪吸入科技型、管理型等优质劳动力，要么加盟入股，要么作为雇员。

优质劳动力加盟入股可以优化股东结构，为股份制实体的市场化、现代化经营提供人才供给，但必须保证土地经营的较高效益和高收入，否则，该类人才一样会遵循"推—拉"理论转让股份流入发达地区或收入较高行业。作为雇员的劳动力更是如此。

有鉴于此，农村土地股份制改革如何实现优质劳动力的满足率？

第一，提升。虽然廉价劳动力成就了中国城市建设的辉煌，但近年来，农村劳动力流入城市的速度明显放缓。农村土地股份制改革过程中，于农村存余劳动力中可以选择种植能手、原村干部、复员军人、返乡知青、退休乡居等人员进行培训、提升后成为最重要的优质劳动力，充任股份制改革后的管理人员和技术人员。此种模式耗时短，收效快，但成本并不会显著增加，也具有较稳定的就业前景。

上述人员中，绝大部分或陪护家人，或隐居养老，或自带资金和技术，或有较为广泛的人脉资源，或有较高的管理水平和地方权威，最有效的方式是可以通过入股将此类本地劳动力提升后融入股份制实体。

第二，回流。取消农业税，粮食直补，农产品价格上涨，这是农村劳动力回流的最重要拉力。当城市务工收入失去优势，而农地规模化经营又能带来可观的利益，还可以与家人团聚，部分务工人员会选择回家务工或创业。

务工人员中，有经验、有技术的人员经过短暂培训即可成为优质劳动力；而回乡创业者所携带的资金也可以货币形式投入股份制实体，提升股份制实体的竞争力。①

第三，吸入。上述两种方式一般适用于对劳动力要求不高的产业。但对于具有较高科学技术含量的岗位单纯通过简单培训、提升或回流劳动力，难以满足岗位所需条件。比如，果苗防虫、蓝莓加工、市场营销等岗位，则只能通过价格优质引进优质劳动力。

（二）城市化目标下的弱质劳动力转换

在城市化、城镇化的目标定位下，除了吸引大量廉价劳动力和少量优质劳动力外，最大的难题是当地弱质劳动力的转换。

佛山南海区较早开展农村土地股份制改革试点，农业规模化程度较高。早在 21 世纪初，种养大户即达 4400 户。全区农村总劳动力为 38.9 万人，其中从事农业生产的劳动力占比为 16%，从事二三产业的劳动力占比高达 70%。

为了尽快实现城市化、城镇化，广东省开始积极推行劳动力转换政策，2008 年 5 月，中共广东省委、广东省人民政府发布《关于推进产业转移和劳动力转移的决定》（粤发〔2008〕4 号），2008 年 12 月《佛山市南海区农村劳动力技能培训及转移就业实施办法》（南府〔2008〕249 号）（以下简称《办法》）出台。精心规划，科学布局，其中有些措施可谓经典之笔，适足为其他区域充分借鉴。

第一，实施"一户一技能"计划。对本区未能继续升学的初高中毕业生实行半年至 3 年的职业技能培训或技工教育、职业技术教育，使其取得初、中级以上职业资格；对 35 周岁以下的农村青壮年劳动力、被征地农民开展 3 个月左右的单项或初级技能培训；对 40 周岁以上的农村大

---

① 参见黄培红、吴守洋《金融支持农村剩余劳动力的调查及建议》，《华北金融》2009 年第 3 期。

龄劳动力、留守妇女劳动力开展 1 个月左右的适应性就业技能培训；对有创业愿望和能力的农村劳动力开展创业培训；对在岗农民工开展技能提升培训，使其进一步提高技能等级。

第二，推行职业培训奖励计划。从 2008 年起，南海区 45 周岁以下的农村劳动力（含未转移和目前已在岗）均可享受（之前已享受的除外）一次免费职业技能培训（含创业培训），由政府给予培训补贴和职业技能鉴定补贴；对于贫困人口，还单独给予培训期间一次性 300 元/人的生活补贴。

南海区根据本区产业政策和经济结构调整以及经济社会发展的实际需要，重点开展了支柱产业急需的高技能人才培养工作，特别注重机械、家电、陶瓷、纺织、汽车、光电、金融、物流等行业的技能人才队伍建设。为此，南海区设立区农村劳动力培训转移就业专项经费，对于在本区就业的农村劳动力，鼓励积极参与高技能人才的培训工作，凡属急需的工种，并与用人单位签订 1 年以上劳动合同、参加社会保险的，由政府给予培训补贴和职业技能鉴定补贴。

第三，实施就业服务优赏计划。南海区通过完善区、镇（街道）和村（居）公共就业服务机构，将公共就业服务经费纳入财政预算，并按照劳动力转移规模充实工作力量，完善服务设施。

优赏服务的标准、条件细致、具体，操作性极强。

（1）设立专项基金，推行职业介绍补贴、组织订单补贴、跟踪服务补贴。具体措施为：各类就业服务机构成功介绍本省农村劳动力就业的，给予职业介绍补贴。经区劳动保障局确认的社会职业中介机构，免费成功介绍本省农村劳动力就业的，按每成功介绍 1 人给予 100 元职业介绍补贴。各类机构组织培训就业订单信息并被采用成功推荐本区农村劳动力就业的，按每成功推荐 1 人给予 100 元组织订单补贴。镇（街道）劳动保障所和村（居）劳动保障服务机构要加强辖区转移农村劳动力的就业跟踪服务，对通过成功职业介绍和跟踪服务使转移农村劳动力稳定就业 1 年的，按每成功介绍和跟踪服务 1 人给予 100 元跟踪服务补贴。

（2）设立社会保险补贴和岗位补贴。为鼓励企业招收本地农村贫困家庭劳动力、就业困难农村劳动力和被征地农村居民，《办法》参照《佛山市用人单位社会保险补贴办法》等文件规章，规定本地企业当年新招用本区农村贫困家庭劳动力、40 周岁以上农村劳动力和被征地农村居民并签订 1 年以上劳动合同、按规定缴纳各项社会保险费的，一次性给予社会保险补贴和岗位补贴。社会保险补贴标准为每招用 1 人给予1500 元补贴；岗位补贴标准为每招用 1 人给予 500 元补贴。

为鼓励企业招收本省农村贫困家庭劳动力，《办法》对当年新招用本省农村贫困家庭劳动力并签订 1 年以上劳动合同和按规定缴纳各项社会保险费的本地企业，一次性给予社会保险补贴和岗位补贴。社会保险补贴标准为每招用 1 人给予 1500 元补贴；岗位补贴标准为每招用 1 人给予 500 元补贴。

（3）进行接收安置奖励。在健全对口帮扶地区劳务帮扶制度基础上，《办法》要求各镇（街道）将接纳对口帮扶地区农村劳动力纳入年度工作计划，完成每年的接收任务。同时规定，安置地企业当年新接收对口帮扶地区农村劳动力 100 人以上并签订 1 年以上劳动合同和按规定缴纳各项社会保险费的，给予接收安置企业 10000 元奖励资金。

第四，构建劳动力信息服务平台。《办法》要求建立健全城乡统一的人力资源市场，区、镇（街道）、村（居）人力资源市场供求信息应互联互通，创建三级人力资源信息网络和服务体系；区、镇（街道）尚需全面建立远程见工系统，利用现代化手段促进农村劳动力转移。

第二节 路径探索

农村土地的农业现代化与城市化、城镇化两种不同的目标定位，决定了农村土地股份制改革呈多元化路径发展。

一 公有制的象征意义与实践意义

本质上说，农村土地股份制改革是公有制前提下的经营体制改革，而非所有制本身的改革，是为了发挥公有制的最大效能而进行的实现方式的创新。

土地公有制是一个涵摄了法律、道德、经济、社会、文化等各类要素的集合体，既不能以单纯要素加以衡量，也不能以象征意义掩蔽实践意义。国家所有权是人类理想的一种终极象征，既代表了人类追求平等、公平的原初动机，也彰显了发达、繁荣的美好意愿，当然，还包含了一系列具体的制度建构，由此导致象征性与实体性交织，财产的主权意义与经济法律意义纠结。

农村土地股份制改革必须确认这一前提，才能进行有效的路径选择和价值识别。有鉴于此，对社会主义公有制模式下的农村土地所包含的各类要素必须有充分的认知。简略而论，农村土地至少但不限于包含并体现了如下各大要素，是一个综合体，绝非单维面的所有权客体。

第一，道德要素。农村土地的道德目标就是从根本上消灭剥削，实现社会主体的共同富裕。

美国纽约大学哲学、法学教授内格尔在谈到公有制时，曾经有个结论：公有制的前提就是非个人性元素无限扩张，个人性元素收缩。否则，全面的公有制就会出现蜕化：要么停滞不前，要么裙带关系产生并泛滥，要么出现黑市交易，最后还可能出现政治压迫。

内格尔承认公有制在道德上的正当性。按照市场经济的一般理论，产权的政治哲学功能就是每一个独立的决策者可以通过相互承认、合作、交易实现资源的分配和权利的均衡，此即所谓"博弈论"。但是内格尔反对这种产权逻辑，认为市场博弈可能是稳定的，但不一定就是正当的。因为作为道德意义存在的正当性具有无可反驳和反对的权威。由此，内格尔得出的结论是：正当性是"人人必须接受"，而稳定性是"人人能够接受"；契约的道德正当性绝对不是政治正当性。[①]

这一理论可以用于解释中国农村土地法权的道德逻辑基础，也可以解释土地公有制法权建构的道德化倾向。

第二，经济要素。道德要素必然影响到土地的经济要素内涵和功能，具体表现为国家对土地资源必须保有最终控制权，对具体产权形态及其功能实现一般都遵守道德优先原则，其次才是效益原则。此点就可以解释农村土地半个世纪以来为什么会摇摆于"公平—效率"之间。

第三，法律要素。囿于上述各大要素的嵌入、固化，农村土地权利首先追寻的是道德的正当性，公平分配和农民权利保护成为最强音。但

① 参见〔美〕托马斯·内格尔《平等与偏倚性》，谭安奎译，商务印书馆，2016，第30、38~40页。

此种逻辑必然影响土地产权的稳定性和实体化，最终导致农村土地可交易性极其有限，农民权利只存在于承包权和经营权层面，难以对土地权利进行纯市场化路径的处分。

第四，社会要素。迄今为止，政府与市场是决定土地流动的最重要的两种社会性力量。无论是组织体层面的国有企业和集体组织，还是制度供给层面的法律与政策，政府都是主导型力量，所以政策在很大层面上成了最积极的控制力量。

第五，文化要素。无论是基于上述何种要素，农村土地的政策指向与法律文本都是文化的产物。客观而论，20 世纪 50 年代和 70 年代末期开始的两轮农村土地改革，很大程度都是"复古"而非创新。50 年代开始的公有制改革，集体之所以成为一大土地所有权主体，也是因为传统乡村社会有着牢固的"族产"——家族公有制存在；[①] 而 70 年代以来的改革，也无非是传统"永佃权"的翻版和改良；即便今天的农村土地股份制改革，也是"永佃权"权利实现的一种方式，由此带动乡村大地产和规模化经营，最终有效解决农地的低效率，提高农地的生产力水平，转移剩余劳动力。[②]

二　明确目标定位：农业现代化与城市化

明确了公有制的象征意义与实践意义，农村土地股份制改革还必须明确具体目标定位。

（一）二水分流

诚如前述，农村土地股份制改革的具体目标是相互关联的两大指向，呈现为二水分流的趋势：对于城市集群周边的农村土地，股份制改革的目标是城市化、城镇化，如珠三角、长三角地区，在解决城市发展的土地供给过程中实现农民对土地增值利益的分享权，获得城市立足所需的基本保障和发展资本。而对于广大的农业发展区域，农村土地股份制改革的目标则是实现农业现代化，集聚土地资源，提高土地效益，增进农民收入和福利。

---

① 　参见刘云生《中国古代契约思想史》，法律出版社，2012，第 234 页。
② 　参见刘云生《永佃权之历史解读与现实表达》，《法商研究》2006 年第 1 期。

这是中国凭借土地平台进行社会转型的最重要的两种驱动力，一方面可以推进从农业社会向工业、商业社会转型；另一方面可实现城乡的均等化发展。

美国政治学家、华盛顿大学亨利·杰克逊国际关系学院教授米格代尔认为，城市化是农村革命的一种替代。[①] 这种观点可以为中国农村土地股份制改革提供理论基础，但我们必须留意其边界。

首先，城市化一般局限于就地式的农村转换为城市、城镇，亦即城市集群周边农村地区城市化、城镇化趋势明显，时机成熟、条件具备且不涉及巨量人口迁徙，绝不意味着以城市覆盖甚至消灭农村。

其次，针对中国具体国情，城市化、城镇化固然重要，但乡村的存在比例必然高于城市、城镇，不能因为城市化的强大功能而挤压农村，优先发展城市。最佳策略就是双向发力：以农村土地股份制改革为契机，一方面以城市带动农村、农业的发展，通过股份制改革吸引城市劳动力、资金、优势产业向农村、农业流动；另一方面以城乡均等化为目的，实现城居、乡居的互通，实现人口、产业、资源的合理配置。当城乡均等化达到一定程度，新一轮的"上山下乡"就会成为时代发展、社会和谐的象征。

最后，基于庞大的人口基数，农村人口迁入城市显属不宜。恢复传统乡村共同体才是最有效、最低成本的改革路径。有学者分析近代以来乡村共同体崩溃的原因，认为财力衰减，公共产品和服务缺乏，家族控制力减弱，士绅没落，自治组织淡出，集体和基层政权已难以有效控制乡村秩序，极少数地区甚至出现了非正式的替代性组织。[②]

虽然实际情形并非上述观点那样悲观，但有些现象和趋势确实值得关注，特别是乡村财力的衰减和优质劳动力的外流可能对农村、农业带来危重后果。但如果坚持上述城乡均等化发展逻辑，不仅可以阻却这种经济衰减和人口外流，反倒可以实现经济增长和人口回流。前述日本解决"过疏"问题亦是如此。

---

① 参见〔美〕米格代尔《农民、政治与革命》，李玉琪、袁宁译，中央编译出版社，1996，前言第19页。

② Lily L. Tsai, "Social Groups, Information Accountability, and Local Public Goods Provision in Rural China," *American Political Science Review*, Vol. 101, No. 2, 2007, pp. 355–372.

（二）两种路径：自下而上还是自上而下

改革开放几十年来，农村土地的改革一般遵循的是"民间实践→政策试点→政策推广→法律固化"模式。就其发生力而言，民间的实践和试点是最重要的原发性平台，如小岗村与家庭联产承包责任制；但就其推进力而言，中央文件无疑是最强大的推动力和牵引力。

由此形成了中国农村土地改革的"大一统"局面和"顶层设计"模式，十余年的"中央一号文件"可充分说明此点。20 世纪 80 年代的农村土地改革，政府的民生、民权定位激活了无数农民的积极性。"要吃米，找万里"，这样的俗谚表达不仅说明了中央、国家政策与农民需求具有极高的吻合度，也说明了农民对党和政府的高度信任与积极拥护。

但后来，整个社会走向了碎片化时代，再推行"自上而下"的改革已经有了相当大的难度和阻力，由此，赵树凯建议，农村的改革应当调整战略，从"自上而下"转化为"自下而上"，满足农民的现实需求，尊重农民的智慧和理性。而上层的作用则主要是识别、扶持、推广以及有限的矫正、改良和修补。[①] 顺应农民要求，追随农民脚步，这是政府的理性反应，也是时代的要求，因为这一行为背后体现的是一种真正的实事求是。

（三）诱致性还是强制性

林毅夫的制度变迁理论试图解释中国改革的逻辑。按照其理论，所谓诱致性制度变迁指的是现行制度安排的变更或替代，或者是新制度安排的创造。此类变迁由个人或群体在响应获利机会时自发倡导、组织和实行。与此相反，所谓强制性制度变迁则由政府命令和法律引入、实行。林毅夫还特别强调，即便在自发的制度安排中，尤其是正式的制度安排变迁中，往往也需要政府出面，采取行动促进变迁过程。[②]

作为一种理论构建，林氏的观点颇多可采之处。但对农村土地股份制改革而言，农民、集体的自发性倡导、组织和实行固然源自寻利动机

---

① 参见赵树凯《农民的政治》（增订版），商务印书馆，2012，第 85、105、324~325 页。
② 参见林毅夫《关于制度变迁的经济学理论：诱致性变迁与强制性变迁》，载〔美〕科斯（Coadse R.）等《财产权利与制度变迁：产权学派与新制度学派译文集》，上海三联书店、上海人民出版社，1994，第 386 页。

而对现行农村地权进行经营体制的改良，但政府一样可以基于农村、农业发展战略倡导、组织、实行，而并不一定非要通过命令或法律强制推行。

质言之，两类变迁只是一种理论分类，但在价值上、逻辑上和经验上不可能截然分离。很多时候，在民间实践中，二者并无实质性区别。最重要的问题还不在于怎么变迁，而在于制度变迁是否能够达成如下目标：一是什么样的因素能够激活农民、集体进行土地经营体制改革；二是土地市场是否健全，农民、集体能否按照市场价值转换土地权利，比如农地经营权抵押的市场空间问题；三是农民和集体是否能够从该种股份制改革中获取实益；四是股份制改革的风险与变量是否低于投入和产出。

只要满足了如上四个条件，农村土地股份制改革是出于农民、集体对土地利益的追逐而自发实行，抑或是政府通过政策与法律进行引导、推广，在所不论。

基于此种分析，有学者认为，林氏所谓的两种变迁仅仅是一种技术或逻辑区分，就其功能而言，实则都属于诱致性变迁。黄少安等人撰文指出，只要坚持单一的"经济人"人格假设，一切主体的变迁行为都是诱致性。强制性变迁与诱致性变迁仅仅是行动主体不同，实际经济社会中，强制性变迁的目的无非是弥补制度供给不足，但必须遵循如下三个前提：净税收、政治支持、其他统治者效用函数的商品。换言之，政府也是"经济人"，是寻求自身利益或效用最大化的寻利者。政府之所以强力推动某一项改革，也有自身的利益考量，并且力求以最低运行成本达成最优化目标。[①]

但林氏理论对于农村土地股份制改革仍然有着极为重要的意义：在农民、集体与政府两个"经济人"都要寻求利益最大化的前提下，是尊重农民、集体的自发性诱致性变迁，还是尊重政府的强制性变迁？

这就必然涉及农村土地股份制改革过程中如何对待农民、集体的立场和态度。

---

① 参见黄少安、刘海英《制度变迁的强制性与诱致性——兼对新制度经济学和林毅夫先生所做区分评析》，《经济学动态》1996 年第 4 期。

第二编
农村土地股份制改革的可行性论证

第四章　顶层设计与改革前提

40多年来，解决中国农村土地问题一般遵循顶层设计与民间实践互动模式。鉴于中国特有的政治体制与经济体制，政策一定程度上主导着法律。每一轮的土地改革都是通过顶层设计，政策先行，待推行无碍时，再以法律固化。先行试验、试点甚或试错并经政策调控、推进、检验，一定程度上会增强法律之实效性。但政策毕竟是一种短期内针对特定对象进行的目的性调控，与成文法所具有之稳定性、系统性、权威性、程序性、外部性等优势不可同日而语。①

顶层设计与政策先行，一定程度消解了农村土地改革中的各类风险。更重要的是，顶层设计或政策推进都是在充分的试点、试验基础上运行、完善，在寻求改革利益的最大化后才会于全国范围内普遍推行。

但中国农村区域性差别过大，加上农民需求不一，是否能够于全国范围内施行农地股份制改革，尚需综合考察其可行性。

农地股份制改革很大层面是为了实现公平与效益的均衡，在维护公有制前提下，最大限度实现农地效益的增长和农民收益的增加。但在具体实践过程中仍然存在诸多障碍与误区，必须一一化解、正名后始能达成目标，不遗后患。此点构成改革的前提和基础，也是改革是否能持续的内在动力。

《决定》和《意见》成为党的十八大以来农村土地改革的政策指针，同时也对新一轮改革设置了相应的前置性条件。

第一节　用途管制

农地改革必须坚持用途管制前提。《意见》第21条明确了农用地不

---

① 参见刘云生《制度变异与乡村贫困——中国农村土地利益分配法权研究》，法律出版社，2012，第19页。

得改变用途：“严禁农用地非农化。” 即便针对集体经营性建设用地的改革，《决定》第 11 条亦明文规定：“在符合规划和用途管制前提下，允许农村集体经营性建设用地出让、租赁、入股，实行与国有土地同等入市、同权同价。”

坚持农村土地用途管制主要基于中国具体国情：庞大的人口基数与未来粮食安全。《意见》第 1 条开宗明义：“任何时候都不能放松国内粮食生产，严守耕地保护红线，划定永久基本农田，不断提升农业综合生产能力，确保谷物基本自给、口粮绝对安全。”

基于用途管制前提，我国新一轮农地改革强调的重点是农业经营体制创新，既不能触动土地公有制，亦不能触动土地承包权。由此，改革的路径只能集中于经营权层面。此点决定了本次改革的力度和范围都难以有较大突破，但毕竟为目前农村地权改革打开了通道。

第二节　集体所有

《意见》第 17 条重申了我国土地公有制立场，要求所有的改革必须坚持集体土地所有权前提。基于该前提，在不改变土地集体所有的原则下，尚需坚持如下附随性原则。

一　落实集体所有权

与《决定》第 20 条单纯强调“坚持农村土地集体所有权”不同，《意见》采用了“落实”的表述。这至少说明了：第一，公有制是改革不能突破的高压线；第二，单纯坚持公有制仅仅解决了路向问题，但解决不了产权问题，新一轮改革必须使集体土地所有权成为一种实体性的权利并发挥实际作用，而非一种抽象的甚至象征性的产权形态。但具体如何落实，《决定》和《意见》均未作出制度性设计，为当前和以后农村土地股份制改革留下了较大空间。

二　稳定土地承包权

虽然农村集体土地所有权具有虚拟性，但在具体土地法权设计与政策调控中，集体作为土地发包人的身份不容置疑。但集体所有权人的虚拟身份，既无力全部承担此前公法所赋予的乡村社会组织功能，亦不能实现私法层面的权利人权利、责任、义务分配。有鉴于此，《决定》第20条涉及新型农业经营体系构建问题，要求"坚持家庭经营在农业中的基础性地位，推进家庭经营、集体经营、合作经营、企业经营等共同发展的农业经营方式创新"。

显然，此条针对的是农用地、宅基地和农村土地承包经营权、宅基地使用权。

（一）农村土地承包经营权与家庭经营的基础性地位

为什么在农村土地承包经营权层面要明确家庭经营的基础性地位？笔者认为原因有如下几点。

第一，法律与政策的连贯性。家庭联产承包系20世纪80年代党和国家农村土地政策的核心制度，后经《宪法》《农村土地承包法》《民法典》等系列性法律文件确证，如此规定，既可减少违宪性风险，亦可推行渐进式改革方略。

第二，集体土地所有权与家庭直接连接，形成土地权利的有效配置。一方面解决土地的公平分配，另一方面防范土地的个体化或者私有化危险。

第三，实现传统农业经营与现代农业经营的历史性过渡。家庭经营是中国数千年的主要经济形态，虽然有相关学者评价的保守性，但这种小农经济不仅缔造了辉煌的农业文明、商业文明，还成为保持中华文明最重要的制度机制，在人口增长、资源开发、商业拓展、民族融合等各方面显示了其强大无比的能量与活力。[1] 党和国家之所以如此强调家庭经营的基础性地位，应当说与上述传统制度惯性与价值诉求有着必然的关联，亦可在改革进程中保持"进可攻退可守"的灵动性。

---

① 法国汉学家谢和耐（Jacques Gernet）于《中国社会史》一书中比较18世纪中国与欧洲发展差异后，认为当时中国的农业、手工业和商业实现了巧妙结合，特别是农业实现了全面繁荣，推动了人口的极峰式增长。参见〔法〕谢和耐《中国社会史》，耿昇译，江苏人民出版社，1995，第416~421页。另外，根据葛剑雄先生的研究，中国从汉代以来，小农经济模式被不断强化，通过战争、移民扩展到各地，使中国人口从西汉初年的6000万达到了18世纪的3亿，到19世纪更趋于4.3亿的人口峰值，同时，中国的领土疆域也同期达到极盛时期。参见葛剑雄《统一与分裂：中国历史的启示》，商务印书馆，2013，第105、118页。

（二）家庭经营对股份制改革的挑战

但是，强调农用地的家庭经营基础性地位必然带来如下问题。

第一，主体限制，土地的公共资源属性难以彰显。根据《农村土地承包法》的规定，我国农村土地中的农用地承包人身份为农户，亦即以农民家庭为基本单位进行土地权利配置。如此，前述农村土地权利的身份性、封闭性问题势难根除。即便承包经营权期限届满，现承包权人放弃优先权，按照《农村土地承包法》第 38 条和第 51 条，同等条件下本集体经济组织成员自动享有身份性优先权。

第二，资本流通。主体限制导致了外来农业资本与工商资本均难以获得身份性承包权，只能在经营权领域寻求发展机遇，不仅限制了资本流通的积极性，也进一步限制了资本流通的范围和渠道。

第三，劳动力转移。此类身份性权利产生了两方面的困境：在农用地承包期内，如果劳动力不转移，则农村庞大的劳动力无法实现有效转移，传统农业难以实现向现代农业转型；如果现有农村劳动力已然大批量转移，有的甚至已经移居城市，但其农村户籍前提下的土地权利仍然存在并具有排他性，不仅不利于农用地的规模化经营，还会诱发农村内部土地利益分配不公。

第四，土地流转。此类身份性约束既妨碍土地向非本集体经济组织以外成员流动，亦阻断了土地向城市工商资本流动，导致土地流转僵局。

三　农村宅基地改革的前提与困境

与农用地相同，农村宅基地基于其社会保障性功能，在《意见》第 19 条有如下表述："改革农村宅基地制度，完善农村宅基地分配政策，在保障农户宅基地用益物权前提下，选择若干试点，慎重稳妥推进农民住房财产权抵押、担保、转让。"此段表述除了与上述农用地相同前提外，还隐含了如下两大前提。

第一，农村宅基地坚持无偿分配政策，但无偿分配的前提仍然以农村户口、集体经济组织成员为身份性条件，以一户一宅为限制，以无偿、无期为代价，借此实现农民的居住权问题。如此，农村宅基地的身份性、封闭性、保障性功能被无限放大，宅基地改革难上加难。

第二，宅基地禁止流转，农民能够流转并支配的权利仍然局限于住房而非宅基地本身。虽然农民对住房享有所有权，但因其附着的土地为集体所有，农民对土地仅仅享有有限使用权，故土地资源因其身份性、保障性不能在此前提下盘活；加上我国没有地上权制度，农村奉行典型的"房随地走"而非"地随房走"，欲使农民住房单独成为流转对象或客体，无论是设定担保，还是有偿转让，无疑会增大债权人或购买人风险。2007年以来，国务院明令禁止城市居民投资乡村房地产，无疑再次阻断了工商资本的乡村流向。

上述两大前提决定了我国农村宅基地改革仍未脱离此前立法与政策桎梏，限权明显多于赋权。单以《民法典·物权编》而论，虽设有专章规范农村宅基地，但结合其他规范和政策，限制性条件仍然过多，如必须以自然户为单位使用；宅基地使用权的获得需履行报批程序；宅基地使用权原则上不能流转；禁止城市户口的人购买农村宅基地；等等。

根据《民法典·物权编》及相应政策精神的相关规定，我国农村宅基地改革目前仍然面临如下困境。

（1）明显的社会福利与社会保障色彩。基于城乡二元结构，农村居民获得土地修建住宅具有无偿性与身份性，社会福利与社会保障色彩极为浓厚。所谓无偿性、身份性，系指农民基于其集体经济组织成员身份即可取得宅基地而无须支付相应对价。该种特性主要是为了保障农村人口的基本生活条件，也是农村进行自然资源福利性分配的必然结果。农民如因自然原因导致宅基地使用权消灭，则应重新获得宅基地并行使相应权利，《民法典》第364条对此进行专项规定："宅基地因自然灾害等原因灭失的，宅基地使用权消灭。对失去宅基地的村民，应当依法重新分配宅基地。"

（2）主体限定性。基于农村宅基地的身份性与无偿性，传统宅基地使用权主体仅限于具有农村户口且属于某一集体经济组织成员的农村人口，由此排除了非农人口于农村取得宅基地使用权的可能性。宅基地使用权的主体主要是农村村民，若失去集体经济组织成员身份，基于宅基地取得权而取得的宅基地使用权也就失去了其存在的基础。因此，依照现行立法与政策，非集体经济组织成员不能取得宅基地使用权，也不能通过受让房屋使用权来取得宅基地使用权。

（3）客体限定性。因宅基地使用权的单一乡村立法，中国现行宅基地使用权仅表现为农村宅基地使用权，故而使用权客体仅限于农村集体所有土地，形成了农村集体土地使用权的内部循环机制。

（4）交易限定性。基于上述三大特征，农村宅基地使用权近似于一种内部产权，其交易范围亦仅限于内部买卖或互换等形式，而不可能形成充分而成熟的市场化机制。根据国务院 2007 年 12 月 11 日常务会议精神，城镇居民不仅不能到农村购买宅基地，也不能购买农民住宅或"小产权房"。此举虽然旨在保护农村土地资源，防止耕地流失，但势必进一步限制农村宅基地使用权的市场化路径。

（5）无期性。农村宅基地使用权没有期限的限制。根据我国《土地管理法》等法律法规的规定，农村村民自用住宅所需宅基地由其所属农村经济组织分配，但并没有明确农村宅基地使用权的期限。当该农村村民死亡或户籍迁出后，法律只规定其房屋可以继承或转让，但对宅基地使用权该如何处理则没有明确规定。

（6）法律调整多元性。基于中国现有国情，对于宅基地使用权的法律调整呈现多元性特征，其法律关系不仅受《土地管理法》《农村土地承包法》《民法典》等基本法律调整，还受到相应法规、规章、国家政策等调整。其中，政策性调整特别是行政权力的调整范围、幅度、效力层级、保障力度均远远高于法律、法规。此点也决定了农民宅基地权的不稳定性。

以上六个方面的特性具有内在的价值与逻辑的双重关联。当城市化路径被阻却且不能分享宅基地增值利益，农民阶层对宅基地除了基本的生存保障外，很难进行市场化流转，作为生产力要素的土地价值被严重扭曲并呈内卷趋势。

农用地改革尚可通过放活经营权来最大限度抵消农村地权的制度限制，农村宅基地改革是否就只能裹足不前？笔者认为，方案有二：一是界定宅基地使用权并逐步开禁；二是认可并通过修改立法确认地上权。

第一种方案目前可通过确权解决。农民如果出让了宅基地使用权，则不能再行申请宅基地；如以住房或宅基地使用权抵押且被债权人申请强制实现抵押权，亦不能再行申请宅基地，借此实现宅基地的市场化与资本化。

考稽第二次世界大战以后农业经济快速发展的我国台湾地区与日本，

不难发现，土地使用权各项权能的有效实现是其最重要的推进力，其中，土地使用权抵押起到了相当大的作用。我国台湾地区"民法"第882条专设权利抵押或准抵押权，规定："地上权、农育权及典权，均得为抵押权之标的物。"追溯其理由有三：其一，就权利性质而论，土地使用权是一种私法性质的权利，得由权利人自由处分；其二，就权利来源及其效力而论，土地使用权人与土地所有权人应享有平等的权利，土地使用权与土地所有权系属平等的物权；其三，就制度功能而论，权利抵押可以增进交易上的便利，充分实现土地的各项价值。

第二种方案，地上权肇始于罗马法之superficies制度，是对土地吸附制度的历史改进。罗马法早期的市民法与自然法理论确立了"地上物添附于土地"（superficies solo cedit）原则。根据该原则，土地是主物，土地之上的建筑物或植物均属从物，依罗马法绝对所有权理念及添附原则，从物归属于主物，由此，地上建筑物可被推定为土地所有权人所有。延及后世，罗马帝国将大量通过战争行为获得的土地以租赁形式租给市民，如再行沿用上述原则，势必显失公平且易诱发社会矛盾。有鉴于此，裁判官创制判例，赋予了支付租金之土地使用权人对地上建筑物及其附属物享有独立的权利，该类权利可以对抗包括所有权人在内的一切人，且可通过提起"准对物之诉"（quasi in rem actio）进行保护，地上权最终演化为一种独立之物权类型。[1] 国外立法不乏成功个案，如《日本民法典》第十章专设"抵押权"，于"总则"部分（第369条第2款）明确规定："地上权及永佃权亦可为抵押权的标的，于此情形，准用本章的规定。"

第三节　承包权、经营权分离

《决定》中仍然沿用传统立法的"承包经营权"名称。如第20条4次提及"依法维护农民土地承包经营权"，"在坚持和完善最严格的耕地保护制度前提下，赋予农民对承包地占有、使用、收益、流转及承包经营权抵押、担保权能"，"允许农民以承包经营权入股发展农业产业化经

---

① 参见黄风《罗马私法导论》，中国政法大学出版社，2003，第228~230页。

营"，"鼓励承包经营权在公开市场上向专业大户、家庭农场、农民合作社、农业企业流转，发展多种形式规模经营"。

《意见》则选择了将承包权与经营权分别表述。如第 17 条明确提出："在落实农村土地集体所有权的基础上，稳定农户承包权、放活土地经营权，允许承包土地的经营权向金融机构抵押融资。"第 21 条重申："鼓励有条件的农户流转承包土地的经营权，加快健全土地经营权流转市场。"

后出的《意见》代表了中央和国务院的最新政策指向，从权利层面严格区分承包权和经营权。所谓"稳定农户承包权"，强调的是农民家庭的身份性、财产性权利的稳定性；所谓放活经营权，则是基于承包权而获得的单纯性财产性权利，可以通过市场化方式进行流转。

此点决定了农用地改革的基本前提：涉及身份性的权利非经农户自愿不得流转或者限制流转，但纯财产性权利则可自由流转。

第五章 农村土地股份制改革的价值定位

中国农村土地改革几十年，价值诉求都在效率、公平、自由三大价值之间摇曳徘徊，而十八届三中全会的《决定》与2014年的"中央一号文件"则试图实现三大价值的强力并轨，农地股份制成为最重要的制度支撑。

第一节 效率诉求

所谓效率价值，即通过新的法权模型设计，打破我国现行农村地权的身份性、生计性、封闭性与平均化，使农地产权成为一种真正的财产权，减少农地产权流转成本，促进农村的产业化发展以及劳动力的自由转移，激发土地使用人的积极性，最大限度实现土地效益，借此解决农村、农民的贫困问题，缩小城乡差距，缓解现有社会矛盾，消弭潜在社会隐患。

一 传统"四荒地"改革的经验积累

此前农村土地改革也曾进行过市场化设计与努力，典型的例证是"四荒地"。"四荒地"虽然归属于集体，但因不受身份性、平均化等公平价值诉求的约束，其效率价值趋向最大化。早在1998年，中央就允许打破城乡壁垒、村社壁垒，允许不同经济成分主体购买"四荒地"使用权，允许购买使用权的经济主体按照股份制、股份合作制等新的形式经营"四荒地"。在此政策的指导下，以公开招标、拍卖为主要形式的"四荒地"承包在全国快速广泛推开。与家庭承包制相比，"四荒地"的公开招标、拍卖将所有权与使用权划分得更为清楚，"四荒地"承包者对土地享有更为完善的经营自主权、收益权和处分权。与农村土地承包经营权相比，"四荒地"用益物权具有更大的合同自由空间和效率空间。具体表现为三方面："四荒地"权利周期长，有利于权利人持续投入；购荒者通过竞争性缔约方式获得"四荒地"的使用权，可以在有效期限内自由转让、出租、继承，还可通过入股、抵押等方式进行产权改造和融资；"四荒地"作为非耕地资源，在很多方面享受优惠政策。

　　毋庸置疑，本次推动农村土地股份制改革的首要动因是提高农村土地的效益，其改革模式也是以传统"四荒地"改革模式为样本。

二　农村土地股份制改革的经济效率诉求

　　第一，突破小农经济的历史性弊端，推动规模化经营。现行的农村土地制度立足公平却牺牲效益，此种历史性弊端导致我国农业长期处于小农经济模式，难以实现现代化转型。股份制改革能够有效集约农地资源，进行规模化经营。

　　第二，推动农村土地的市场化进程。现行农村地权结构的单一性、封闭性必然导致土地趋于实现其平均化社会保障功能，地权流转受限过多，土地商品化、市场化程度低。股份制改革可推动形成统一的农村土地流转市场，最终激活土地的市场要素优势和功能。

　　第三，确立合理的土地增值利益分享机制。农村土地股份制改革必然使国家、集体与农户或经营权人之间形成契约关系并受市场调整，于公平价格前提下推动合于公平正义的土地利益分享机制的形成。

　　第四，强化土地激励功能。按照"斯密动力"（the Smithian Dynamics）理论命题，就农村土地经济而言，平等身份、自由劳动力、土地市场化、土地利益分配格局构成了土地市场化和效益最大化所需的前提和基础。①股份制改革的现实合理性即在于充分反映了土地利润所带来的劳动分工及其专业化水平以及由此引致的社会性变革。

　　第五，推动资本下乡。现行农村地权结构的封闭性、低效益以及政策桎梏不可能吸引工商业资本向农村投入，农村的发展仅限于农户自身有限的积累和国家财政的有限扶持。推行农村土地股份制改革后，开放

---

　　①　所谓"斯密动力"，系学界对亚当·斯密理论之抽象提炼。斯密认为，人类社会经济增长的动力有赖于劳动分工和专业化所带来的劳动生产率的提高。这种劳动分工和市场扩展的相互促进，就构成了任何社会经济成长的"斯密动力"。韦森进一步诠释为："从市场自发扩展的内在机制来说，市场交易是任何文明社会经济增长、人们收入增加，以及生活水平提高的原初动因和达致路径。市场交易源自分工，并会反过来促进劳动分工，而劳动分工则受市场规模大小的限制。"参见〔美〕王国斌《转变的中国——历史变迁与欧洲经验的局限》，李伯重、连玲玲译，江苏人民出版社，1998，第10～12页；韦森《斯密动力与布罗代尔钟罩——研究西方世界近代兴起和晚清帝国相对停滞之历史原因的一个可能的新视角》，《社会科学战线》2006年第1期。

性的地权结构势必带动各种生产力要素的提高，形成特定的市场驱力，能够有效带动城市工商业资本投入。

三　农村土地股份制改革的社会效益诉求

农村土地股份制改革不仅能带来强大的经济效率增长，还能产生可观的社会效益。

第一，缩小城乡差别。农户享有实体性土地权利后，集体、农户、经营权人相互之间建立起来的是一种典型的土地契约关系，当事人的法律地位平等，其利益协调取决于私权领域之私法自治与协商。此点既可提升现行地权立法中农民的法权地位，又可有效阻却现行户籍制度及再分配机制所造成的城乡差别。

第二，促进社会流动，农村劳动力有序向城市、城镇转移，实现"人的城市化"。土地权利的自由实则意味着农民作为劳动力的自由，征诸各发达国家与传统发达封建经济时期的规律，土地股份制之后，随着地权集中、大地产的出现、农业科技水平的提高，农村大量剩余劳动力必然遵循劳动力价值市场规律自由流动。

第三，有利于集聚社会保障所需的庞大社会资本和城乡资本互通。农村土地股份制改革之后，农村土地所有增值利益除去土地使用人应得部分外，国家可通过税收、土地发展基金两种渠道完成广大农村社会保障所需资本。同时，农民进城亦非传统出卖劳动力一条道路，还可携带土地资本进城投资，改善产业结构，实现城乡资本互通。

第二节　公平诉求

诚如前述，中国前几十年的土地公有制，特别是农村土地公有制一方面是为了提取农业剩余、保障优先发展工业和城市的制度结果，[①]　另

---

①　中国人民大学农业与农村发展学院研究人员认为，新中国成立60年来，城市和工业从"三农"提取的所谓剩余和占有土地劳动力应当在17.3万亿元；而改革之初国家工业资产的80%来源于"三农"积累。参见温铁军《"三农"改革：中国道路的根本问题》，载东方出版社经济编辑部编《改革重启中国经济：权威学者谈十八届三中全会》，东方出版社，2014，第175~176页。

一方面则表现为对土地的实体化、物质化平均分配，实现土地"量"的公平分配。但此类产权安排，既不能消除城乡差距、带领中国农业步入现代化，更不能摆脱人地矛盾下分散化经营带来的低效益与乡村贫困。

笔者曾指出：公有制并非仅能通过"耕者有其田"的方式实现，超越物质化、实体化的土地平均分配，于土地价值层面实现合于公平正义的利益分配才是创设土地公有制的最终皈依，也是解决社会矛盾的有效手段。①

一　现行地权结构下的公平与效率

基于土地资源保护与粮食安全战略，现行《农村土地承包法》第3条、第16条分别规定，"国家实行农村土地承包经营制度。农村土地承包采取农村集体经济组织内部的家庭承包方式"，"家庭承包的承包方是本集体经济组织的农户"。上述规定明确界定了农村土地使用权的主体一般仅限于因户籍管理制度产生的农民、农户家庭，从而使土地使用权的取得有赖于无偿性、身份性、家庭式经营三大前提，导致有限的土地资源被分散切割，在寻求公平的同时牺牲了土地经营的效率；同时，导致农业土地的排他性经营以及土地功能萎缩。农业经营陷入"进""退"两难境地：一方面，从事农业经营的难以退出农业生产领域；另一方面，有经营能力的其他主体又难以介入土地经营。

乡村地权的封闭性、生计性、单一性不仅内在遏阻了农民规模经营的可能性，也使农民的权利仅限于一种有限的耕作权，由此引发现行土地征收补偿表现为一种特定时间区段的耕地收益权补偿，成为一种典型的单向度、静态化补偿。易言之，正是因为耕地资源不能自由流动，农民从事农业生产失去了获得社会平均利润的机会。② 同时，于农民内部，基于土地级差效益与耕地分布规律，现行中国乡村地权虽然在同一产权模式下运行，但农民所获得的静态耕作收益权补偿也呈现为层级化、区域化差异。常见的情形有三种：第一，东部和南部地区的征地补偿高于

---

① 参见刘云生《制度变异与乡村贫困——中国农村土地利益分配法权研究》，法律出版社，2012，第93页。

② 参见周建春《中国耕地产权与价值研究——兼论征地补偿》，《中国土地科学》2007年第1期。

土地价值，而西部和北部地区的征地补偿则低于土地价值；第二，发达地区的征地补偿高于土地价值，而落后地区的征地补偿则低于土地价值；第三，靠近城市中心区域的征地补偿高于土地价值，而偏远地区的征地补偿则低于土地价值。① 就土地价值实现形态而论，上述变量无疑是正确的；但如果就农民土地利益的内部分配而言，则显示出极大的不公平。

二　农村土地股份制改革模式下的公平诉求

严格意义而论，土地公有制绝不意味着对土地之实体化、物质化、简单化的平均分配，而应当通过公平合理之产权制度安排增进土地效益并对土地利益进行最终公平分配。

中国传统法律资源对于土地资源配置与公平分配有着极为可贵的制度遗留。以传统永佃权所反映之地权关系为例，地主牺牲土地所有权之完整性换取地租利润与土地之永久改良，而佃户则通过使用、改良土地获得永久佃作权，国家则从中获取稳定赋税收入。但其最重要的前提为国家与地主对土地使用权人权利之契约化认同与利益妥协。众所周知，所有权实现之价值仅仅是土地之交换价值，永佃权则追求土地之使用价值。传统中国农业经济由早期之奴隶经营模式演变为地主经营、管理模式，明清以来更演变为租佃经营模式，既是土地经营历史发展之理性显现，也是地权社会化改革之必然结果。盖因土地之价值必得利用方能取得收益，明清以来永佃权制度之所以于广大农村呈燎原之势，实则是国家、地主、农民三大利益主体共同协作之结果。其时地产交易规模较小，土地未来效益与现实效益之间差距不大，土地荒芜不仅意味着国家、地主之赋税、地租减少甚至落空，还会引发无地农民陷入赤贫或暴力性掠夺土地资源。因此，永佃权制度不仅有利于缓解社会矛盾，同时能有效提高土地利用率，土地之交换价值最终让位于土地之使用价值。②

再以农村土地经营权抵押为例。因为公平价值的实现，土地经营权人通过土地融资，不仅解决了农业再生产、扩大再生产问题，还通过土地融资获得新的发展资本，借此实现了从低级产业向高级产业转换。由

---

① 参见丁成日《中国征地补偿制度的经济分析及征地改革建议》，《中国土地科学》2007年第 5 期。

② 参见刘云生《永佃权之历史解读与现实表达》，《法商研究》2006 年第 1 期。

此，劳动力转换完全可以通过土地融资方式得以实现。根据 W. Zelinsky 的 "流动转变假说"（hypothesis of the mobility transition），整个社会人口均呈现为向经济发达地区流动的趋势，最终，城市人口占据社会人口的绝大部分。① 至于人口流动的内驱力，社会学、人口学的 "推拉理论"（push and pull theory）可以进行有效的解释：市场经济必然导致人口与劳动力的自由流动，而为了追求更高层次的生活水准，城市生活中各类诱因或改善要素形成 "拉力"，而农村生活中的不利要素则形成 "推力"。② 发展至更高形态，当城乡差距渐次缩小，各大生产要素市场化程度愈来愈高，公共服务水平渐趋一致，则城居、乡居取决于当事人之自由意志，城乡一体化目标自然达成。

三 "同地同权"：认知误区与价值错位

基于公平理念，十八届三中全会在十七届三中全会后再一次提出了建立城乡统一建设用地问题，希望借此实现土地资源的最优化配置以及土地利益的最公平分配。但 "同地同权" 本身存在认知误区与价值错位。

（一）关于《决定》第 11 条的现实困境

《决定》第 11 条要求："建立城乡统一的建设用地市场。在符合规划和用途管制前提下，允许农村集体经营性建设用地出让、租赁、入股，实行与国有土地同等入市、同权同价。" 十七届三中全会已然提出 "逐步建立城乡统一的建设用地市场"，此次取消 "逐步"，意味着相关试点已经成熟且具有可推广价值。

虽然统一城乡建设用地市场有利于实现土地利益的市场定价和公平分配，但该条推进时尚需考虑如下问题。

第一，统一城乡建设用地市场所确立的公平价值前提应当致力于公共资源的合理配置与公共服务的均等化，并不意味着价格体系的统一、均等。土地价值本身与市场的培育、发达程度息息相关；同时，土地价

---

① W. Zelinsky, "The Hypothesis of the Mobility, Transition," *Geographical Review*, Vol. 61, 1971, pp. 219-249.

② 参见李强《影响中国城乡流动人口的推力与拉力因素分析》，《中国社会科学》2003 年第 1 期。

格取决于当地土地供求关系与土地级差效益。由此，土地价格与市场的区域性特征不容忽视。所谓统一城乡建设用地市场，仅能针对特定物质空间与特定价格空间内的建设用地。

以重庆市两江新区为例，该区原属于典型的大城市、大农村格局，在土地征收与整治过程中，建设用地的价格因其所处区位、未来用途与升值空间、开发程度与公共服务供给等因素各有不同，不可能将农村建设用地统一价格，更不可能实现统一的城乡价格，必须分类、分片定价。

具体而论，根据课题组调研数据（见表5-1），两江新区土地规划中，因建设需要，农用地中除林地由2009年的23232.53hm^{2}增长至2020年的29079.25hm^2，占比从19.84%上升为24.83%外，耕地、园地及其他农用地总和于2009年为77892.37hm^2，至2020年因城市化建设将减少至54992.38hm^2，减幅达到29.4%。如以市场化标准补偿，此类农用地转化为建设用地，其土地价格只能依据其用途、区位等综合因素考量，其内部（耕地、园地）都难以形成统一的价格体系，更难以统一城乡定价标准。

表5-1 重庆市两江新区农用地转建设用地规划数据（2009~2020年）

		基期年（2009年）		规划目标年（2020年）		规划期间面积增减	
		面积（hm^2）	占总面积的比例（%）	面积（hm^2）	占总面积的比例（%）	目标年-基期年（hm^2）	面积（hm^2）
土地总面积		117103.7	100	117103.7	100	0	117103.7
农用地	耕地	39531.05	33.76	20339.66	17.37	-19191.39	
	园地	8439.51	7.21	5616.84	4.80	-2822.67	
	林地	23232.53	19.84	29079.25	24.83	5846.72	
	其他农用地	9812.93	8.38	4136.66	3.53	-5676.27	
	农用地合计	77892.37	66.52	54992.38	46.96	-22899.99	

数据来源：课题组前期调研数据（2012年12月31日，重庆市国土局提供）。

再以建设用地而论（见表5-2），2009年，两江新区建设用地总数为32377.92hm^2，其中城镇用地为21771.12hm^2，占比仅为18.59%；至2020年，城镇用地将提升至47569.43hm^2，占比达到40.62%，新增城镇用地总数将达到25798.31hm^2。2009年，采矿、交通、水利等项经营性或公益性用地不足4000hm^2，占比不足4%。最值得留意的是，2009年农村居民点占地 7680.34hm², 至 2020 年将降至 2486.21hm², 占比从 6.56%降至 2.12%, 农村建设用地减幅达到 67.6%! 如此一增（城镇）一减（乡村），在目前征收模式下进行征地补偿采用一个统一标准难度不大；但如果以城乡统一建设用地市场一体定价，势必诱发市场风险，最终城镇化、产业化建设目的会落空，还会诱发农民集体内部之间以及与城市之间的矛盾。最典型的如，当对农民居民点进行拆迁时，如按照统一价格，则农民有充分理由主张无条件、零差价移居新家！

表 5-2　重庆市两江新区建设用地规划数据（2009~2020 年）

		基期年（2009 年）		规划目标年（2020 年）		规划期间面积增减	
		面积（hm²）	占总面积的比例（%）	面积（hm²）	占总面积的比例（%）	目标年-基期年/hm²	面积（hm²）
土地总面积		117103.7	100	117103.7	100	0	117103.7
建设用地	城镇用地	21771.12	18.59	47569.43	40.62	25798.31	
	农村居民点用地	7680.34	6.56	2486.21	2.12	-5194.13	
	采矿及其他独立建设用地	802.34	0.69	424.98	0.36	-377.36	
	交通用地	2808.59	2.4	5751.65	4.91	2943.06	
	水利用地	627.95	0.54	597.44	0.51	-30.51	
	其他建设用地	420.3	0.36	763.85	0.65	343.55	
	建设用地合计	32377.92	27.65	57593.59	49.18	25215.67	
自然保留地		906.66	0.77	403.61	0.34	-503.05	
其他土地合计		6833.42	5.84	4517.76	3.86	-2315.66	

数据来源：课题组前期调研数据（2012 年 12 月 31 日，重庆市国土局提供）。

第二，城乡统一建设用地市场具有区域性，应因地制宜，不宜搞大一统模式推广。部分发达地区，特别是工商业、城镇化程度都很高的地域，可以轻松实现统一城乡建设用地市场的目标。如广东佛山南海通过农村土地股份制改造，基本上实现了建设用地的城乡一体化。但是，该类建设用地之所以能实现同地同权，真正原因在于集体建设用地甚至绝大部分农用地都被变相、非法改变了用途，统一成为非农用地，其价值与城镇建设用地价值无限趋近。

第三，应充分重视现行法权模型下乡村建设用地的不同功能，不能简单化、一刀切。依现行立法，乡村建设用地种类不同，功能各异，内部性、区域性都不可能实现统一，更难形成城乡统一。

依笔者理解，现行乡村建设用地一般可区分为三类。第一类，公益性建设用地，如学校、养老院、村委会、道路交通以及用于文化娱乐之广场等所需建设用地。第二类，保障性建设用地，如农民宅基地。第三类，经营性建设用地，如乡镇企业、集体企业、观光农业等所需建设用地。

上述三类建设用地中，唯有第三类可实现有条件的市场化流转并与城市对接。保障性建设用地涉及农民基本生存权，除非其主动放弃或被征收或被改造，依照现行法律、政策，一般不可能实现充分市场化，更难以建立统一的城乡建设用地市场；至于公益性建设用地，涉及乡村未来发展所需，除非统一规划、妥善安置，其市场化很难提高。

近年来，各地纷纷出台一些改革措施，看似努力构建城乡统一建设用地市场，最后的结果可能适得其反，甚至蕴含极大风险。以重庆地票为例，其优势固然不少，但其最大缺陷之一就是：在增减挂钩模式下，作为一种指标交易，当城市建设用地指标用尽，即通过所谓"复垦"，将大量公益性乡村建设用地改造为农用地，借此增加城市、城镇建设用地指标并上市交易。此项改革，显然会无限挤占乡村公益性建设用地指标，与优先发展城市和工业时期战略并无二致，实则都是以牺牲农村、农民利益为代价，侵蚀了公平价值的法权基座。[①]

（二）关于《意见》第 18 条的解读：偏斜的天秤

同样基于公平价值诉求，后出的《意见》更明确将城乡统一建设用地市场的构建直接定位于集体经营性建设用地。《意见》第 18 条指出："引导和规范农村集体经营性建设用地入市。在符合规划和用途管制的前提下，允许农村集体经营性建设用地出让、租赁、入股，实行与国有土地同等入市、同权同价，加快建立农村集体经营性建设用地产权流转和增值收益分配制度。"

该条指明了改革的方向，却没有明确改革的路径。如何"引导"，

---

① 　参见刘云生、黄忠《重庆地票交易制度创新面临的几个问题》，《决策导刊》2010 年第 8 期。

如何"规范",两者均欠缺可行的操作规则。

笔者以为,股份制模式下农村集体经营性建设用地的改革路径选择,必须先行解决如下问题。

第一,什么是农村集体经营性建设用地?对于农村集体经营性建设用地之界定必须通过法律或规范性文件予以指明。依照目前一般理解,所谓乡村经营性用地,应当是指属于集体所有,通过租赁、入股等方式进行经营性开发利用的农村土地。如乡镇企业、集体企业等用于工业生产、农产品加工之用地均可视为经营性用地。

因缺乏法律上的明确指称,休闲农业用地究竟应属于经营性用地还是属于农用地目前尚无统一而权威的观点。自20世纪90年代以来盛行于全国各地的"农家乐"不断释放出巨大的经济能量,带动了乡村经济的模式转换和城乡融合的新格局。目前的旅游观光农业实则为"农家乐"模式的转型升级,如法律对此类用地缺乏明确界定,势必影响改革的进程。

笔者以为,如小型、自发且以农户个体为单位,单纯以自身宅基地为限开拓第三产业,承包地不改变农业用途,自留地仍以维护基本生活标准为目的,则不宜视为经营性建设用地,仍应划归农用地、宅基地范畴。但如下几种情形,则视为经营性建设用地为宜。

(1)在法律或政策许可范围内,以租赁或入股方式进行规模化经营且不再以农业经营为主业的休闲农业用地。该类土地,无论是宅基地、农用地,还是自留地,因其功能不再以保障住房和从事农业经营为前提且已然通过租赁或股份制方式进行规模化商业经营,可以认定为经营性建设用地。一方面,有利于社会化管理和增加税收;另一方面,亦可刺激其他农户进行股份合作,实现土地的集约化利用。

(2)对于宅基地超标部分建设用地,如后期未获得合法产权与经营资质,而又需要维持现状,可以认定为集体经营性建设用地,原宅基地权人可折算入股,享有股份和收益权。

(3)农用地改变用途。典型者如小产权房,如能获得法律认可,理应视为乡村经营性建设用地。

(4)自留地进行商业性开发。自留地本为解决基本生活条件,不能进行商业开发,但如已经开发且获得法律认可,亦当认定为乡村经营性建设用地。

第二，农村集体经营性建设用地出让、租赁、入股，相关权利如何落实、保障？

农村集体经营性建设用地租赁、入股甚或出让，理论上自无疑义。但有关前置性问题必须解决。

（1）确权问题。其中，包括集体所有权与土地用益物权人之产权必须确证。

（2）如果系租赁或入股，如何保障并实现集体所有权？如何落实农户的成员权与收益权？

（3）如系出让，受让方资质是否有限制？是否通过竞争式缔约方式？本集体经济组织内部成员之优先权如何保障？

第三，农村集体经营性建设用地能否与国有土地"同等入市""同权同价"？

基于经营性建设用地的特殊性质，在目前法权结构下，相当于国有土地中的工业用地。有学者指出，国有工业用地入市有严格的审批手续和程序限制，《决定》和《意见》的改革宗旨是放活农村经营性建设用地，形成开发市场。但如果单方"放行"，势必导致农村土地"超权"。①

更大的问题在于，如此规定在现行法权语境中，无疑会陷入悖论：如何要求农村集体经营性建设用地与国有土地"同等入市"，但城市国有土地中的工业用地原则上不能入市；如果单方许可农村集体经营性建设用地入市，势必导致农村集体超越法权，独享土地利益，最终背离公平价值。

至于"同权同价"，其逻辑与价值层面的问题与前述《决定》第11条一致，此不赘述。

---

① 参见华生《细读"改革60条"：重点、难点与疑点》，载《改革重启中国经济》，东方出版社，2014，第96~97页。

第六章　农村土地股份制改革的可行性分析

高度零细化经营导致的低效益、高成本，农村劳动力的隐蔽性失业，农民土地产权模糊，地权结构封闭，城乡差别等问题成为现行土地法律制度所不能回避又解决不了的历史性难题。如果创新农业经营体制，实现农村土地的股份制改革，农民即可能成为土地的真正主人，拥有真正的地权，土地的规模化经营，土地权利的证券化、市场化，城乡一体化才能真正实现。有鉴于此，笔者主张推行农村土地股份制改革，借此克服现行农村土地法律制度之历史缺陷，推动中国农业的现代化。

第一节　农村土地股份制改革与社会主义国家主流意识形态之契合

中共中央、国务院对"三农"问题的关注以及农村政策的调整，无一不昭示了解决农村、农业、农民问题的决心和毅力。

农地股份制改革是否与现行社会主义国家主流意识形态契合？此点决定了农村地权改革的正当性基础和基本路向选择。笔者认为：农村土地股份制改革无论是在理论基础上，还是在制度设计上均与中国现行主流意识形态吻合。

就土地所有权层面而言，按照马克思的学说，土地所有权是一个历史范畴，愈是稀缺的资源，人类愈是通过合理的产权制度予以规范。罗马共和国土地公有制与私有制的长期斗争，以对以土地为代表的不动产的绝对控制权（dominium）的个体性享有而告终。缘乎此，马克思强调"只要对罗马共和国稍有了解就知道，土地所有权的历史构成了罗马共和国的秘史"。[1] 而从法权层面分析，土地所有权按其历史形态可分为两类：一类为静态的所有权（unbewegliche Eigentum），一类为动态的所有

---

[1]　《马克思资本论》第 1 卷，中国社会科学出版社，1983，第 61 页。

权（bewegliche Eigentum）。前者系指对土地之特权占有或身份领属，近似于所谓单纯的归属权，是中世纪欧洲封建经济之常态表现；后者被马克思称为"近代的嫡出子"，系指资产阶级革命以来形成的自由的土地所有权。在该种情形下，"土地所有权就依附于农产品的市场价值。作为地租，土地所有权丧失了不动产的性质，变成一种交易品"。① 正是在此种意义上，马克思认为，抽象的、静态的所有权仅仅是一种归属关系，只有成为商品后，所有权的效益价值才可能真正实现。

再从所有制层面考察，所有制是指生产资料归谁所有和生产资料在生产过程中如何具体利用的经济制度。因此，所有制的内涵天然包含两方面：其一，生产资料的归属关系；其二，生产资料在具体生产过程中的实际利用关系。

通过以上的分析可知，生产资料的归属关系只是所有制的一个层面，在生产资料归属关系不变的情况下，生产资料在生产过程中的具体利用形式可以选择多元化路径。缘乎此，当前地权变革，在坚持社会主义公有制的前提下，完全可以通过变革公有财产具体利用方式的途径实现农村土地经营体制的创新。此点为农村土地股份制改革提供了有效的理论支撑。新中国成立以来的两次大规模、全方位土地法律制度变革及其历史经验已经证明了苏联模式以及小农经济模式均不可能带动中国农村步入现代化历程，只有通过农村土地股份制路径才能既确保土地公有制，又实现土地的市场化流动，借此吸纳有效资本，推进社会主义农业经济全面、健康发展。

第二节　农村土地股份制改革与现行土地家庭承包经营制度之对接

现行农村土地家庭联产承包责任制从"长期不变"演变为"长久不变"，既说明了这项基本国策的制度依赖程度，也指明了法律、政策可调控的边界。换言之，十八届三中全会中一再强调的公有制与家庭经营是改革的两大前提。

---

① 《马克思恩格斯全集》第 4 卷，人民出版社，1972，第 148 页。

农地股份制改革与公有制对接的可能性在上一问题中已然通过两权分离理论列明。那么，此种改革与承包经营制度是否存在冲突？

笔者认为，农村土地股份制改革仅仅是经营体制的创新，既不涉及所有制、所有权的变革，也不涉及基本权利单位的变革。如前所述，家庭仍然是最基础的权利单位。由此，即便推行农村土地股份制改革，农户家庭的权利也不会受到影响，反而会增进效益。

一   价值理念

农村土地股份制改革的最终价值目标是实现农村土地的市场化与资本化，为农业现代化提供产权保障与稳定资本，从而提升农民收入水平、改善农村生活条件、缩小城乡区域差距，为解决"三农"问题和城乡一体化发展提供制度支撑与法权保障。

第一，作为一种体制创新，农村土地股份制改革必须遵循现有法律框架与政策指引。在农村土地股份制改革模式下，无论是集体经济组织的集体土地所有权还是农户拥有的土地承包经营权、用益物权，甚至抽象笼统的产权，都需要在现行法权模型之下借助法律的制度性安排加以固化，实现权源的稳定性和权利的自主性。

第二，农地股份制改革的核心价值目标表现为：在建构和稳定基础法权的前提下，实现农户土地权利或者权益的自由流转并借此实现土地资源的资本化和市场化。

第三，农地股份制改革在解决农户农地法权固化与土地资本化制度创新的同时，还遵循自由和效率原则，逐步构建统一城乡土地市场，鼓励城市工商资本流入和农村劳动力流出，在缓解国家、地方财政投入紧张问题的同时，激活农户、农民的积极性，实现城乡资本的互通和劳动力的有效转换。

二   权利形态构建与权益固化

农村土地股份制改革的体制创新首先解决的是农民土地权源的法权基础问题，围绕农村地权入股的障碍之探讨实际上不仅仅是理论层面的制度性探索，更是实践层面制度设计的前提。农民的土地权益之具体和落实一方面需要借助法律的制度安排进行法权固化，另一方面需要创新机制的制度设计进行实践创新。按照股份制改革模型，结合我国现行法律的规范，农民的权利形态与权益保障呈现为立体化状态。

第一，所有权层面。《宪法》《土地管理法》《农村土地承包法》《民法典》均确证了农村集体土地所有权归属于农民集体所有。股权构建中，集体作为所有权人享有的权利又会通过成员权直接引接至农户家庭或农民个体。

第二，承包权层面。按照传统法权构建，农村土地承包经营权属于典型的用益物权，根据《民法典》第 231 条之规定，农户对其所承包的集体土地享有占有、使用和收益的权利。然而，根据《农村土地承包法》第 9 条之规定，农村土地承包必须采取农村集体经济组织内部的家庭承包方式，此点决定了承包权的身份权和财产权的双重属性。农户或农民既可自主耕作经营，亦可通过出让、租赁、入股等方式交由其他主体经营，自己凭借身份性权利享有承包期内的收益权。

第三，经营权层面。《意见》明确区分了农村土地的承包权与经营权，在稳定承包权基础上，放活由承包权衍生的土地经营权，实现农村集体土地的所有权、承包权与经营权的"三权分离"。农村土地经营权作为一项独立的权利，农民既可以自己享有也可以自由流转。

第三节　农村土地股份制改革与乡村农民自治组织

农村土地股份制改革后，集体的社会化管理职能及对土地的实体化管理功能会渐次减弱，此点是否会危及乡村社会治理结构？笔者认为，进行农村土地股份制改革，不仅可以促进农业经济发展，还可有效推进乡村治理结构，使农村从经济、社会两方面实现现代化转型。[1]

一　农村土地股份制改革与乡村治理的价值吻合度

第一，一体化。所谓一体化，系指彻底矫正城乡二元结构之价值偏失，克服现有制度障碍，使农村与城市获得平等的发展机遇与权利。具

---

[1]　参见刘云生《统筹城乡模式下的乡村治理：制度创新与模式设计》，《河北法学》2009年第 2 期。

体而言，城乡一体化的价值诉求在具体法律权利方面表现为农村居民在教育、劳动就业、医疗卫生、养老保险及其他社会福利方面与城市居民享有平等的权利。

城乡一体化置重于抽象法律权利（平等的生存权、发展权）与实体化利益方面（平等享有公共产品与公共服务及各项社会保障供给与服务）的城乡对等，但绝非简单的城乡体制一一对应，更不能将城市治理方式全盘植入乡村社会，否则会产生名为统筹城乡实则表现为以城市改造农村的错误认识，不仅增大城市化风险，也会增加乡村治理成本。

基于上述诉求，农村土地股份制模式下的乡村治理必须确立如下价值假设：农民是理性的决策者、行动者，不应以城市治理模式与标准强制"改良""异化"乡村社会应有的治理模式与价值选择。从实证层面考察，近年来的城市化运动通过征地、撤村建居、整体迁居等方式进行的大规模身份变革（"农转非"）并未激发农民的积极性，[1] 也难以使他们获得更充足的安全感。[2]

第二，市场化。所谓市场化，系指城乡相关资源应通过市场加以配置，通过价格杠杆调整供求关系，实现资源的有效利用与资源利益的合理化分配。

市场化作为一种资源配置手段，于农地股份制模式下仅限于具有可交易性产品或资源之市场化，对于涉及基本国策与国计民生之资源（如基础农田资源、水资源、森林资源、矿产资源等）因法律或政策限制，不得擅自进入流通领域。

第三，民主化。所谓民主化，系指乡村治理过程中，凡涉及乡村公

---

① 社会学领域的"郊区陷阱""被动城市化"等论述说明了农民对强制改变生存场景与治理模式的不适应甚至强烈不满。参见陈映芳等《征地与郊区农村的城市化——上海市的调查》，文汇出版社，2003，第34～35、51～56页；杜洪梅《城市化进程中城郊农民融入城市社会问题研究》，《社会科学》2004年第7期；孙东海《谨防"郊区陷阱"——与黄向阳博士一席谈》，《安徽决策咨询》2001年第Z1期。

② 安全感问题实则来源于农民对现实、未来需求的不可预见，此点导致农民在生存需求、子女教育、养老防老、疾患救治等领域均缺乏精神安全感。斯科特对中国农民的生存伦理与经济伦理进行分析后归纳出"安全第一"原则，即农民不希望冒险获取利益最大化，而是倾向于最大限度减少损失，可为此点提供理论支撑。参见〔美〕詹姆斯·C. 斯科特《农民的道义经济学：东南亚的反叛与生存》，程立显、刘建等译，译林出版社，2001，第31页。

共事务、公共福利，除法律或政策有特殊规定外，应充分尊重乡村自治组织及村民的自主意志，采用法治化、民主化程序建立系统、高效、自洽的乡村治理结构。

二　制度功能

农村土地股份制改革对于乡村治理的制度功能可从如下两方面考量：一方面，随着社会转型与市场化程度增强，旧有乡村治理模式已难以与乡村实际生活对接，积弊丛生，矛盾凸显，乡村治理模式改革势在必行；另一方面，现行乡村社会内发式演化与传统乡村治理价值基础、制度供给已圆凿方枘，格格不入。其中，社会转型期间中国现代乡村社会发展演化之特征可因农村土地股份制改革而固化并衍生出新的社会关系与治理结构。具体表现如下。

第一，功能分化。富永健一认为"从农业社会向现代产业社会转型过程中，地域社会最基本的变动是在农业社会形成的共同体的解体"。[①]传统乡村社会之所以能成为一种"共同体"，主要依赖于家族认同、财产集中、交易场所区域化（墟市）、人际交往身份限定性（血缘与拟制血缘）等因素，最终得以形成一种封闭型的自给自足社会体系。但随着家族势力被不断削弱、户籍制度松绑、网络信息传播迅速、劳动力自由流转导致财产的个体化特征增强等原因，传统乡村社会的"共同体"功能不断被分化，从身份地位、文化认同、财富分配、资源网络等各方面均被弱化、改造，最终导致传统乡村治理丧失约束力与权威性，乡村社会亦从封闭性、区域性、单向性共同体转化为异质性、复合性、开放性社会。以集体为例，改革开放以来，数十年的财产集中、信息垄断、利益分配及其他控制性权力不断被削弱，集体作为链接国家与乡村社会的主要治理机制亦不断弱化甚至丧失，股份制改革后的多元化社会组织机构势必通过契约方式填补此类功能。

第二，利益多元化。随着劳动力自由流动以及家族血缘共同体与乡村共同体的解体，乡村社会利益分配格局亦渐次从身份性层级分配转化为身份性平等分配，利益分配日趋个体化、合理化，传统乡村社会的国

---

① 〔日〕富永健一：《社会学原理》，岩波书店，1986，第322页。

家—集体—家庭—个人金字塔分配结构实现了向国家—市场—家庭（个人）复合性结构的历史性转变，此点与股份制改革目标实现后的利益格局和劳动力流转趋势相符。

第三，个体自由化。精神性（家族认同）与经济性依赖程度下降直接导致个体对家族、集体依赖程度的下降，基于地缘组织的功能分化及自给自足社会的解体，乡村共同体规则约束力丧失，个体自由化空间扩大，自我发展机遇增多。有学者分析指出：1984 年人民公社制度废除之后，农村开始逐步建立村民自治制度，农村的行政管理体制开始向民主选举、民主决策、民主管理和民主监督的村民自治制度转变，农村基层政治民主不断扩大。农民的社会意识随之变化，自由、平等和理性主义的价值观念逐步增强。中国农村已经走上了由家庭承包经营、乡镇企业和村民自治构成的现代化道路。[①] 而股份制改革无疑因其市场化效应在此基础上还能熔铸更多更大的自由、平等的价值平台。

---

① 参见陆学艺主编《内发的村庄》，社会科学文献出版社，2001，第 2 页。

第三编
法律文本与政策指向

第七章　语义转换与价值识别

十八届三中全会通过的《决定》明确要求"加快构建新型农业经营体系，赋予农民更多财产权利"，加快了农村地权改革的历史步伐。2014年中共中央、国务院的《意见》则对十八届三中全会精神进行了制度化落实并确立了农村产权改革的基本原则与路向。

新一轮改革中，农户承包权与经营权改革成为农业经营体制创新的核心构架。但法律文本与政策指向之间的矛盾如何克服？承包权、经营权关系如何界定？承包权性质如何定位？经营权功能如何识别？上述问题的解决，不仅关涉国家法律体系的稳定、国家政策的推行，还会直接影响农村地权的变革绩效和农民基本权利的实现。

本章以承包权与经营权关系为视角，在法律文本与政策指向二者矛盾消解基础上，探析承包权的法律属性及其功能定位，进而明确其与经营权的权源关系及功能区分，最终寻求政策指向与法律文本的最优化对接。

《决定》与《意见》先后公布施行，时间间隔极为短暂，虽然在公有制、家庭经营、农民权益保护诸方面保持了大前提一致，但在农村土地改革的核心术语表述与界定上存在细微而敏感的差异。此种语义转换涉及相关基础概念的内部识别与重新界定，也表明了《决定》《意见》在改革纵深度和路径选择上的差异，更表明了改革价值目标的精准矫正。

笔者选择《决定》第 20 条与《意见》第 17 条进行比勘、对照，力求寻找两者之间的细微差异以及对未来法权构造、法律修订可能产生的影响。

第一节　从"农民土地承包经营权"到"农户承包权"

《决定》第 20 条依照现行立法用语完整使用"土地承包经营权"并且冠以"农民"加以界定，"坚持农村土地集体所有权，依法维护农民土地承包经营权，发展壮大集体经济"；"赋予农民对承包地占有、使用、收益、流转及承包经营权抵押、担保权能";"允许农民以承包经营权入股发展农业产业化经营";"鼓励承包经营权在公开市场上向专业大户、家庭农场、农民合作社、农业企业流转,发展多种形式规模经营"。

而《意见》第 17 条虽然两处提到"承包经营权"("赋予农民对承包地占有、使用、收益、流转及承包经营权抵押、担保权能";"切实加强组织领导,抓紧抓实农村土地承包经营权确权登记颁证工作"),却在中心文义中径以"农户承包权"替代了"农民土地承包经营权"。此种语义转换至少说明了如下几点。

一 区分"农民"与"农户",强调农村土地家庭经营的基础性地位

以"农户"取代"农民",不单纯是语义指称的变化,也是为了强调农户作为基本权利单位在目前农村土地承包法权关系中的基础性地位,上可衔接集体土地所有权,保障社会主义公有制路向,下可确保农民家庭的基本生存条件,为农民分享土地利益奠定主体身份。

二 区分"承包权"与"经营权",政策上认可了集体土地所有权、农户承包权、农村土地经营权三权分离

集体土地所有权、农户承包权、农村土地经营权三权分离在民间尝试已久。笔者 2005~2007 年起草《重庆市实施〈中华人民共和国农村土地承包法〉办法》期间,在璧山、万州各地进行地权调研时,上述地域已然开始尝试三权分离:所有权确保集体的成员权利益和公有制前提;承包权保障农民基本口粮和收益权;经营权则相对放开,专司解决土地效益增长及农户收益权问题。如此模式,权利层级分明,权责利清晰且简单易行。

可以说,《意见》在《决定》基础上充分考虑到了民间实际操作模式的效能和影响力,直接通过文件形式确认了三权分离经营模式,待条件成熟后,再通过修订法律或新的立法予以固化。此点亦是中国农村土地改革的惯常模式。①

---

① 如家庭联产承包责任制,先是通过农民"违法"首创,嗣经各地试点,再通过中央政策认可、推行,最终以法律形式固化。参见刘云生《制度变异与乡村贫困——中国农村土地利益分配法权研究》,法律出版社,2012,第 19 页。

三 明确界定农户承包权用益物权性质并需确权登记，与集体土地所有权进行权属区分

在所有权、用益物权层面，明确界定农户承包权之用益物权性质，进而界定其与集体土地所有权之权属关系。

从逻辑与历史两个方面考察，用益物权均应产生于所有权。[①] 就逻辑层面而论，一切他物权均从属于所有权，是所有权实现的一种方式；反言之，一切他物权均得以所有权的存在为前提条件。

第一，就权利内部关系而言，用益物权是以所有权为基础而产生的派生性权利。近代以来，用益物权从逻辑上被视为所有权各项权能的让与，从而使所有权与用益物权二者形成必然的权利关联。即便法国民法未规定"用益物权"概念，但此类权利从逻辑上一概被称为"所有权的派生权利"。至于《德国民法典》于所有权之后创设权利负担，即所有权人通过于自有之物上设定负担，转让对所有物之相应权利而由他人行使，学理上将其归纳为限制物权，实则为用益物权之一般样态。

第二，就功能价值而言，用益物权是所有权的一种行使方式。一般情形下，所有权行使有两种方式：一是所有权人自行占有、使用、收益、处分，直接获取所有物之价值利益；二是通过权利让与，允准他人于所有物上行使权利而间接获取所有物之价值利益。前者属于自物权人自行实现权利，后者则属于用益物权人支付对价后获取相应权利，但该权利从原权角度而论，仍是所有权的一种实现方式。

第三，就权利外部关系而言，用益物权反向制约所有权。法定或约定用益物权一经设定，则对所有权产生反向限制力。具体表现为：首先，用益物权依法或依约定成立后，自应成为一种独立物权，所有权人不得非法撤销、变更；其次，所有权之行使，不得限制、妨碍用益物权人之权利；最后，特定条件下，用益物权具有优先于所有权之效力。

四 明确承包权所涉抵押、担保范围及条件

《决定》《意见》都规定："在坚持和完善最严格的耕地保护制度前提

[①]　参见刘云生、李开国、孙鹏《物权法教程》，中国人民大学出版社，2009，第65页。

下，赋予农民对承包地占有、使用、收益、流转及承包经营权抵押、担保权能。”该规定一方面承认了承包经营权具有用益物权属性和占有、使用、收益、流转四大权能；另一方面赋予了承包经营权有限的处分权能。

具体而论，该规定涉及三个敏感而复杂的问题。

（一）抵押、担保为何并列而称

按照学理分类，抵押为担保之一种，两份文件均将抵押、担保并列而称，其意旨难明。

（二）用益物权人是否享有处分权能

承包经营权之性质自改革开放以来一直是学界争论之焦点，主要有如下三种学说。

第一，劳动关系说。主张农村土地承包经营权所涉关系是一种劳动法律关系，基本理由是从主体身份上认为承包户是发包方集体经济组织内部的成员，而其劳动无疑是集体劳动的一部分。该学说不仅忽略了土地承包经营权之本质属性，还可能导致一种身份性依赖。

第二，债权关系说。主张土地承包经营权反映的是一种债权关系。[①]主要理由是土地承包经营权之产生及内容均以土地承包合同为基础，土地使用权人与土地所有权人二者之关系也是联产承包合同关系，而该种发包人与承包人之内部关系实际上并无对世效力。

第三，物权说。主张土地承包经营权是物权。主要理由如下。[②]

（1）土地承包经营权以占有、使用、收益为内容，是对物的直接支配权。

（2）承包经营权之实现，完全可依使用权人之自主、自由行为达成而不以集体的特别协助为前提。

（3）承包人所取得的承包经营权具有排他性效力。一项土地之上只能存在一个独立的土地用益物权，集体经济组织一旦将承包经营权出让，则不能就该项土地另行创设同样性质之权利。换言之，一种土地承包经

---

①　参见梁慧星《中国物权法草案建议稿：条文、说明、理由与参考立法例》，社会科学文献出版社，2000，第513页；陈甦《土地承包经营权物权化与农地使用权制度的确立》，《中国法学》1996年第3期。

②　参见江平主编《中国土地立法研究》，中国政法大学出版社，1999，第308页；彭万林主编《民法学》，中国政法大学出版社，1999，第276~288页。

营权之存在排除了同类权利之存在，是"一物一权"原则的直接体现。

笔者赞同农村土地承包经营权是一种独立的用益物权。但用益物权虽为一种独立之物权类型，但其权利派生于所有权，用益物权人是否享有处分权能？根据文件、学理与民间实践操作模式，用益物权人享有有限的处分权能，只要不危及所有权人之最终处分权，用益物权人可以对标的物进行事实处分，亦可进行法律处分，包括设定抵押或其他担保；且此类土地不仅仅涉及"四荒地"，亦涉及一般农用地。①

（三）抵押、担保的客体是什么

在涉及农村土地抵押、担保时，《意见》保留了"农村土地承包经营权"的原初概念，而没有区分"承包权"和"经营权"。陈小君教授认为，所谓的承包权和经营权分离，不过是承包地的租赁经营方式。换言之，所谓经营权并非一种独立的权利类型，而是承包经营权的流转对象。②

但细绎文义，笔者认为此举涉及抵押、担保之客体范围。其要旨或包含如下两方面。

其一，承包权作为身份权，属于专属权，不得抵押、担保；但承包权中之财产权利部分可以独立进行处分、进行抵押。但该类财产权利应当仅限于农业预期收益而不能及于身份性承包权。③

其二，承包经营权项下的经营权作为纯粹财产性权利，可以完全进入市场化流转领域。

第二节　从"维护"到"稳定"

农村土地承包使用权制度源于中国农民的自我创造，最初以政策的

---

① 参见刘云生《农村土地使用权抵押制度刍论》，《经济体制改革》2006 年第 1 期；房绍坤《用益物权基本问题研究》，北京大学出版社，2006，第 69 页。

② 参见陈小君《我国农村土地法律制度变革的思路与框架——十八届三中全会〈决定〉相关内容解读》，《法学研究》2014 年第 4 期。

③ 汪洋副总理的内部讲话可以印证著者的如上判断。该讲话稿名为《准确把握三中全会精神积极稳妥推进农村改革》，在第一部分"关于创新农业经营体系"中，汪洋强调："需要明确的是，土地流转，流转的是农户承包土地的经营权；可以向金融机构抵押担保的，是一定期限内土地经营权所能获得的农业预期收益，并不涉及土地的集体使用权和农户的承包权。"

形式推广于全国，1986 年《民法通则》中首次予以明确规定，随后被《土地管理法》、《农业法》和《宪法》修正案吸收，2002 进行专项立法，《农村土地承包法》于 2003 年 3 月 1 日起施行。

《决定》要求："依法维护农民土地承包经营权"，而《意见》则表述为"稳定农户承包权"。"农户"与"农民"以及"承包经营权"与"承包权"之区分已详前述，"维护"与"稳定"之间又有何区别？

一　"承包经营权"之立法轨迹

"承包经营权"概念源自《民法通则》第 80 条第 2 款、第 81 条第 3 款的规定，并为其他相关法律、法规所沿袭。但该项权利与其他类似概念关系如何，学界纷争一直不断。① 2002 年 8 月 29 日第九届全国人民代表大会常务委员会第二十九次会议通过、2003 年 3 月 1 日起施行的《中华人民共和国农村土地承包法》沿袭此种称呼，于第 3 条第 1 款规定，"国家实行农村土地承包经营制度"。2007 年《物权法》则以专章形式规定"土地承包经营权"，并于第 124 条明确规定："农村集体经济组织实行家庭承包经营为基础、统分结合的双层经营体制。农民集体所有和国家所有由农民集体使用的耕地、林地、草地以及其他用于农业的土地，依法实行土地承包经营制度。"《民法典》第 330 条沿袭了此种法权表达。

二　价值差异与制度进化

单就文义而论，《决定》与《意见》不同的表述反映了不同的价值取舍："维护"重在动态修补，"稳定"重在静态维持；"维护"是为了矫正路向与界定功能；"稳定"是为了实现固有功能，既不存在路向矫正问题，亦不存在功能识别问题，而是致力于发挥效能。

此点为农村土地股份制改革提供了路径与空间，说明了两方面问题：

---

① 有学者基于《农业法》第 12 条的规定，认为承包经营权是土地承包经营权的上位概念，参见江平主编《中国土地立法研究》，中国政法大学出版社，1999，第 302 页；有人认为土地承包经营权与农村土地使用权是一组并列概念，二者并不兼容，参见崔建远《房地产法与权益冲突及协调》，《中国法学》1994 年第 3 期；还有人认为"土地承包经营权是基于土地所有权或土地使用权而产生的权利"，参见王家福、黄明川《土地法的理论与实践》，人民日报出版社，1991，第 56~57 页。

一方面，本次改革系经营体制改良、创新而非基本法权变革；另一方面，之所以用"稳定"替代"维护"，是对现行法权的肯定，但需要发挥并提高承包权的效能。对此可以作如下三方面理解。

（一）稳定法权

如前所述，《意见》为确保集体土地所有权和农村经济发展的社会主义路向，重申并强化了农户家庭经营的基础地位，故而将承包经营权作为核心权利加以固化。

（二）增进效益

传统承包经营权很大程度上基于身份权与财产权的双重属性，虽然有力保障了农户的身份性权利和实体化土地经营的公平，却牺牲了土地的效益。由此，《意见》加大改革力度，将经营权与承包权分离，有效实现经营权的市场化，试图借此提高土地经营效益。

早期，关于农村土地承包使用权之流转，学界存在三种观点。

第一，禁止流转论。该类观点认为，农村土地之基本功能是确保农民之基本生存条件，如允许土地自由流转，必将导致历史上农村两极分化现象重演，出现大量无地少地农民等社会问题。[①] 该类观点强化了土地之社会功能与政治功能而忽略了土地作为生产力要素之经济功能，旨在以抽象的政治公平（耕者有其田）替代土地之效益。

第二，限制流转论。该类观点认为，农村土地系集体经济组织成员共同享有权利的客体，是对土地及其利益进行的内部分配，故而可以禁止土地向外转让，但应允许在本集体经济组织成员内部转让。[②]

第三，自由转让论。该类观点认为，农村土地承包使用权系独立的用益物权，权利人应当享有自由处分的权利，只有赋予土地使用权人自由处分权，才能推进土地商品化、市场化进程，将竞争机制引入农村，实现农村土地效益优化，促进农村剩余劳动力的转化。

而在立法层面，《农村土地承包法》（2009年修正）第32条规定，"通过家庭承包取得的土地承包经营权可以依法采取转包、出租、互换、转让或者其他方式流转"。由此推定，法律虽未禁止农村土地承包使用权

---

① 参见梁慧星《物权法》，法律出版社，1997，第250页。
② 参见王卫国《中国土地权利研究》，中国政法大学出版社，2003，第188页。

之流转，但在自由程度上多有限制。此次改革很大程度上就是为了突破此种限制并寻求更高层面、更深层次之流转机制，最大限度增进土地效益。

（三）促进公平

稳定承包权，放活经营权，实则是通过"市场＋契约"模式实现土地效益的有效持续增长，最终实现土地利益的公平分配，缩小城乡差距、区域差距。

第三节　身份赋予与财产赋予

《意见》超越此前立法专业用语，将农村土地承包经营权解析为"农户承包权"与"土地经营权"，希望确保农户身份性前提下的财产权利，同时促进农户财产权的自由化流转，其谨慎选择的苦心与力求创新的勇气同等可贵。

《意见》所谓"农户承包权"究竟应属于何种权利？笔者主张是一种兼具身份权与财产权的混合性权利。

一　概念与特征

所谓农户承包权，系指农户基于农村集体经济组织成员身份、以农户家庭为单位对农业经营土地享有的财产性权利。

该概念蕴含如下特征：其一，权利主体仅限以家庭为单位的农户；其二，权利人必须为享有承包权的集体经济组织成员；其三，权利客体为集体所有的农业经营用地，不包括"四荒地"、经营性建设用地、宅基地等项；其四，该项权利既有身份权属性也有财产权属性，但就其内部而言，身份权是财产权的前提。

二　农户承包权的身份权属性与功能识别

农户承包权的身份权属性是由中国特有的制度安排所决定的。农民要获得承包权，必须同时满足如下身份性条件：首先，具有农村户口，亦即具备农民身份；其次，是集体经济组织成员；最后，以农户为单位。《最高人民法院关于审理涉及农村土地承包纠纷案件适用法律问题的解释》（2020 年修正）第 3 条第 2 款界定"承包方"基础定义时特别指出："前款所称承包方是指以家庭承包方式承包本集体经济组织农村土地的农户，以及以其他方式承包农村土地的组织或者个人。"《农村土地承包法》第 16 条第 1 款规定："家庭承包的承包方是本集体经济组织的农户。"第 34 条则从权利继受层面规定了承包人如转让，后续承包人亦必须为农户："经发包方同意，承包方可以将全部或者部分的土地承包经营权转让给本集体经济组织的其他农户，由该农户同发包方确立新的承包关系，原承包方与发包方在该土地上的承包关系即行终止。"

为什么会赋予农民承包权的身份权特性？表面理由是确保集体土地所有权代表的社会主义方向和维持乡村社会的稳定，但细加寻绎，此种身份性权利的产生具有历史性的三重功能。

（一） 产业依赖前提下的激励性产权安排

鉴于中国农村特有的地理条件与农业发展水平，农业虽然属于基础产业，但其现代化、机械化程度除在平原和城市近郊情形较为可观外，大量的山区、沙漠、盐碱地，加上生态保护的森林、草原、水域，中国作为耕地的土地资源日趋减少且只能维持传统性经营模式。粮食供给的刚性和大量初级劳动力的消化必然需要对某一产业实行制度扶持，使其能为其他产业的发展提供必要的支撑，缓解人口、就业、住房、教育等各方面压力，最终形成一种对初级产业的依赖。质而言之，地理条件、粮食供给、初级人口消化迫使对农民权利进行激励性塑造，从该角度而言，承包权仅仅是一种激励性产权安排。

（二） 历史贡献前提下的制度性补偿

前几十年对农业"剩余产品"的提取和农村、农民的社会区隔，导致了乡村贫困。[①] 稳定承包权一定程度上是对农民、农业、农村历史贡献的补偿，借此实现农民增收与农业进步。

（三） 制度缺陷下的弥合、补充

不可否认，承包权具有福利性、保障性功能。在全国性社会保障体系尚未完全成熟、普及、平等的前提下，赋予农户承包权无疑是对社会

---

① 参见刘云生《制度变异与乡村贫困——中国农村土地利益分配法权研究》，法律出版社，2012，第 31 页。

保障乡村缺失的制度性补充。

我国乡村社会保障体系之所以不健全甚至尚未起步，其根本原因有如下三方面：农业人口基数过大，人口持续增加；耕地日趋减少；农业收入比例下降。我国农村劳动力基数巨大，13 亿人口，8 亿多人在农村，其中 4.98 亿人构成农村劳动力。而 1996 年耕地普查显示，我国耕地资源只有 1.3 亿公顷，人多地少矛盾至为突出。加之特殊的计划生育政策，农村人口的增长速度过快，而土地不仅未能增加反而加速流失，加重了人地矛盾。

此外，有学者指出，自 1996 年以来，农业对农民收入增加的贡献逐年下降，农业增加值增长率也呈下降趋势：1996 年为 5.1%，1997 和 1998 年均为 3.5%，1999 年为 2.8%，2000 年为 2.4%。[①] 与之相适应，农民增收的主要途径已经转向非农产业。根据相关数据，农民的非农业收入已从 1978 年的 9.40 元增至 2000 年的 993.49 元，年均增加 44.73 元，年均增长速度为 23.6%，对农民纯收入增加的直接贡献率达 42.5%。而 2001 年我国农民人均纯收入为 2366 元，其中非农业收入 1066.4 元，对农民收入增长的贡献率更达到 55%。[②] 由此，非农业性收入无形间成为农民的发展资本，而承包权所产生的收益成为其最重要的生存资本。十八届三中全会正是基于农民的发展资本、生存资本的双向结合，试图实现乡村劳动力的市民化、农村经营性土地的市场化、农地经营的规模化，最终在稳定农民权益基础上，推动中国农业的现代化转型。

三　农户承包权的财产权属性

农户承包权虽然具有身份权属性，但就其经济功能而言，重心还是为了界定财产权利，具有明显的财产权属性。

（一）历史考察

罗马法将奴隶视为"农具"（instrumentumfundi）。萨宾认为，凡属用于生产、收割、储藏农产品（fructus）之物均应归属于"农具"。如奴

---

① 参见许经勇、张一力《我国农业发展新阶段的"三农问题"透析》，《学术研究》2003 年第 5 期。

② 参见沈晖、陶田《发展非农业走城市化道路》，《价格与市场》2003 年第 4 期。

隶及其管理者，如犁、锄头、镰刀、叉子，如装葡萄之筐子与运送葡萄之木桶。以此类推，农场（villa）里的家仆、清扫人员为农具，花园里的园丁为农具，如果"土地上有树木、牧场、畜群，那么放牧人及守林人也是农具"。[①]

梅因宣称古代法之财产分类具有"偶然性"，并且难以理解罗马法将土地作为"要式交易物"后，又将与"不动产毫无关系的物件归在不动产之内"，比如奴隶与牛马。[②] 实则罗马法之该项分类表面上系基于上述财产之形态及空间移动性并由此设定不同之交易程序与诉讼程序，但其本质系对动产与不动产之不同价值的认知。土地、奴隶、牛马为农耕社会之最重要生产力要素，三者结合始能推进农业之发展，借此供给城邦及社会各类基本需求，此点自然决定了三者必受法律重点保护，因此才形成特别交易程序与诉讼程序予以特别规范，显系历史之必然而非偶然。同时，为保护土地所有权及其延伸性权利，罗马法还将与土地相关之权利客体作为特殊保护对象。

考察罗马共和国社会结构，不难看出，罗马共和国实际上是由一个个独立自主的、拥有私人财产的家父组成的国家；而罗马法亦表现为一种以家庭为核心、以家父为财产权权利主体的法律体系。随着家父权的衰落，个人的权利取代了家父权成为私法体系中的核心权利。揆诸史实，即便在家父权极为发达的时期，个人包括家子和奴隶，也可能取得一定的财产性权利，如"特有产"（peculium）制度为其典型。所谓"特有产"，系指家父交付家子和奴隶并依据后者自己之决策从事商业交易之特定财产。罗马法之物法领域，权利之设定与享有迥异于日耳曼法之身份性立法，而取决于自然人之人格，不受身份限制。即便是人格不完全之人也可享有部分物权，如特有产制度中的收益特有产、军人特有产、准军人特有产、母遗特有产在罗马法中分别准予享有占有、使用、收益、处分（遗嘱处分）等全部权能或部分权能，但一般不享有完整的所有权权能。[③] 正是从该意义上讲，彼德罗·彭梵得（Pietro Bonfante）认为

①　〔古罗马〕乌尔比安：《论萨宾》（第20卷），载〔意〕桑德罗·斯契巴尼选编《物与物权》，范怀俊译，中国政法大学出版社，1999，第26页。

②　〔英〕梅因：《古代法》，沈景一译，商务印书馆，1959，第155页。

③　参见程宗璋《罗马法与日耳曼法物权制度的比较研究》，《济南大学学报》1999年第1期。

"人们之所以把特有产设立为一种法律制度，只是因为家父对于家子达成的债务在民事上承担的责任以特有产总额为限，这种特有产也可赐予奴隶，甚至它对奴隶具有更大的重要性"。①

反观中国，传统农业经济亦由早期之奴隶经营模式演变为地主经营、管理模式，明清以来更演变为租佃经营模式，既是土地经营历史发展之理性显现，也是地权社会化改革之必然结果。盖因土地之价值必得利用方能取得收益，明清以来永佃权制度之所以于广大农村呈燎原之势，实则是国家、地主、农民三大利益主体共同协作之结果。其时地产交易规模较小，土地未来效益与现实效益之间差距不大，土地荒芜不仅意味着国家之赋税、地主之地租减少甚至落空，还会引发无地农民陷入赤贫或暴力性掠夺土地资源。因此，永佃权制度不仅有利于缓解社会矛盾，同时可有效提高土地利用率，土地之交换价值最终让位于土地之使用价值，而奴隶最终摆脱身份奴役，演变为佃农或自耕农，成为自己的"主人"。

（二）价值考量

作为一种身份、财产混合性权利，承包权既是中国传统农业家庭经营的历史惯性，也是人类农业发展的世界经验。② 进而言之，农业土地的家庭私有化经营和农业土地的家庭承包经营都能适应不同层次的生产力水平，也能容纳现代化农业工艺与科学技术，还能适应高度社会化、商品化的客观要求。③ 据有关统计，美国从事农业人口仅占全国人口的1.8%，绝大部分来自传统家庭农场。这些农场集中于农业土地经营，专业化、规模化程度都很高，不仅养活近3亿国人，还使美国跃升为世界上最大的农产品出口国。就其数量而言，20世纪30年代美国家庭农场接近700万个，1989年锐减至214万个；其平均经营规模也由1920年的47英亩攀升到1989年的457英亩。④

农户承包权的存在虽然具有历史惯性和现实基础，也在《民法典》

---

① 〔意〕彼德罗·彭梵得：《罗马法教科书》，黄风译，中国政法大学出版社，1992，第130页。

② 参见华生《细读"改革60条"：重点、难点与疑点》，载东方出版社经济编辑部《改革重启中国经济：权威学者谈十八届三中全会》，东方出版社，2014，第109页。

③ 王环：《从新农村建设的角度看美国农地产权制度》，《世界农业》2007年第7期。

④ 参见李尚红《美国的家庭农场制度与我国农业生产经营模式的创新》，《经济纵横》2006年第5期。

中获得了合法性表达，但作为一种混合性权利，在价值层面尚有众多问题有待考量。

1. 效率价值

效率价值层面的核心问题是：在赋予农民身份性承包权时，是否应考虑农民的经营能力？同时，即便未来户籍改革实现了城乡法律身份的平等，但法权上单纯破除身份桎梏、藩篱是否就能实现社会转型？

第一，农业经营能力与效率。"靠天吃饭""旱涝保收"等传统农业经营理念与体制和现代化农业经营形成天然区别。时至今日，中国绝大部分农地经营还处于传统的消极被动模式中，市场信号获取处理能力、规模化经营管理水平、农业科技水平、机械化专业化程度等各方面都有待提高。特别是承包权因身份而获得，农业投入与产出不成比例，[①] 农业补贴低，加上非农收入的拉动，几方面合力必然导致农民要么采取粗放型经营，要么抛荒，要么交由他人无偿代耕，经营能力极度低下，效率价值目标无从实现。

第二，身份权与社会转型。如果说承包权是一种制度补充、补偿前提下的身份权兼财产权，是城乡二元社会区隔模式下的法权倾斜，那么，从经济效率上，如前所述，并不必然提高农户的经营能力，推动现代化大生产；从社会效益层面考量，是否有利于农民身份的社会化转型？

顾准先生曾经感慨，中国历史上从未产生过商业本位的政治实体，而且也不可能产生出该种实体，因为"资本主义并不纯粹是一种经济现象，它也是一种法权体系"。[②] 顾准先生对中西文化加以比较的基本理论前提即在于强调中国传统文化体系中缺乏平等价值理念。日本学者寺田浩明先生从历史层面比较了中国与西方在近代以后歧向发展的历史成因，其中，至为重要的一个方面即在于西欧于中世纪时农奴制已经解体，出现了寻求个体之间如何建立社会秩序的问题，同时以每一个个人为出发点，将保护每个人之正当利益作为新秩序之价值目标。换言之，西方在

---

① 林毅夫教授的统计数据是：1978～1984 年，农业总产值以不变价格计算增加比例达42.23%，其中由家庭联产承包责任制带来的贡献达 46.89%，1985 年后，该优势呈下滑趋势：成本收益 1985 年为 70.8%，1990 年为 60.5%，1996 年降至 56.1%。参见林毅夫《再论制度、技术与中国农业发展》，北京大学出版社，2000，第 121 页。

② 顾准：《顾准文集》，贵州人民出版社，1994，第 315～318 页。

中世纪末期，已然出现了寻求个体平等、人格独立的思想风潮，依寺田先生之计算，中国类似思想及其制度构建（以及梅因所谓"从身份到契约"的历史演变）要比西欧晚十几个世纪。同时，儒家传统始终教谕民众，以全部个体共存为价值基点，主张在互让基础上保持和谐并以此约束人际关系。特别是晚明时期，儒教民众化思潮使国家权力与知识精英对商品经济所导致的人伦沦丧产生了历史性的本能反击，主流社会对不断膨胀的私欲加以抑制甚至处罚，最终导致公有制理想超越了私有制的理性。①

寺田先生的研究视角精到巧妙，但其观点值得商榷。首先，以中国经济史而论，现有史料足以证明早在三国时期农民与地主之平等契约关系已在中国部分地区出现;② 其次，人身依附关系确乎有违平等价值，社会转型一定程度上也仰赖于新的社会力量摧毁该种人身依附，但绝不能以人身依附为社会转型之必然条件，也并不能说明在社会转型的时间节奏上有何加速或延后作用，或者说，破除身份并不必然导致社会转型。典型例子如英国，据有关学者考证，英格兰至迟于 14 世纪，农奴身份已经崩毁。③ 但丹纳在其《艺术哲学》中不无讽刺地写道:"到 1550 年为止，英国只有猎人、农夫、大兵和粗汉。"④ 其社会真正转型仍然基于宪法文明与工业文明。

2. 公平价值

公平价值层面的核心问题是：除前述内部公平与外部公平外，享有承包权的农户是否实际耕作？如果抛荒或低效率经营，集体是否有权干预？更重要的是，承包权是否有利于土地利益的公平分配？

第一，"抛荒"是不是一种权利？中国农村土地抛荒现象严重。四川省农业厅 2008 年对成都、荣县、南充、凉山等地市 100000 余亩耕地利用状况进行调研发现，总抛荒量达到 5500 余亩，占比为调研耕地的 5.3%。其中，常年抛荒为 2400 亩，占抛荒地的 43.5%；季节性抛荒为

---

① 参见〔日〕寺田浩明《清代民事审判与西欧近代型的法秩序》，潘健译，《中外法学》1999 年第 2 期。
② 参见刘云生《中国古代契约法》，西南师范大学出版社，2000，第 230~234 页。
③ 参见马克垚主编《中西封建社会比较研究》，学林出版社，1997，第 100~102 页。
④ 〔法〕丹纳：《艺术哲学》，傅雷译，人民文学出版社，1986，第 83~84 页。

3100 亩，占抛荒地 56% 以上。其中，最值得关注的是，成都等发达地区几乎没有抛荒耕地，荣县、南充等丘陵地区抛荒率为 5% 左右，凉山等山区地带抛荒率却达到 10%~15%。[①]

耕地抛荒的原因学界多所探究。从法权逻辑层面而言，如果将承包权作为一种身份性权利，权利人自然有权利直接抛弃或以怠于行使权利方式间接抛弃。但就法权价值而论，不应视抛荒为一种权利。

首先，土地特别是耕地，虽然在法律上属于集体所有，并为农户家庭占有、使用、收益，但究其资源属性而言，属于公共自然资源。该种资源属性决定了国家与集体有权对抛荒土地进行干预。虽然《农村土地承包法》未对抛荒作出具体规定，但在 2005 年 9 月 1 日起实施的《最高人民法院关于审理涉及农村土地承包纠纷案件适用法律问题的解释》中，于司法审判和法律解释层面对集体收回承包地的做法进行了正面评价。针对承包人弃耕、撂荒而产生的承包权纠纷，该《解释》第 6 条规定："因发包方违法收回、调整承包地，或者因发包方收回承包方弃耕、撂荒的承包地产生的纠纷，按照下列情形，分别处理：（一）发包方未将承包地另行发包，承包方请求返还承包地的，应予支持；（二）发包方已将承包地另行发包给第三人，承包方以发包方和第三人为共同被告，请求确认其所签订的承包合同无效、返还承包地并赔偿损失的，应予支持。但属于承包方弃耕、撂荒情形的，对其赔偿损失的诉讼请求，不予支持。前款第（二）项所称的第三人，请求受益方补偿其在承包地上的合理投入的，应予支持。"

上述司法解释虽然以保护承包权为宗旨，却从占有或事实利用层面对承包权予以限制并对第三人权利予以保护，也间接承认了集体收回抛荒承包地的合理性。

其次，即便就法权内部关系而论，用益物权人之用益权亦不得违背物的自然属性与社会效能；否则，所有权人有权介入并阻却该项用益物权。

罗马法中，所有权、使用权、无使用权之收益权等权利可以分离并

---

① 参见徐莉《城市化进程中如何解决农地抛荒问题——以四川为例》，《农村经济》2010年第 3 期。

属于不同权利人，但其前提以不得破坏所有权人之完全支配权为限。①
以所有权、用益权、居住权三者关系而论，即便所有权人将所有权之相
应权能附期限出让或赠与，作为"裸体所有人"（nudus dominius）仍有
权保留对未来所有权恢复后完整享有各项权能之期待。② 因此，虽然
"用益权"（usufructus）产生于"使用"（uti）与"收益"（frui）之语义
集合，但如没有证据已然获得所有权，用益权人尚需坚持不违物之本质
而为适当使用之原则，借此保护所有权人未来之完全支配。保罗界定用
益权概念时，特别强调"用益权是以不损害物的本质的方式使用、收益
他人之物的权利"；而如果他人遗赠获得某一土地之用益权，乌尔比安则
完全赞同杰尔苏之观点，即"用益权人必须以适当方式耕种那块土
地"。③ 因此，罗马法上之居住权虽可以终生享有且可出租并获取租金，
但依据优帝敕令，其权限"不得大于用益权"。④ 换言之，居住权人享有
之权利仅限于居住或获取租金，而不能等同于用益权。其根本宗旨即在
于保护所有权人之于用益权、居住权期间届满后恢复对物之完整支配权。
同样，罗马法上，对奴隶一样可以设定用益权，但用益权人不得滥用该
项权利，而应当如善良家父（bonus paterfamilias）般使用该奴隶，"物"
尽其用，而不得驱使誊写员搬运石灰，演员充当浴室服务生，或让一个
演奏者做家务，更不能让一个受过专业训练之角斗士清扫厕所，否则将
被视为滥用所有人之财产。⑤

　　第二，集体或国家是否享有统一产业规划权？基于农地经营的低效

---

① 〔古罗马〕乌尔比安《论萨宾》（第17卷）："使用权（usus）属于一个人，无使用权
　　的收益权（fructus sine usu）属于一个人，而所有权（proprietas）属于另一个人，这是
　　可能的。"载桑德罗·斯契巴尼选编《物与物权》，范怀俊译，中国政法大学出版社，
　　1999，第147页。

② 〔意〕路易吉·卡帕格罗西·阔罗内塞：《所有权和物权：从罗马法到现代》，薛军译，
　　载费安玲主编《学说汇纂》（第2卷），知识产权出版社，2009，第18页。

③ 〔德〕保罗：《论韦得里》（第3卷）；〔古罗马〕乌尔比安：《论萨宾》（第17卷），载
　　〔德〕桑德罗·斯契巴尼选编《物与物权》，范怀俊译，中国政法大学出版社，1999，第
　　127页。

④ 优士丁尼皇帝致大区长官尤里安，载〔意〕桑德罗·斯契巴尼选编《物与物权》，范
　　怀俊译，中国政法大学出版社，1999，第149页。

⑤ 参见〔古罗马〕乌尔比安《论萨宾》（第17卷）、（第18卷），〔古罗马〕马尔西安
　　《论抵押规则》，载〔意〕桑德罗·斯契巴尼选编《物与物权》，范怀俊译，中国政法
　　大学出版社，1999，第127、135页。

率，虽不至于影响法权本身，但粗放型经营或单纯靠天吃饭，不仅会导致各类资本要素的浪费、耗散，更难以激活经营者的积极性与制度变革勇气，如此一来，看似尊重了承包权人的经营自由，实则牺牲了土地效率，对于农地资源极度稀缺的中国乡村，如此低效率必然带来绝对的不公平。

鉴于土地的公共资源属性，集体与国家可以通过统一的规划进行产业布局，再通过发放农业补贴、构建公共服务平台等方式推进农业现代化。关于此点，美国的经验适足借鉴。美国农用地虽然多属于农场主私人所有，但其产业规划与布局受政府监管并须履行严格的审批制度。种植何种农产品，不单是基于农场主个人的市场信号判断和个人意志，还必须向政府申报。政府则根据各地块农作物亩产量的历史数据进行分析，以此作为审批依据，确保各类农产品供求关系的相对平衡，保持价格优势。时至今日，美国形成了世界上最大规模、最高效率的产业带，占据了世界农业的顶峰。①

第三，承包权与公有制：实现方式与基本目标。马克思 1853 年致函恩格斯，表述了如下观点："东方一切现象的基础是不存在土地私有制，这甚至是了解东方天国的一把真正的钥匙。"恩格斯完全赞同并认为东方世界不存在土地私有制，"这是东方全部政治史和宗教史的基础"。②1876 年，恩格斯在《反杜林论》中更提出"东方的专制制度是基于公有制"。③ 严格意义上讲，中国并非没有私有制，在六朝、明末清初、清末民初三大时期，中国的私有制，特别是土地所有权的私有化程度极高。但自中国经济发展史而观之，完善的私有制制度时断时续，主宰中国经济史的所有制结构始终是以公有为主。中国古代的公有制一般可区分为两种，一是封建君主所有，二是封建家族所有，二者交相融汇、互推共进。直至 1949 年新中国成立，其公有制形态——国家所有制、集体所有制——也是前两种公有制的衍化嬗变。

与共有制或公有制之所有制形态相适应，传统民法文化中的个体人

---

① 参见谢特立《美国农业产业特征与农业推广体系运作、推广目标》，《世界农业》2008 年第 6 期。
② 《马克思恩格斯全集》第 28 卷，人民出版社，1995，第 256、260 页。
③ 《马克思恩格斯全集》第 20 卷，人民出版社，1995，第 681 页。

格呈现为一种序列人格或等差人格。梁漱溟先生在其《中国文化要义》中引张东荪之理论，并加以印证："在中国思想史上，所有传统的态度总是不承认个体的独立性，总是把个人认作'依存者'（Dependent Being），中国可说是一个'家庭的层系'（A Hierarchical System of Families）……，在这样层系组织之社会中，没有'个人'观念。"① 杜维明先生也认为："儒教关于自我的概念不是建立在将个性作为人的核心概念上，不像犹太教、基督教关于灵魂的概念或印度教关于'我'（atman）的概念，而是把自我常常理解为各种关系的中心。"② 成中英先生持论颇近："在儒家社会伦理的礼法中，人是被各种关系所界定，也在各种关系中发展。"③ 日本学者中村元先生比较中西方异同后，认为中国和日本等东方社会重视培养"一个人"（the individual）而忽略了"个性"（an individual），故其行为方面注重形式，讲求伦理，注重身份秩序与家庭关系。④

正是在如此文化背景下，时至今日，我国农村土地法权还强调以家庭经营为代表的农户承包权。但问题在于：公有制构建的核心价值是基于公平分配与再分配，但几十年来的价值误区即在于公有制的实现方式往往以实体化物质权利的均等化分配为前提，承包权刚好就是此类分配的典型表征。

笔者一直主张，公有制之公平价值并非只能通过均田的政治承诺及身份性地权设计来实现；作为公共自然资源，土地公有制的终极公平目标应当是每一位公民从效益递增的土地收益中享有平等的收益权和分配权，逐步实现社会转型。⑤

---

①　梁漱溟：《中国文化要义》，正中书局，1975，第 90~91 页。

②　*Our Religions*, New York, Harpe Collins Publishers, 1983, chapter3, p. 205.

③　成中英：《知识与价值》，联经图书公司，1986，第 398 页。

④　参见〔日〕中村元《比较思想论》，吴震译，浙江人民出版社，1987，第 143~145、170 页。

⑤　参见刘云生《制度变异与乡村贫困——中国农村土地利益分配法权研究》，法律出版社，2012，第 22 页。

第八章　农村土地经营权：法权
定性与功能定位

为突破传统农地产权的封闭性、身份性、生计性，《意见》在强调身份性承包权的同时，延伸性地将土地经营权独立出来，并且赋予其强大的市场化可变空间。

如前所述，就理论层面而言，土地效益与土地所有制之"公"或"私"并无多大关联，土地价值之实现、增长主要取决于土地用益物权体系是否合理。日本学者渡边洋三认为，就土地权利而言，法律重点保护者并非所有权，而应当是用益物权，因为真正对土地作出投入并使其产生实际效益者即用益物权人。①

如此，所有人在保有所有权前提下，通过土地使用权人对土地直接利用而获得报酬；相应地，土地使用权人通过交付报酬，取得土地之用益权，满足自身需要，各取所需，两得其便，以合理而公平之方式实现土地资源利用价值之最优化最大化。

《意见》将承包权与经营权分离，其目的正在于此。

第一节　土地经营权法权属性界定

一　经营权属于何种性质的法权

中国物权法理论研究与立法模式均尊奉德国物权法，坚持物权法定原则与物权债权二元分离模式。有鉴于此，独立后的经营权究竟应属于何种权利、其体系化位置又当如何界定就成为必须先行明确的问题。

（一）基本性权利类型抑或派生性权利类型

《意见》和《决定》发布后，学界对于"经营权"之权利属性竞相

---

① 参见杜颖《日本的近现代土地所有权理论》，《中外法学》1997年第3期。

定性定位。众多经济学界学者主张，经营权当属一种独立权利；而民法学界学者则相对审慎，或回避定性问题，或直接主张其为派生性权利。如有学者指出，农地经营权系由承包权人处分权利而产生的权利，且一经处分，承包经营权即意味着全盘转让，逻辑上并不存在保留农户承包权而独立转让经营权之可能。①

经营权属于派生性权利，殆无疑义。根据物权法定原则，物权之种类、内容、变更均须由法律统一规定，否则不产生物权法效力。

征诸世界成文法典国家和地区，虽然都没有明确界定"经营权"类型，但在相应物权类型的排列组合中隐含了"经营权"。如《德国民法典》中确立的物权类型有所有权、地上权、用益权、地役权、实物负担、抵押权、土地债务、质权、先买权等；《法国民法典》中确立的物权类型有所有权、用益权、使用权、地上权、地役权、留置权、优先权、抵押权等；《瑞士民法典》中确定的物权类型有所有权、地役权、土地负担、用益权、居住权、建筑权、抵押权、质权、留置权等；《日本民法典》确立的物权类型有占有权、所有权、地上权、永佃权、地役权、留置权、先取特权、质权、抵押权等；我国台湾地区"民法"确立的物权类型有所有权、地上权、永佃权、地役权、抵押权、质权、典权、留置权等。

德国、法国、瑞士民法典在涉及土地用益物权时，要么以地上权、用益权、地役权立体规范，要么以用益权、使用权、地上权、地役权统筹联动，要么直接将地役权、用益权与土地负担、地上权一体设计；我国台湾地区与日本则将其隐含于地上权、永佃权、地役权各项权利中。

我国《物权法》规定的物权类型有所有权、土地承包经营权、建设用地使用权、宅基地使用权、地役权、抵押权、质权、留置权等项，农村土地承包权虽涉及经营权，但也没有独立的"经营权"法权类型，就此可以判定经营权并非基本的法权类型。《意见》以及民间实践中的集体所有权、农户承包权以及土地经营权的三权分离仅为一种政策性导向与民间操作模式，而非一种法权结构。直至《农村土地承包法》2018年修正案和《民法典》问世，才建构了独立且明确的土地经营权制度。

---

① 参见高圣平《新型农业经营体系下农地产权结构的法律逻辑》，《法学研究》2014年第4期。

《民法典》颁行前，在政策指向与实践操作层面，有时候还混淆"经营权"与"使用权"，如 1997 年 8 月 27 日《中共中央办公厅　国务院办公厅关于进一步稳定和完善农村土地承包关系的通知》中已然区分农户承包权与使用权，"少数经济发达地区，农民自愿将部分'责任田'的使用权有偿转让或交给集体实行适度规模经营，这属于土地使用权正常流转的范围，应当允许。但必须明确农户对集体土地的承包权利不变，使用权的流转要建立在农民自愿、有偿的基础之上，不得搞强迫命令和平调"。

由上述考察可知，2018 年前的农村土地经营权并非一种法定物权类型，而是在政策和实务层面根据土地承包经营权而派生的一种权利。

（二）物权抑或债权

在《农村土地承包法》（2009 年修正）中，土地承包经营权之物权属性并不明了。《物权法》则明确界定了土地承包经营权的物权属性，于第三编"用益物权"项下之第十一章专门规定"土地承包经营权"，并通过第 125 条、第 127 条、第 128 条、第 129 条、第 130 条、第 131 条赋予了承包经营权之物权属性与效力。①

依据《物权法》的逻辑前提与《意见》的价值指向，以及《民法典·物权编》的体系定位，土地经营权显然应归位于物权。

第一，就其权源与性质而论，经营权源自所有权人或用益物权人之权利让渡，属于典型的从物权与他物权。

于农户自力耕作经营模式下，农户家庭系基于农民身份经过合同行为从集体所有权人处获得土地之用益物权并享有物权人利益、承担约定义务；于农户承包权转让经营权模式下，经营权人通过合同约定受让承

---

① 《物权法》第 125 条赋予了承包经营权人之物权权能："土地承包经营权人依法对其承包经营的耕地、林地、草地等享有占有、使用和收益的权利，有权从事种植业、林业、畜牧业等农业生产。"第 127 条规定了土地承包经营权之公示公信方式与效力："县级以上地方人民政府应当向土地承包经营权人发放土地承包经营权证、林权证、草原使用权证，并登记造册，确认土地承包经营权。"第 128～129 条规定了权利人的有限处分权："土地承包经营权人依照农村土地承包法的规定，有权将土地承包经营权采取转包、互换、转让等方式流转"，"土地承包经营权人将土地承包经营权互换、转让，当事人要求登记的，应当向县级以上地方人民政府申请土地承包经营权变更登记；未经登记，不得对抗善意第三人"。第 130～131 条则对所有权人权利加以限制："承包期内发包人不得调整承包地"，"承包期内发包人不得收回承包地"。

包权人所享有之各类物权利益并承担约定义务。

就其权利特征而言，经营权之设立目的、路径、方式与罗马法之人役权极为近似。所谓人役权，系为特定人之利益而利用他人物或权利之权利，分为用益权、使用权、居住权、奴畜使用权等项。人役权中之使用权、用益权、居住权等均依照物之所有人之授权、遗赠或双方订立契约而成立。

第二，就权利内容而论，经营权人对约定财产或特定之物享有支配权，有权实施占有、使用、收益并对相应权利进行处分。

第三，就权利效力而论，经营权具有排他力，权利存续期间内，不仅能对抗任何不特定第三人，还可对抗集体土地所有权人或承包权人。

但在实际操作层面，特别是司法实务中，经营权的物权属性与效力很难被确证并予以保障。例如，经营权取得时，一项难以逾越的藩篱就是无力对抗承包权人所属集体经济组织成员之身份性优先权。《农村土地承包法》（2009 年修正）第 33 条第 5 项规定："在同等条件下，本集体经济组织成员享有优先权。"2005 年 3 月 1 日起施行的《农村土地承包经营权流转管理办法》第 9 条第 1 款强化了此项原则："农村土地承包经营权流转的受让方可以是承包农户，也可以是其他按有关法律及有关规定允许从事农业生产经营的组织和个人。在同等条件下，本集体经济组织成员享有优先权。"（与 2021 年 3 月 1 日起施行的《农村土地经营权流转管理办法》第 9 条后半段内容相同）2005 年 9 月 1 日起施行的《最高人民法院关于审理涉及农村土地承包纠纷案件适用法律问题的解释》第 11 条细化了优先权原则："土地经营权流转中，本集体经济组织成员在流转价款、流转期限等主要内容相同的条件下主张优先权的，应予支持。"所幸的是，该司法解释对于在书面公示的合理期限内未提出优先权主张的优先权人权利予以阻却，同时赋予已然实际占有并经营土地的经营权人物权性保护：即便未经书面公示，在非本集体经济组织成员之经营权人开始使用承包地两个月内未提出优先权主张者，优先权丧失。

也有学者直接将现行承包经营权界定为债权；倘如此，基于身份性承包权而产生之经营权显属债权。由此产生的法律后果就是：依契约而成立之承包经营权不能对抗发包权，发包人可凭借所有权人之优势干预承包人之自主经营权；当国家对农业土地进行征收时，农村土地承包经营权人不能以平等身份与国家达成补偿协议，而是以集体所有权为中介，承包人权利难以适用物权效力加以保护。①

二　经营权体系化位置

依照《意见》的部署与理论研究成果，未来法律修订时，经营权的体系化位置应当如何设定？此点涉及大陆法系法典之形式理性命题。

艾伦·沃森在评述马克斯·韦伯所谓欧洲法律之逻辑性形式理性（logically formal rationality）特征时认为，所谓形式理性，即意味着法律以其自以为合理的制度形式存在，法律程序与法律规范仅为社会工具，与法律内在目的有着紧密联系。沃森进一步论证近代欧洲民法与罗马法之间的必然历史渊源，认为"西方民法制度极具形式理性，是尊奉《民法大全》的结果"。②

民法典之形式理性表现为，它不仅将属于实质理性之价值目标镶嵌于法典中，还形成了独立的逻辑规范，动态地协调着整个民法典的各个组成部分，使之既具有内敛性，又具有外溢性。

所谓内敛性，系指民法典凭借一定的价值理念和逻辑序位使整部民法典自成体系，其各组成部分能相互证明且不存在矛盾；所谓外溢性，系指民法典现有条文虽不能全面反映现实的或未来的一切关系，但凭借其抽象的价值理念和内在的逻辑体系可以推论民法典未明文包含的各项关系并对其作出界定或进行处理。至于民法典之内敛性，实则为民法典之自我圆足特征，而所谓外溢性，实则为民法典之自动生成特征。

民法典之内敛性和外溢性反映的不仅仅是法典本身的逻辑和技巧，一定程度也反映了法学家的自信和骄傲。卡佩莱蒂以近代意大利民法学家为例很好地说明了近代民法法典化过程中学者们的态度或精神，学者认为："法律乃是自足的原则或现象，依靠系统性的研究便可理解并精通。这种态度概括在'法律科学'这个短语里，即假定法学研究是科学，作为科学它与那些研究自然现象的学科比如生物学、物理学并驾齐驱，都是科学。法学家负有同其他领域的科学家们相似的使命，即漠视

---

① 陈甦：《土地承包经营权物权化与农地使用权制度的确立》，《中国法学》1996年第3期。
② 〔美〕艾伦·沃森：《民法法系的演变及形成》，李静冰、姚新华译，中国政法大学出版社，1992，第32~34页。

实际问题的解决方案，而关注对科学真理、终极价值与基本问题的探求；他们轻视个别案例，更注重一般性问题，以图达到圆满的融会贯通。一句话，他们不是工程师，而是纯粹的科学家。"①

依照法典的固有特性与逻辑自足功能，笔者主张经营权之权利体系应当依循如下位阶或层级进行排列：集体土地所有权—农户承包权—土地经营权。如此体系既可从理论上明确经营权之他物权、从物权属性，亦可于实际操作与司法实践中界定权利义务关系。

第二节　土地经营权权能定位

明确了经营权之用益物权属性，该用益物权之权能如何定位？此点不仅涉及理论研究层面所有权与用益物权之权能区分，也涉及具体法权关系中权利、义务、责任的分配规则。

经营权之权能可归纳为积极与消极两类：所谓积极权能，系指经营权作为物权之一种所蕴含之权利内容及其实现方式；所谓消极权能，系指经营权作为他物权、从物权，原权对其权利内容及实现方式之限制与约束。

一　经营权积极权能

（一）支配力

所谓支配力，系指物权人对特定之物及特定财产、权利所享有的支配、管控、收益权利。按照物权法原理，支配力一般包括自由支配、直接支配、完全支配三种情形。②

土地经营权作为用益物权之低阶位权利，尚受制于身份性承包权，其支配力仅限于对土地之实际占有、使用、收益以及对经营权本身之处分。

经营权人以自力占有经营、入股、转让等方式进行处分殆无疑义，

① 转引自〔美〕艾伦·沃森《民法法系的演变及形成》，李静冰、姚新华译，中国政法大学出版社，1992，第193页。
② 参见刘云生《物权法》，华中科技大学出版社，2014，第13~16页。

经营权是否可设定抵押？以物权理论而论，与入股、转让一致，抵押亦属于物权人处分权之一种。征诸传统中国乡村经济发展，此类担保方式极为发达，物权人在获得必要资本时，土地市场化目标亦相应实现。自宋代以来，中国人口逐步增加，人均地亩数量总体呈下降趋势。[①] 而明清经济的飞跃式发展，则是地权经营模式市场化的必然产物。[②] 进一步追溯传统中国地权结构，土地权利"倚当"（抵押）至为常见，成为乡村经济融资、劳动力转换、土地经营模式推进的重要手段。"倚当"出现于后周广顺年间并逐步合法化。因此类担保仅涉及土地用益权、经营权，不涉及土地所有权，故其产生之初，限制甚严，要求身份性保证，"其有典质、倚当物业，仰官牙人、业主及四邻同署文契"。[③] 延及南宋，土地倚当已成为一种完善而灵活的土地权利制度，其核心要旨有两方面值得反思：其一，土地权利倚当纯以当事人（土地所有权人、土地使用权人）自由意志为中心，官府对该类融资手段既不设定形式要件予以规范、限制，也未从该类土地流转收取任何费用，此即所谓"不批支书"，"不过税"；其二，"倚当"实现了土地的立体化功能，一方面提供了生存、生产保障，另一方面又衍生为有效的融资手段，可谓两得其便。就所有权或使用权层面而言，"倚当"并不必然导致权利的移转，倚当成立也不以转移所有权或使用权为前提（"不过业"）。此外，以土地使用权或经营权设定抵押，抵押人在获得资金的同时，其使用权或经营权不受影响（"不离业退佃"）。由此，土地的生存保障功能与土地的融资功能同时实现，此点构成宋代土地经济的独到特色，民间经济行为的价值取向也自然倾向于宁取倚当不言典卖，既满足了稳定所有权之心态，避免陷于道德窘迫与生存失据，亦缓解了资金压力。[④]

（二）对抗力

所谓对抗力，系指物权人可因自身物权而排除、限缩其他人之权利。

---

① 参见赵冈《历史上农地经营方式的选择》，《中国经济史研究》2000 年第 2 期。

② 关于此点，海外学者，主要是加州学派学者均有较多论述，如弗兰克《白银资本》，彭慕兰《大歧变》，王国斌《转变的中国——历史变迁与欧洲经验的局限》，李中清、王丰《人类的四分之一：马尔萨斯的神话与中国的现实》等论著可资参阅。

③ 《五代会要》卷二六。

④ 参见刘云生《中国古代契约思想史》，法律出版社，2012，第 150～154 页。

基于其物权属性，经营权一经设立，不仅具有支配力，同时亦产生抵抗力。经营权人可对抗任何不特定主体及集体所有权人、农户承包权人之非法限制或侵害。

（三）优先效力

基于支配力与对抗力，优先权问题应运而生。就未来经营权而言，如下问题必须解决。

第一，立法、司法层面，身份性优先权与物权性优先权序位问题。根据立法文本与司法解释，本集体经济组织内部成员对集体土地承包经营权之转让享有优先权，此点已详前述。但当经营权权利期间届满，集体经济组织成员与外部经营权人在同等条件下对同一承包权项下之经营权主张权利时，何种权利优先？

笔者主张经营权人权利优先。理由如下。

（1）如系本集体经济组织成员，其已然享有承包权与经营权；即便不享承包权与经营权，亦得以成员权享有集体收益及失业保险。

（2）有利于稳定土地现实经营状况。经营权人为现实占有人、使用人，其权利之物权属性应当优于单纯的集体经济组织成员之身份权。

（3）有利于经营权人持续投资，提高土地经营效率。优先权序位之法权设定，必然增强现实经营权人之预期，持续追加投资，改善地力，不断提高土地效率，避免对土地进行竭泽而渔式经营。

（4）有利于节约经营成本。现实经营权人在经营模式创新、市场信息搜集甄别、人际网络构建、劳动关系稳定等方面有着明显优势，保障其优先权亦可节约经营成本。

第二，优先效力与排他效力之关系问题。有学者认为，将优先效力与排他效力并列于种属概念上易生混乱，且"'排他效力'的内容完全可以包含于优先效力的内容中，而其独立亦并未使优先效力的概念更为清晰、范围更加明确"，进而主张以优先效力涵括排他效力。[①]

实则就逻辑层面考察，优先权为果，排他力为因；就制度功能而言，优先权之设则为实现排他力。无论逻辑因果，抑或制度功能，二者均有内在联系，但其发生时段、实现方式多有差异，不宜倒果为因，更不宜李代桃僵。

---

① 钱明星：《论物权的效力》，《政法论坛》1998 年第 3 期。

二　经营权消极权能

（一）限定性

所谓经营权之限定性，系指经营权之权利内容受制于集体土地所有权与农户承包权。具体而论，根据《民法典》、《土地管理法》、《农村土地承包法》及《农村土地经营权流转管理办法》等法律法规及双方契约，经营权人：第一，不得改变土地用途从事非农经营；第二，应当具备农业经营能力，为强化农村土地之用途管制及有效利用，我国立法要求农村土地承包使用权之受让人须具有农业经营能力；第三，不得对抗集体土地所有权人（发包人）对承包土地之合法、合理调整；第四，当所有权人依法收回承包地，经营权落空，经营权人仅能主张赔偿损失与补偿投资，而不得主张物权性权利，如继续占有土地而为经营，返还土地及其附着物，等等；第五，当国家征收集体土地，集体土地所有权与农户承包权同时消灭，经营权人仅能主张参与分配土地征收补偿款而不得以物权对抗。

（二）从属性

所谓经营权之从属性，系指经营权之产生、存续、消灭不仅间接从属于集体土地所有权，还直接从属于农户承包权。

首先，经营权产生于经营权人与农户承包权人之间的流转合同。其次，经营权存续期间受制于承包权存续期间。最后，如农户承包权因征收、承包权被收回、土地灭失等而消灭，经营权随之消灭。

三　优先权体系化位置问题

在物权债权二元区分模式下，优先权应当归属于债权体系还是物权体系？我国学者之见解截然而异，其或有学者直接主张优先权并非私法关系。例如，有学者强调优先权具有支配性、优先性、从属性、法定性、不可分性、物上代位性、变价受偿和一定条件下之追求性等担保物权特征；[①] 有学者则强调优先权系就特种债权（工资、生活费、税收、司法费用、扶养费用等）而生之支付关系，应属于公法关系而非私法上之债

---

① 参见申卫《优先权性质初论》，《法制与社会发展》1997 年第 4 期。

权关系，不应视优先权为一种担保物权。① 前一观点显属秉承德国、日本、我国台湾地区民法理论而致，后一观点则过分强调优先权之公法性质而忽略了优先权之私法内涵。

综合考察优先权之产生路径及其制度价值，优先权因法权关系不同，可分为公权性优先权与私法性优先权，两者本不宜同列并论；就私法性优先权而言，可分为优先购买权与优先受偿权两类，亦不宜混淆不分。

农村土地经营权理应属于私法性优先权中之优先购买权，应划归物权为宜。

首先，土地经营权人系现实物权人，实际占有、使用特定土地，现实物权理应优先于身份性应然权利。公益性、人道主义等优先权姑置不论，身份性优先权多属于传统亲属、地邻，且受"业不出户"观念影响，此类身份权利与价值立场于当今社会不宜过度提倡、维护，否则难以实现土地权利之市场化。②

其次，优先权虽然产生于债权之设定，但一经设立，则经营权人不仅能对抗原物权人，亦能对抗且可优先于序位在后之物权人。此点前已论及，兹不赘述。

最后，优先权基于排他力，于一定条件下尚有物权追及力，可辗转追及于第三人以实现优先权。

第三节　土地经营权功能识别

《意见》明确区分农户承包权与土地经营权，土地经营权由身份性权利体系中获得独立，不仅会突破现行立法之局限，还可打破农村土地

---

① 参见董开军《担保物权的基本分类及我国的立法选择》，《法律科学（西北政法学院学报）》1992 年第 1 期。

② 如传统中国亲邻优先权实质上为优先购买权，但需以身份为前提。宋元以来，亲邻优先权体系于立法、司法、习惯法三大层面均趋成熟且受法律强行保护。如元代亲邻之法，亲、邻有其一，则可主张优先权。无论是血缘，还是地缘，甚或唐宋以后行会所形成的业缘以及明清以来各江湖社团（会馆、公所），均以身份为重，这是宗法制度或受宗法制度影响的必然结果，于优先权而言，具备了某一身份，则可行使其权利，否则即为"妄执亲邻"，不仅为习惯法所不容，亦会受官府严惩。参见刘云生、宋宗宇《中国古代优先权论略——概念·源流·种类》，《重庆大学学报》（社会科学版）2002 年第 3 期。

产权僵局，实现农地经营效益之长足增长。其功能识别可从如下四方面进行考量。

一　强化土地权利自治

（一）感性与理性：农民角色认知的两极

长期以来，我国农村土地法权设计与政策制定之所以出现偏失，大多是基于对农民角色认知发生错误，认为农民是狭隘的"小生产者"，是自给自足的缺乏理性诉求的落后生产力代表。此种认知导致对农民权利的限缩甚至消解，造就了乡村大面积的区域性、阶层性贫困。

20世纪90年代中期，诺贝尔经济学奖获得者肯尼斯·约瑟夫·阿罗（K. J. Arrow）秉持自由主义学说命题，在承袭"经济人"假设基础上，进一步强调理性人必然是自私的人。在对经济问题进行分析研究时，其理论是否具有合理性，一个基本的标准即为其所运用分析、解释社会经济问题的经济学理论是否基于个体行为及其反应。[1] 此点有利于分析农民对土地功能的自我认知及其行为模式选择。

在对土地功能的认知上，理论上存在斯科特（J. C. Scott）农民道德经济说与波普金（Samuel L. Popkin）农民理性经济说两种完全对立的学说，此可视为农民经济学假设的经典标本。1976年，斯科特出版《农民的道义经济学：东南亚的反叛与生存》一书，提出了以"亚洲传统集体主义价值"为中心的"道德农民"理论，认为亚洲农民传统上认同小共同体，全体农民的利益高于个人权利；社区习惯法的"小传统"常常通过重新分配富人的财产来维护集体的生存。[2] 该一观点引发了波普金的强烈反驳。1979年，波普金在其所著《理性的农民：越南农村社会政治经济学》一书中，认为越南农民是理性的个人主义者，群居的村落仅仅为空间概念而并非利益认同纽带；各农户在松散而开放的村庄中相互竞

---

[1] K. J. Arrow, "Methodological Individualism and Social Knowledge," *American Economic Review*, 84 (2), May, 1994.

[2] J. C. Scott, *The Moral Economy of the Peasant: Rebellion and Subsistence in Southeast Asia*, New Haven, 1976.

争并追求利益最大化。① 并且认为农民是典型的理性人，是一个在权衡长短期收益后，为追求最大利益而作出合理生产抉择的人。②

（二）农民自致机制约束条件

但上述理论时至今日仍然难以在土地立法和政策制定方面起主导作用，农民自致机制缺乏制度支撑，产生了如下严重后果。

首先，农民个人并非独立的决策者。基于农村土地强大的社会保障性质，依国家农村经济政策与现行土地承包立法，集体作为土地所有权人进行发包时，其合同相对方只能是农村家庭（农户）而非农村家庭之具体成员。有学者认为不发达国家经济行为的关键症结即在于此。③

其次，农地功能无论是从理性认知还是从经验实证层面均受限于基本生产条件的约束，导致生产⇔消费⇔再生产的内循环，而不可能步入全面市场化轨道。于现行农地产权模式下，农户既是生产单位，也是消费单位，生产决策与消费决策密不可分。有鉴于此，农民只能部分地或不完全地参与市场，其制度刚性表现为：依靠农地进行的生产行为只能在满足自身生存前提下，才会进行满足市场需求的生产。④

再次，鉴于农地产权的不明晰、不完整特性及其功能的封闭性、生存性等特征，作为土地经营权人的农民阶层处于不对称信息、不完全竞争、不完善市场的市场失灵困境中。⑤ 虽然部分学者一再强调中国农民属于理性农民，论证其行为预期、行动意愿以及行动方式均试图突破现有约束条件最大限度地增进自身福利或利益最大化，但不可否认的是，作为不发达国家的中国农户不得不面临信息不对称、市场分割且不完善以及高度不确定性等约束性条件的限制，甚至对土地的市场价格丧失敏

① S. L. Popkin, *The Rational Peasant: The Political Economy of Rural Society in Vietnam*, Berkeley: University of California Press, 1979, p. 2.

② S. L. Popkin, *The Rational Peasant: The Political Economy of Rural Society in Vietnam*, Berkeley: University of California Press, 1979, p. 2.

③ J. E. Stiglitz, "Economic Organization, Information, and Development," in Chenery H. and Strinivasan T. N. (eds.), *Handbook of Debelopment*, Vol. 1, Elsevier Science Publishers, 1988.

④ F. Eillis, *Peasant Economics*, Cambridge: Cambridge University Press, 1993.

⑤ A. Kochar, "An Empirical Investigation of Rationing Constraints in Rural Credit Markets in India," *Journal of Development Economics*, 53, 1997; Fafchamps and Lund, "Risk Sharing Networks in the Rural Philippines," *Journal of Development Economics*, 71, 2003.

感性，最终导致自致机制的弱化。

最后，基于农地产权的塑造与土地增值利益产生的必然性，公权力自我授权介入农村土地增值利益分配环节，通过制度寻租，获取土地增值利益的最大部分，最终导致农民阶层权利失衡。按照布坎南的租金理论，租金的产生源自供给弹性的缺乏，而供给弹性不足既可能是基于生产要素的自然性质，也可能是基于行政管制或政府干预。[①]

（三）经营权模式下的权利自主

农村土地经营权独立于身份性承包权，一定程度可以缓解上述制度刚性所带来的不良效应。

脱胎于理性主义哲学体系与古典经济学理论的现代社会学的基本命题是：每个个体，无论身份地位何等卑微，其从出生开始即为能动的行动者或"被驱动的策略家"（the motivated tactician）。[②] 作为一种自然法意义上的个体存在，每个个体均须通过与社会语境中的多元力量进行争斗和博弈，借此形塑自我意象，建构自身独特而动态的完整生命（the whole person）。[③]

在集体土地所有权、农户承包权、土地经营权三权分置模式下，农民对土地权利的物权属性势必赋予农民对土地权利的自由处分权，使之享有相当于土地所有权人的权利，不仅可以对抗不特定的第三人，亦可于一般情形下对抗所有权人——集体。此点必然加速土地商品化过程，有利于在全国形成较为统一的土地市场及其相应的价格体系。同时，集体或集体经济组织之土地管理功能将渐次消弭，成为真正的合同当事人，以所有权人身份享有土地利益；其组织功能亦渐次恢复村民自治组织身份，有效完善乡村治理结构，实现更高层面的乡村自治，最终打破城乡壁垒，推进土地、资本、劳动力的全面市场化，促进城乡和谐发展。

---

① J. M. Buchanan, "Rent Seeking and Profit Seeking," in J. M. Buchanan, R. D. Tollison & G. Tullock（eds.）, *Towaed a Theory of the Rent-Seeking Society*, Texas: Texas A & M University Press, 1980, pp. 3-5.

② 参见方文《群体符号边界如何形成？——以北京基督新教群体为例》，《社会学研究》2005年第1期。

③ 参见方文《转型心理学：以群体资格为中心》，《中国社会科学》2008年第4期。

二　推进农地规模经营，实现土地效益增长

在农村土地权利构建中，独立的经营权属于一种新型权利，虽系从身份性承包权中分解而出，但较之于现时的法权模型，不仅从理论上可为用益物权体系之完善提供动力机制，亦能有效推进农地规模经营，实现农地效益的增长。

（一）法权分化与用益物权体系的形成

从制度演化角度考察，各类他物权均产生于对所有权体系之突破与权能之分解，二者均发生于罗马法时期。其具体路径有二：一是法学家对新的物权类型所进行的"解释"（interpretatio prudentium）为他物权之产生提供了学理支撑；二是裁判官运用特别程序对上述他物权予以特殊保护。如当所有权人向用益权人主张"所有物返还之诉"（vindicatio）时，用益权人可提出"确认之诉"（actio confessoria），请求裁判官确定所有权人之所有物上存在用益权；而所有权人对此必须提出"否认之诉"（actio negatoria），借此维护其所有权之完整性且不受任何限制。[①]最终，来源于所有权但又独立于所有权之全新他物权体系形成并于罗马法中一枝独秀。

他物权拓展了所有权之功能，实现了所有物之最大化、最优化利用，于学理上更拓宽了物权体系结构。以罗马法用益权为例，基于所有权人之授权，用益权人得就所有人之土地、房屋进行支配、收益并有权对用益之物进行改良但不得恶化其财产状况。用益权人不仅可在土地上耕种，还可在不影响耕地前提下就用益地下之矿产进行开采、对房屋进行修饰性改进，但不得扩大房屋或拆解房屋上任何有用部分。同时，用益权人不仅可以自己使用收益物，还可将用益权给予他人或出租、出卖给他人。更重要的是，用益权还可经由所有权人或用益权人同意成为质权或抵押权之标的。[②]由此，所有权之外由用益权、租赁权、使用权、质权、抵

---

① 参见〔意〕路易吉·卡帕格罗西·阔罗内塞《所有权和物权：从罗马法到现代》，薛军译，载费安玲主编《学说汇纂》（第2卷），知识产权出版社，2009，第16~17、23页。

② 参见〔古罗马〕乌尔比安《论萨宾》（第17卷）、（第18卷），〔古罗马〕马尔西安《论抵押规则》，载〔意〕桑德罗·斯契巴尼选编《物与物权》，范怀俊译，中国政法大学出版社，1999，第129、134、139页。

押权等权利构建之他物权体系日趋扩展，推动了罗马法时期社会、经济、文化之全面发展，亦从立法、司法、法学研究各方面推动了罗马法之系统化。

（二）所有权的进化与土地私有化

就历时层面而论，大陆法系之所有权概念源自罗马法之"dominium"，其原初意义系指家父之一般权利或对任何主体权利之拥有。① 王利明先生综合罗马法学家相关论述后认为，所有权（dominium）之形成是地役权（servitus）和用益物权（ususfructus）产生之结果。② 房绍坤先生则认为所有权是上述两种权利产生之前提，或者说，所有权构成地役权与用益物权之基础。只是早期罗马法之所有权并非近现代意义上之私人所有权，而是公有意义上之所有权——古罗马时期，土地属于村社公有，耕地役权之存在即表现为对村社所有权之依赖。③ 也正是基于上述史实，格罗索认为："早期的乡村地役权是从早期的所有权——主权原型中产生出来的。"④ 从私人所有权之产生角度而言，王利明先生之观点固无不当；而从公有所有权角度而言，房绍坤先生之观点亦切近历史真实。由此不难看出，于公有制下，特别是在土地等重要资源属于社群所有之公有型所有权项下，私人所有权之空间至为狭窄；唯有在相关资源归属于私人所有之前提下始能产生近现代意义上之所有权。也正是从该意义出发，法学家伯尔曼在《法律与革命》中指出，与近现代民法之绝对所有权相对比，"封建所有权在各个方面通常都是有限的、共同的"。⑤

就共时层面而论，土地所有权作为自然增值的权利载体，仅仅是土地增值的一个方面，土地使用权同样是自然增值的有效权利载体。土地所有权人对土地增值利益的分享必须建立在与土地使用权人共享的基础上。征诸西方经验，梅因在《古代法》中曾论及永佃权制度以及由永佃权制度产生的双重所有权，认为远在古罗马法时期，市政当局为反对大

---

① 参见〔意〕彼德罗·彭梵得《罗马法教科书》，黄风译，中国政法大学出版社，1992，第196页。
② 参见王利明《物权法论》，中国政法大学出版社，1998，第209页。
③ 参见房绍坤《用益物权与所有权关系辨析》，《法学论坛》2003年第4期。
④ 〔意〕朱塞佩·格罗索：《罗马法史》，黄风译，中国政法大学出版社，1994，第114页。
⑤ 〔英〕伯尔曼：《法律与革命》，高鸿钧等译，中国大百科全书出版社，1993，第381页。

地产（latifundia）将土地分割为特有产，故而将纳税地（agrivectigules）出租甚至永久出租。出租契约中，佃农对土地具有有限的所有权并可以"物权诉讼"对抗所有权人，此种约定经裁判官认可后，永佃权制度由此产生，佃农只需要按期交付租金（canon），即可享有自由经营土地的权利而不受土地所有权人之干扰。梅因进而认为，此种双重所有权局面的形成起源于罗马衡平法对所有权的影响，并最终在封建社会时期形成了地主的高级所有权和佃农的低级所有权，从而使英国佃农在衡平法上享有所有权。① 延及近现代资本主义社会，各国民法典纷纷对土地用益物权强行加以保护。换言之，国家通过立法对土地所有权人之所有权加以限制，从而赋予土地使用权人相对自由的权利，一来协调所有权人与使用权人之经济利益，二来稳定社会经济秩序，三则充分利用土地资源，毋使荒废。有的国家之发展趋势更为可喜，如德国，国家和集体以私法人身份与土地使用权人形成投资、融资法律关系，彻底摆脱行政控制，使传统永佃权焕发出新的光辉。② 俄罗斯民法典性质的根本转变也体现在确立了土地等不动产的私有权，规定公民或法人可对土地等不动产享有所有权，使土地恢复到可自由交易或流转的民事法律关系客体，减弱了对土地的公法控制，增进了私法性权益。其立法虽具有戏剧性，但在恢复民法之"私法"身份方面确乎为其他同性质的国家完成社会转型提供了有益借鉴。③

三　维持利益平衡

所有权的历史分化与个体所有权的产生源于用益物权的制度竞争和利益分配机制。在土地效益的刺激下，所有权人不断让渡土地权能，承担他人使用土地的容忍义务或土地负担，通过建立合理而公平之土地利益分配机制，实现土地效益优化。

经营权能有效调节与农户承包权、集体所有权之间的关系，在土地效益增长前提下实现利益分配的合理化，此点可借鉴永佃权运作机理。传统中国永佃权制度的实质是通过使用权限制所有权，最终实现利益平

---

① 参见〔英〕梅因《古代法》，沈景一译，商务印书馆，1996，第 168~170 页。
② 参见孙宪忠《德国民法对中国制定物权法的借鉴作用》，《中外法学》1997 年第 2 期。
③ 参见鄢一美《俄罗斯第三次民法法典化》，《比较法研究》2000 年第 1 期。

衡。其具体表现为：使用权人（佃户）可自由处分其相关权利，如继承、出租、典卖佃权为其大宗，而地主则无权任意撤佃（俗谓"只准佃辞东，不准东辞佃"）。土地用益物权人为确保自己的利益均在合同中强化使用权而淡化所有权。延至明清时代，民间为遏制所有权，将同一田产分割为田骨权（所有权）、田皮权（耕种权）两种，田皮权人可自由买卖、出典、出租其田皮权，原所有权人无权过问，最终导致一田二主甚或一田三主等社会经济现象，其价值核心即通过使用权规避和限制所有权。田皮权人所享有的权利实则已近于所有权人，地主与佃农的权利关系也接近于上述罗马法中的高级所有权和低级所有权。而民间所谓"金皮银骨"之现象表明所有权转移过程中田皮权价值远高于田骨权。从历史层面考察，田皮权之产生直接导致了中国农村土地于明清两代业已形成"两权分离"局面，使用权人取得了全面性胜利，为恢复社会经济提供了动力保障，也丰富了中国民法内涵，其制度性价值于今时之农村地权改革及社会转型不无借鉴意义。

第四节　博弈格局中的法权变革

《决定》与《意见》必然带来新一轮法权变革，而任何法权变革，必然带动新的利益博弈。毋庸置疑，无论是《决定》还是《意见》，都是在革除乡村地权痼疾前提下，参照合理化改革模板后进行的一种制度设计。

一　法律→←政策：冲突与调适

博弈格局中第一序列竞争是法律与政策之博弈。如前所述，中国每一轮的土地改革都是政策先行，待推行无碍时，继之以法律固化。先行试验、试点甚或试错并经政策调控、推进、检验，一定程度会增强法律之实效性。但政策毕竟是一种短期内针对特定对象进行的目的性调控，与成文法所具有之稳定性、系统性、权威性、程序性、外部性等优势不可同日而语。[①]

---

① 参见刘云生《制度变异与乡村贫困——中国农村土地利益分配法权研究》，法律出版社，2012，第19页。

　　更重要的是，即时性政策如果与现行法律出现冲突，在新的法律未面世之前，如何调适政策与法律之冲突？以土地经营权为例，目前亟待解决的至少涉及三大冲突。

（一）物权法定原则

　　如前所述，我国原法权体系中并无独立的农地"经营权"或"土地经营权"之权利类型，《意见》之"土地经营权"与"物权法定"原则尚存在如何协调等问题。

　　《农村土地承包法》修正案及《民法典》的次第颁行、实施，土地经营权已然成为一种法定物权类型，消弭了原政策指向与原法律文本之间的差异。

（二）经营权抵押禁止与开禁

　　就理论层面而言，承包权基于其身份性特征及其功能特殊性，不能成为抵押权客体。但其派生的经营权作为单纯的财产性权利理应成为抵押权客体。但在实际操作中，《民法典》颁行前，经营权抵押不仅涉及物权法定原则的限制，还涉及法律禁区。《担保法》第 37 条、《物权法》第 184 条明确规定集体所有的土地使用权不得抵押。

　　《民法典》第 399 条删除了耕地抵押禁止的表述，显然是为了对接《农村土地承包法》修正案及政策文本层面的三权分置法权体系，为未来深化农地改革预留空间。但《民法典》并未就耕地担保进行具体、全面的制度设计，第 399 条如何与其他法律和政策文本实现无缝对接就成为当务之急。

（三）合同效力认定

　　《民法典》颁行前，因法律设置禁区，经营权抵押合同会面临效力性判断之无效命运，只能通过对"物权法定"原则进行扩充解释并通过"合同自由"原则稀释、中和法律禁区与政策指向之间的矛盾。

　　《民法典》实施后，土地经营权合同效力自不待言，根据《民法典》第 341 条，流转期限为 5 年以上的土地经营权，自流转合同生效时设立。

二　国家→←集体→←农民

　　第二序列竞争表现为国家、集体、农民三者之间的利益博弈。

（一）制度借鉴

就土地之公共自然资源属性而论，国家、集体、农民三者关系可参酌永佃权制度价值进行改良，在落实、放活经营权的前提下实现利益共赢与共享。[1]

永佃权制度之内在价值取向是佃户之使用权足以与地主之所有权相抗衡，该种价值取向实则是国家、地主与农民三大利益主体围绕赋税和地租两大基轴而进行的相互利益平衡的结果，从而使土地利益的获取与分配分别受公法与私法支配。就地主与佃农之间关系而言，佃农获取土地用益物权必以该种权利可自由行使与处分为宗旨，否则其权益始终受所有权人之限制甚或侵夺；就地主而言，如果其不愿意放弃对土地之直接经营权、管理权，则其土地即有可能荒芜，不仅得不到土地利益，还要支付相关费用维护土地之固有形态或价值，使其不致贬值。应该说，永佃权制度之产生是大地产向佃农的一次历史性妥协。就官府与地主之间关系而言，大地产导致土地高度集中，无数农民无地可耕，必然导致整个社会劳动力的绝对剩余，除一部分农民被吸纳进城市外，大部分农民仍然世居农村，如果不对地权结构加以调整，必然导致农村社会贫富差距加剧，最终使无地农民联合起来夺取土地，爆发社会性革命，直接危及统治阶级之统治。因此，无论是从维护统治稳定的角度还是为了施行仁政的角度，国家开始强行干预民间土地权利结构，凭借国家权力强使地主转让部分土地权利。但随之而来的问题便是：国家之财政收入大部分来自农村地主缴纳之赋税，如过分削弱地主之土地利益，势必导致国家财税的降低，面对此项两难选择，国家认可了民间经济生活独创的永佃权制度并将土地税负直接摊派到土地本身，既化解了因土地高度集中带来的社会矛盾，又稳定了现实农村土地所有与利用之间的关系，两得其便，不失为明智之举。

（二）法权设计

就法权设计的历史演变规律层面考察，集体作为所有权人和农民作为承包权人、经营权人也能实现利益有效整合与合理分配。所有权可划

---

[1] 刘云生：《永佃权之历史解读与现实表达》，《法商研究》2006年第1期。

分为完全所有权与单纯所有权两种类型。所谓完全所有权（property/right of property），系指涵括所有权各项权能及其相应利益的完整所有权。所谓单纯所有权（ownership/mere ownership），系指仅表明所有物的归属或领有关系但并不具有各项权能的所有权。如此划分所有权的意义主要表现为：从理论形态上讲，单纯所有权仅仅表明所有物之归属，置重于物的法权属性，而完全所有权不仅仅表明物之所属等法权关系，更置重于所有人对所有物之现实利用、支配并借此收益等权利实现方式；从实体效能上讲，上述区分有利于全方位、多层次实现所有权，增益所有物之价值。具体而言，将所有权划分为单纯所有权与完全所有权，能有效实现所有权与经营权两权分离（separation of ownership and management）。[①] 易言之，单纯所有权仅仅表明所有物之权属关系，是法权模型的学理构造与制度设计，不可能促进所有物之价值完整实现，而完全所有权则在确证所有物权属前提下，可实现所有物与所有人之分离，通过让渡所有物之占有、使用、收益（如租赁、借贷）甚或处分权能（如行纪、信托），更为充分实现所有物之效用，增益所有物之价值。

三　承包权→←经营权

第三序列竞争表现为承包权与经营权分离后两者之间的利益博弈。关于城市工商资本获得经营权后与农户承包权之间的利益博弈是农村土地股份制改革的核心，此点留待下面章节详细讨论。

此处讨论的问题是：在承包权与经营权分离模式下，就土地利益本身双方当事人可以通过合同进行利益分配与风险分担，实现利益平衡。但在涉及相关公权性利益享有问题上，目前承包权与经营权之矛盾尚难解决。典型的例证如国家的各类农业补贴究竟应归属于承包权人，还是经营权人？

笔者在重庆市南川区与四川省绵阳市进行定点调研时发现，此类矛盾极为普遍，如不解决，势必影响股份制改革之落实与推行。对于国家各类农业补贴，农户认为系国家对农户之补贴并且属于"直补"性质，

---

① J. L. Hanson, *A Dictionary of Economics and Commerce*, Macdonald & Evans, Plymouth, UK., 1977.

理应归承包权人享有；经营权人则认为，国家补贴属于农业补贴，属于一种产业扶持，应当"谁种地谁获益"，此类补贴理应归经营权人。但现实的状况是：基于经营权未来的巨大收益预期和农户承包权的强大地方势力与承包权身份优势，经营权人迫于无奈认可了目前补贴利益归农户承包权人享有，但其内心不平溢于言表。如何评价如此利益博弈格局并实现利益公平分享，将是农村土地股份制改革之一大重点。

第九章 土地入股的政策表达与概念归位

农村土地股份制改革在民间已经探索、实践多年，出现了诸多运作模式。《决定》和《意见》在此基础上进行了原则性规定，但具体如何构建法权体系、如何落地实施、如何防范可能的风险是改革过程中必须加以研究的重大问题。

第一节 政策文本中的"入股"与"股份"

一 文件表述

文件中三次提到"入股"。《决定》第11条指出："建立城乡统一的建设用地市场。在符合规划和用途管制前提下，允许农村集体经营性建设用地出让、租赁、入股，实行与国有土地同等入市、同权同价。"此条解决城乡土地差别问题，旨在建立统一建设用地市场，但前提有四：统一规划；用途管制；仅限于集体经营性建设用地；同等入市、同权同价。其中，原则性的统一规划自属必要，但已经进入统一市场的农村集体经营性建设用地为何还要求用途管制？所谓用途管制，是为了确保农村土地的农业生产用途。一方面要求统一规划、同等入市，另一方面又要求农业用途，二者无论是在逻辑上，还是在价值上都难以兼容。同时，同权同价在中国广大的土地市场中既不现实，也违背基本土地市场规律。

《意见》第18条指出："引导和规范农村集体经营性建设用地入市。在符合规划和用途管制的前提下，允许农村集体经营性建设用地出让、租赁、入股，实行与国有土地同等入市、同权同价，加快建立农村集体经营性建设用地产权流转和增值收益分配制度。"此条系对《决定》第11条的细化，强调"引导"和"规范"，说明农村经营性建设用地入市之宗旨是加快产权流转与增值收益分配。

《决定》第20条指出："稳定农村土地承包关系并保持长久不变，

在坚持和完善最严格的耕地保护制度前提下，赋予农民对承包地占有、使用、收益、流转及承包经营权抵押、担保权能，允许农民以承包经营权入股发展农业产业化经营。鼓励承包经营权在公开市场上向专业大户、家庭农场、农民合作社、农业企业流转，发展多种形式规模经营。"此条确证了农民承包经营权入股，旨在发展农业产业化规模经营。对于此点，《意见》作了矫正，分离集体所有权、农户承包权、土地经营权，但没有界定土地经营权是否能够入股的问题。只在第17条回归"承包经营权"概念，赋予该项权利"抵押、担保权能"；同时，在土地经营权项下，单独说明"允许承包土地的经营权向金融机构抵押融资"。① 第21条于"发展多种形式规模经营"项下，"鼓励有条件的农户流转承包土地的经营权"，逻辑上将土地经营权抵押视为流转方式之一种。

与此同时，文件三次提到股份制改革问题。

《决定》第21条指出："保障农民集体经济组织成员权利，积极发展农民股份合作，赋予农民对集体资产股份占有、收益、有偿退出及抵押、担保、继承权。"此条系以保障农民成员权为目标，强化农民股份合作及其对集体资产股份制的各项权利。

《意见》第22条指出："扶持发展新型农业经营主体。鼓励发展专业合作、股份合作等多种形式的农民合作社，引导规范运行，着力加强能力建设。"此条重在强化农民经济组织形式并提出了股份合作社系加强农民能力建设之重要手段。

《意见》第33条指出："推动农村集体产权股份合作制改革，保障农民集体经济组织成员权利，赋予农民对落实到户的集体资产股份占有、收益、有偿退出及抵押、担保、继承权，建立农村产权流转交易市场，加强农村集体资金、资产、资源管理，提高集体经济组织资产运营管理水平，发展壮大农村集体经济。"此条系对《决定》第21条之分解，重心旨在保护集体资产股份之分配与经营管理以及保障农民权利。特别是要求集体资产股份可"落实到户"，并对其权利内容进行了列举。

---

① 《意见》第17条指出："完善农村土地承包政策。稳定农村土地承包关系并保持长久不变，在坚持和完善最严格的耕地保护制度前提下，赋予农民对承包地占有、使用、收益、流转及承包经营权抵押、担保权能。在落实农村土地集体所有权的基础上，稳定农户承包权、放活土地经营权，允许承包土地的经营权向金融机构抵押融资。"

有学者将上述三条统一解读，认为农村集体经济组织组建的股份合作社中，股权就是成员权的一种存在形式和表现形态，但又可以自由转让且无碍于成员权身份属性。[①]

二　股份制改革所涉权利类型

综合上述规定，可以看出《决定》中明确能够进行股份制改造者有两类权利：农村集体经营性建设用地（第 11 条）和农民承包经营权（第 20 条），但由此产生了系列问题。

（一）《决定》与《意见》关于经营权入股是否冲突

《意见》没有直接规定土地经营权入股，那么，《决定》与《意见》是否存在冲突，土地经营权能否进行股份制改革？

笔者认为，在土地经营权入股问题上，两者并不存在矛盾与冲突。

第一，《意见》分离农户承包权、土地经营权，真正的目的有二：一是确保身份性承包权之稳定，借此缓解社会保障缺失所带来的社会风险与政治风险；二是"放活土地经营权"，所谓放活，是指农户在遵循依法、自愿前提下，可以对自己的经营权进行法律处分，入股显属处分权之一种。

第二，从逻辑上讲，《意见》明确赋权土地经营权可以设定抵押，而抵押显属处分权之一种，而入股权利之设定就其风险而论，明显小于抵押，但其效益可明显增长。

第三，《意见》强化的所谓"流转"，不仅包括抵押，理应还包括入股。此点在法律上已有明确规定。[②]

[①]　陈小君：《我国农村土地法律制度变革的思路与框架——十八届三中全会〈决定〉相关内容解读》，《法学研究》2014 年第 4 期。

[②]　《农村土地承包法》（2009 年修正）第 42 条规定了农户家庭承包权可以入股："承包方之间为发展农业经济，可以自愿联合将土地承包经营权入股，从事农业合作生产。"此条虽有主体性限制，即入股权利主体仅限于"承包方之间"，但已然明确经营权可以入股。第 49 条则规定了"其他方式"取得之承包权亦可入股："通过招标、拍卖、公开协商等方式承包农村土地，经依法登记取得土地承包经营权证或者林权证等证书的，其土地承包经营权可以依法采取转让、出租、入股、抵押或者其他方式流转。"尤当留意者，本条明确了经营权入股属于"流转"方式之一种。修正案第 36 条、第 53 条径行表述为土地经营权流转，分别规定："承包方可以自主决定依法采取出租（转包）、入股或者其他方式向他人流转土地经营权，并向发包方备案"，"通过招标、拍卖、公开协商等方式承包农村土地，经依法登记取得权属证书的，可以依法采取出租、入股、抵押或者其他方式流转土地经营权"。

（二）经营性建设用地的内涵及类型

依照现行法律规定，集体建设用地一般分为三种：宅基地、公益性公共设施用地和集体经营建设性用地。其中，集体经营性建设用地从逻辑上可以认定：只要不属于宅基地、公益性用地，均可划归经营性建设用地。

由此而论，笔者建议按照功能标准将集体建设用地区分为如下三类。

1. 保障性建设用地

主要用于保障农户及其他从事农业生产、服务主体之居住与生产用地。此类用地又可区分为两种：一类是农村居民宅基地，此种依据现行法律进行统一归口管理；另一类是农业设施用地，此类用地虽然定性为"农用地"〔《土地利用现状分类》（GB/T 21010—2007），一类代码12，二类代码122〕，但其基本功能并非用于直接生产，而是辅助性用地，且不得占用基本农田，笔者主张将其归为建设用地。

《国土资源部农业部关于完善设施农用地管理有关问题的通知》（国土资发〔2010〕155号）于2010年9月30日开始实施，依据《土地利用现状分类》（GB/T 21010—2007），将设施农用地定义为："直接用于经营性养殖的畜禽舍、工厂化作物栽培或水产养殖的生产设施用地及其相应附属设施用地，农村宅基地以外的晾晒场等农业设施用地。"根据该项通知，该类土地既不属于宅基地，又不属于基本农田，而是属于一种保障生产的基本用地，又区分为两类：生产设施用地，系指在农业项目区域内，直接用于农产品生产的设施用地；附属设施用地，系指农业项目区域内，直接辅助农产品生产的设施用地。[①]

2. 公益性建设用地

所谓公益性建设用地系指基于乡村公共利益、公共服务所需之建设

---

① 该通知将生产设施用地列举为四类：（1）工厂化作物栽培中有钢架结构的玻璃或PC板连栋温室用地等；（2）规模化养殖中畜禽舍（含场区内通道）、畜禽有机物处置等生产设施及绿化隔离带用地；（3）水产养殖池塘、工厂化养殖、进排水渠道等水产养殖的生产设施用地；（4）育种育苗场所、简易的生产看护用房等。将附属设施用地区分为三类并作出明确规范：（1）管理和生活用房用地，指设施农业生产中必需配套的检验检疫监测、动植物疫病虫害防控、办公生活等设施用地；（2）仓库用地，指存放农产品、农资、饲料、农机农具和农产品分拣包装等必要的场所用地；（3）硬化晾晒场、生物质肥料生产场地、符合"农村道路"规定的道路等用地。

用地。根据《土地利用现状分类》（GB/T 21010—2007）标准，可明确界定为如下八类，涵盖二级分类编码之 081—088：集体及群众自治组织用地；乡村广播站等传播设施用地；科教用地，用于乡村各类教育、科研试验、技术推广、科学普及等目的；医卫慈善用地，用于乡村医疗保健、卫生防疫、急救康复、福利救助等目的；文体娱乐用地，用于乡村各类文化、体育、娱乐及公共广场等目的；公共设施用地，指乡村基础设施用地，用于给排水、供电、供热、供气、邮政、电信、消防、环卫、公用设施维修等目的；公园与绿地，村庄内部公园、动物园、植物园所需用地及休憩、美化环境所需之绿化用地；风景名胜设施用地，指乡村内所存风景名胜景点及管理机构之建筑用地，包括名胜古迹、旅游景点、革命遗址等。

在现实生活中，此类用地远远超过上述"建设用地"范围，比如以下两类建设用地。一类是乡村墓葬建设用地。此类用地在《土地利用现状分类》（GB/T 21010—2007）中被称为"殡葬用地"，主要指陵园、墓地、殡葬场所用地。但该类用地涉及信仰自由、身份伦理、民族风俗，其内涵、外延远非一个统一的分类标准所能涵括。另一类是宗教基础设施用地，即《土地利用现状分类》（GB/T 21010—2007）标准所包含的用于宗教活动的庙宇、寺院、道观、教堂等宗教自用地。

3. 经营性建设用地

此类用地属于未来市场化配置之最重要类型，系股份制改革的重中之重。此前的农村集体经营性建设用地，一般限于具有生产经营性质的农村建设用地，最典型的为原来所谓乡镇企业用地以及村办企业用地等。但上述分类不可能涵括所有经营性建设用地，故笔者主张通过反证式归纳，将农村集体经营性建设用地定义为：凡以商业性目的使用并获取利润的农村建设用地。根据本定义及《土地利用现状分类》（GB/T 21010—2007），该类土地应当包含如下数类。

（1）农村集体所有但用于商业、服务业的土地，主要指《土地利用现状分类》（GB/T 21010—2007）中一类代码 05 系列土地，具体包括：①批发零售用地，指主要用于商品批发、零售的用地，包括商场、商店、超市、各类批发（零售）市场，加油站等及其附属的小型仓库、车间、工场等的用地；②住宿餐饮用地，指主要用于提供住宿、餐饮服务的用地，包括宾馆、酒店、饭店、旅馆、招待所、度假村、餐厅、酒吧等；③商务金融用地，指企业、服务业等办公用地，以及经营性的办公场所用地，包括写字楼、商业性办公场所、金融活动场所和企业厂区外独立的办公场所等用地；④其他商服用地，指上述用地以外的其他商业、服务业用地，包括洗车场、洗染店、废旧物资回收站、维修网点、照相馆、理发美容店、洗浴场所等用地。

（2）工矿仓储用地，指主要用于工业生产、物资存放场所的土地，主要指《土地利用现状分类》（GB/T 21010—2007）中一类代码 06 系列土地，包括：工业用地，指工业生产及直接为工业生产服务的附属设施用地；采矿用地，指采矿、采石、采砂（沙）场，盐田，砖瓦窑等地面生产用地及尾矿堆放地；仓储用地，指用于物资储备、中转的场所用地。

（3）村社及工矿用地。该类为分类标准中之特殊类别，冠名为"城镇村及工矿用地"。除城镇建设用地外，涉及农村集体经营性建设用地的主要有三类：农村居民点以及所属的商服、住宅、工矿、工业、仓储、学校等用地；采矿、采石、采砂（沙）场，盐田，砖瓦窑等地面生产用地及尾矿堆放地；风景名胜及特殊用地，指上述两类以外用于宗教、殡葬等农村土地，以及风景名胜景点及其管理机构的建筑用地。

（三）宅基地是否可以入股

《意见》第 33 条强调集体资产股份并要求"落实到户"，那么，占据乡村较大面积土地的宅基地是否属于集体资产？是否可以入股？

《决定》第 21 条规定："保障农户宅基地用益物权，改革完善农村宅基地制度，选择若干试点，慎重稳妥推进农民住房财产权抵押、担保、转让，探索农民增加财产性收入渠道。"按照本条规定，不难看出，在强调宅基地用益物权属性的同时，文件的重点在"改革完善农村宅基地制度"；此外，很微妙的是，文件没有称"农民住房所有权"，而是委婉地表述为"农民住房财产权"。由此可以判定，文件的核心要旨是在保障农民的基本居住前提下对集体建设用地进行改革，借此实现土地价值的增值和农民财产性收入的增加。

1. 宅基地是否属于集体资产

揆诸目前立法，自无疑义。1962 年 9 月 27 日，中国共产党第八届中央委员会第十次全体会议通过《农村人民公社工作条例修正草案》，首次明确规定了农村宅基地的公有化，农民不再对宅基地享有所有权，该草案第 21 条规定："生产队范围内的土地，都归生产队所有。生产队所有的土地，包括社员的自留地、自留山、宅基地等等，一律不准出租和买卖。"现行《宪法》第 10 条第 2 款规定："农村和城市郊区的土地，除由法律规定属于国家所有的以外，属于集体所有；宅基地和自留地、自留山，也属于集体所有。"由此，就产权层面而言，宅基地归属于集体所有，农户享有的仅仅是土地使用权，这是《决定》强调农户宅基地属于用益物权的基本目的。

2. 宅基地是否可以入股

宅基地具有保障性，主要用于解决农户基本居住条件，基于此项特性，农村宅基地又具有身份性、无偿性、内部性等特征，详见前述。[①]但此点并不必然引出宅基地不可以入股。理由有如下四方面。

（1）从逻辑层面而论，《决定》虽然加上了"慎重稳妥"的限定词，但明确赋权农民可就自有房屋进行抵押、担保、转让。依据物权法基本原理，一旦债务人不能履行到期债务，则债权人有权请求强制实现抵押权，如此，必然涉及集体所有之土地使用权主体的变更（"地随房走"），宅基地权固有的保障性、身份性、无偿性、内部性原则亦随之被打破，此点必然带动集体土地所有权之资产变动与经营管理模式创新。同时，宅基地权上负载抵押权或是自由转让已为文件所认可，其处分力度、强度、范围均大于宅基地权入股，理当可以推定宅基地权入股应为宅基地权人之固有处分权。

（2）从价值层面分析，宅基地入股不仅可以盘活农民和集体的资产，实现农民、集体的双重利益增长，还会引发全方位的体制性变革，打破目前农村地权立法僵局。厉以宁先生指出，应当允许承包土地使用权和宅基地使用权的入股、置换、抵押或转让。唯其如此，才能打破体制壁垒，实现农村土地的资本化、市场化，带动资本、技术等各大要素的乡村流动。[②]

（3）从法权层面分析，集体作为所有权人，虽然受限于农户宅基地

---

①　参见刘云生《制度变异与乡村贫困——中国农村土地利益分配法权研究》，法律出版社，2012，第 94 页。

②　参见潘颖《厉以宁：应双向推进城乡一体化改革》，《证券市场周刊》2011 年 3 月 14 日。

使用权，但其对土地可以基于更高效益与公平作出统一规划并在与宅基地权人达成合意前提下实现权利再造，进行规模化经营。如湛江霞山区屋山北边村仅有 292 人，于 2008 年设立"屋山北边村股份合作社"，把全村所有土地加上其他的集体固定资产股份化，合计 1.5 亿多元。其中，全村 61 亩宅基地也按照 450 元/亩计入股本，按股分红，实现了全村土地"整体入股"，解决了土地零细化经营问题。

同时，对于违法、违规、违约使用土地的宅基地权人，集体作为所有权人亦有权介入并进行矫正，确保集体土地之保值增值后进行公平利益分配。前举湛江霞山区屋山北边村，宅基地少者人均为 76.58 平方米，而有的人家肆意扩建，收取高额租金，宅基地多者人均甚至达到 346.27 平方米。集体在进行股份配置时，采用宅基地少则股份多、宅基地多则股份少的配置策略，以此调整土地利益。[①]

就使用权层面而论，可区分对待。首先，如宅基地使用权人自己居住，则可视为保障性建设用地；如集体或农户相互之间愿意进行整体改造并进行股份合作，则可就节约出的土地折算股份，转化为集体经营性建设用地。

其次，如宅基地使用权人已经移居城市、城镇并拥有城市户口且有稳定工作与收益，集体可对该部分闲置宅基地进行统一规划、改造，原宅基地使用权人如不愿放弃宅基地权，则可折算股份，但不得实际占有该处宅基地。

再次，对于宅基地使用权人自己不实际居住，而是长期租赁、投资，集体可对该处宅基地进行统一规划并进行商业性经营、获利，原宅基地权人可折算股份、享有股权。

复次，对于宅基地使用权人擅自多占部分之宅基地、自留地，集体可收回集中改造，转化为经营性建设用地，但需补偿占有人建造成本并不得侵害此前之租金收益，亦不能剥夺占有人基于成员权而享有之股权收益分配权。

最后，对于旧村改造、集体土地被征收后进行新村建设、安置房分

---

① 参见肖胤、周敏飞、刘显海《全村宅基地入股实现"整村开发"》，《湛江日报》2009年 5 月 15 日。

配，现有宅基地权消灭，但农户可以选择以原有宅基地入股，由社区股份合作公司作为改造单位对旧村实施改造，以保障社区股份公司集体经济的长期稳定发展和宅基地权人之合法权利。在此方面，深圳市城中村改造有着较为丰富的实践经验。[①]

（4）就实践探索层面而言，沿海地区如深圳、湛江等地早已实现了宅基地入股并探索出新的土地发展模式。深圳市南山区南头街道田厦新村创新了"全国首个"以宅基地入股模式进行城中村改造试点。所谓的宅基地入股，系由村集体所属股份制公司自主开发项目，村民以实际宅基地面积为股份参与项目利润分配。[②] 根据较早前的新闻报道，该项改造工程面积占地达到 3 万平方米，建筑面积达 16 万平方米。但是，必须明确的是：该种模式多用于城中村改造，对此前分散、凌乱之宅基地实现优化利用。更重要的是，此类宅基地改造工程基本上已超越了宅基地原有的保障性功能和简单的居住目的，而发展成为"集住宅、公寓、酒店、写字楼、商业等多元业态于一体的新都市综合体"。换言之，此类改造实则为城镇化、城市化模式改造，仅适用于经济发达地区，不宜成为媒体所谓的"楷模"与"典范"。[③]

第二节　概念归位

虽然农村土地股份制改革在实践中摸索多年，学界关于股份制改革的热情亦有增无减，但就农村土地而言，采用什么样的组织形式进行经营体制改革才是最有效的模式？目前看来，理论上和实践环节都有一些问题亟待厘清、释明，最重要的自然就是基本概念体系的辨明与归位问题。

一　股份公司与股份合作社

目前很多地方虽然称之为股份制改革或改造，但就农村土地经营体系层面而论，大多属于股份合作社而非真正意义上的股份公司；后者往往只存在于土地商品化程度极高且已基本改变农业用途的地区，如佛山、深圳等地。

[①]　参见朱良骏《鼓励以宅基地入股推进改造工作》，《深圳特区报》2008 年 4 月 11 日。

[②]　参见卢育鸿《宅基地入股——村民分新房》，《晶报》2010 年 9 月 11 日。

[③]　参见马琳洁《以宅基地入股破解安置难题》，《深圳晚报》2009 年 11 月 30 日。

股份公司与股份合作社有何区别？

（一）设立目的

股份合作社系农村家庭承包户相互之间为一定目的而组建的互助性经济组织，并不必然以股份公司专司营利为主要目标，重点在为成员提供购销、加工、运输、储藏、技术、信息等服务，借此从事规模化经营，增强市场竞争力，提高土地经营效率。

（二）成员标准

虽然都遵循平等、自愿原则，与股份公司不同，股份合作社的成员相对封闭且带有身份性质。《农民专业合作社法》第4条确立的第一个原则即为"成员以农民为主体"；第20条更规定了具体的内外比例："农民专业合作社的成员中，农民至少应当占成员总数的百分之八十。成员总数二十人以下的，可以有一个企业、事业单位或者社会组织成员；成员总数超过二十人的，企业、事业单位和社会组织成员不得超过成员总数的百分之五。"如此规定与股份公司截然不同，其宗旨无非为防范外来资本逐利动机下的自身利益最大化，确保农户成员内部之利益平衡。

同时，股份公司模式下的所有权、使用权相互分离，股东一经投资不得抽回资本，仅得通过股市交易转让所有权；股份合作社模式下，所有人与使用人具有内在一致性。合作社成员在需要接受服务或业务改变时，可以选择退社并收回入社股金及相关费用。

（三）资本构成

《公司法》等配套性法律、法规对股份公司股东之出资有着极为明确的规定且须经过验资程序；但依据《农民专业合作社法》，农户入社，没有对出资额进行限额，而任由合作社章程自主规定，亦不验资。同时，对于成员在合作社内部的收入却规定得相当具体。如《农民专业合作社法》第42条第2款规定："每年提取的公积金按照章程规定量化为每个成员的份额。"成员在退社时，根据第28条规定，合作社必须"退还记载在该成员账户内的出资额和公积金份额"。

此外，合作社股份既可以是现金资本，亦可以是土地权利。如浙江省绍兴市王坛镇南岸村的"土地股份合作社"，农民将土地承包经营权作为股份，与合作社签订入股合同，农民变为"股民"，既可按股权实行保底分配，年终视经营状况尚可按股权再次分红。[①] 借此摆脱流转价格偏低和动力缺乏等短板，有力促进农地流转，激发农民土地流转积极性并使其从中享有现实利益。

（四）权利体系

与股份公司设立的开放性、资本的稳定性不同，基于合作社的内部性、身份性特征，农户之权利体系除入社权、退社权外，尚享有合作社收益请求权，亦可转让自己的股金或份额。但该类转让不得如股权一样进行市场化交易，而具有内部交易性质。如《四川省〈中华人民共和国农民专业合作社法〉实施办法》第 7 条即明确规定，"农民专业合作社成员账户内记载的出资额和公积金份额可以在本社内转让"。

（五）内部治理

虽然都是委托经营和民主决策，与股份公司"一股一票"不同，股份合作社推行的是"一人一票"。《农民专业合作社法》第 22 条第 1 款规定："农民专业合作社成员大会选举和表决，实行一人一票制，成员各享有一票的基本表决权。"此类表决方式，虽然不利于保护资本优势一方，但对于农村专业合作社而言，该类组织本为"人合"而非"资合"，唯其如此，才能有效保护成员之平等权利。同时，在管理机构表决中，该法第 33 条第 4 款规定，"理事会会议、监事会会议的表决，实行一人一票"。其立法宗旨亦是防范经营投机与分配风险。

如此治理模式是否排斥了大资本的引进注入？对出资额较大或交易量较大的成员是否公平？对于前者，结论是肯定的，此点不利于资本、技术、人才的"三下乡"，还会在平等的表象下牺牲效率。只有通过完全市场化的股份公司化治理才能避免，具体留待后述。关于第二点，《农民专业合作社法》第 22 条第 2 款作了适当的例外性规定，赋予了贡献大、出资多成员之附加表决权，实现了相对公平，有限促进规模化经营。[②]

---

① 参见何超群《追求更大实惠——浙江绍兴县南岸村土地股份合作社成立纪实》，《农村工作通讯》2008 年第 17 期。

② 《农民专业合作社法》第 22 条第 2 款规定："出资额或者与本社交易量（额）较大的成员按照章程规定，可以享有附加表决权。本社的附加表决权总票数，不得超过本社成员基本表决权总票数的百分之二十。享有附加表决权的成员及其享有的附加表决权数，应当在每次成员大会召开时告知出席会议的全体成员。"

（六）公权力介入、调控程度

对于股份公司，公权力介入、调控程度明显高于乡村自治性、互助性的股份合作社。从出资、验资到金融管控、交易流程、内部治理规范、法律责任等无疑比股份合作社严格、规范得多。相形之下，对于农村股份合作社，公权力采用的则是一种优容、扶持、保护策略。

就实体而言，股份合作社享有更多的政策优惠。最常见的有四种。一是产业政策倾斜。由国家出资或支持的各类农业和农村经济建设项目，一般委托有条件的专业合作社实施。二是财政扶持。中央和地方财政根据发展需要，通过安排资金，支持农民专业合作社开展信息、培训、农产品质量标准与认证、农业生产基础设施建设、市场营销和技术推广等服务，对民族地区、边远地区和贫困地区的农民专业合作社和生产国家与社会急需的重要农产品的农民专业合作社给予优先扶持。三是金融支持。国家政策性金融机构和商业性金融机构会采取多种形式，为农民专业合作社提供金融服务。四是税收优惠。

就程序而言，与股份公司相比，股份合作社从设立、注册、登记、刻章、税务登记证申领、银行开户等方面，程序都较为简化便捷。也正是从这个意义上，陈小君教授主张，如果要推行股份制改革，最好采用社区型农村土地股份合作制。其理由为：价值层面，可实现村庄中道路、环境等公益目标，还可有效实现社会保障、劳动力转移，推进教育和农业科技的普及发展乃至社区的和谐稳定；逻辑层面，社区型农村土地股份合作社可兼容土地专业合作社，具备更为深广的逻辑涵摄力。[1]

二　承包权与经营权

承包权作为身份权不宜入股，而经营权作为单纯的财产性权利可以自由入股。二者之间之区别及制度功能、缺陷前已详述，此不赘述。

三　集体经营性建设用地——以现代农业用地功能转换为中心

上节将农村建设用地分为保障性建设用地、公益性建设用地、经营

---

[1]　陈小君：《我国农村土地法律制度变革的思路与框架——十八届三中全会〈决定〉相关内容解读》，《法学研究》2014 年第 4 期。

性建设用地，系就其功能标准进行区分，但上述三类建设用地之用途与功能会随时发生变化，会相互进行转换。如前举保障性建设用地中的宅基地，如果出现多占、闲置、进行商业化运营等情况，则不宜再界定为保障性建设用地，而应划转为经营性建设用地，集体作为所有权人有权与使用权人共同分享其利益，解决农村土地公有制之公平分配问题。再如，公益性建设用地中的风景名胜类土地，如进行商业性开发经营且所有权未发生转移，仍归集体所有，则无论为何人使用，集体均能参与利益分配。

目前较为复杂的是农用地功能转化问题。诸多农用地在向现代农业转化过程中同时实现了功能转型，出现了诸多特殊情形。现以休闲农业用地为例进行考察分析。

第一，就土地利用而论，休闲农业用地已不再是单纯的农业用途，而具有较多的商业开发、运营性质，其效率、效益远远高于单纯的农业产品种植。

第二，就其经营而言，以商业化模式进行农业产品供给和消费服务为主。一般以乡村生活体验（如东北之采摘园）、休闲（如成都之农家乐）、观光旅游（如全国各地的薰衣草基地）、度假（如温泉疗养）为名进行经营。

第三，就产权关系而论，集体与农户之所有权和使用权在强大的利益诱惑和政策引导下形成"合力"，共享经营利润；当开发力度、规模过大，资金短缺时，双方还会联合吸引外资投入，通过转让土地经营权（合同约定一般为转让土地承包经营权，名称一般为"农村土地流转合同"）或以土地权利入股进行联合开发，实现集体、农户、投资商三者共赢。

第四，就土地利用范围而言，上述商品化、市场化转型不仅涉及原农户之宅基地、自留地、自留山、自留林等保障性用地，有的区域已成片区、大面积扩展到承包地。此类转换与拓展早期系由个别农户尝试性地改变土地用途，后来改建成风；集体则由默认到积极运作，统一筹划，形成特色与规模。

第四编
行为特征、模式选择与风险防范

第十章　土地股份制改革的主体制度构造

无论是采用股份公司形式，还是采用股份合作社形式，农村土地股份制改革中的主体制度颇值深究。本章以股份合作社为模本，分析现行法权模型下主体制度构造问题。

第一节　主体资格特性

根据《农民专业合作社法》相关规定，股份合作社之主体资格具有如下特性。

一　身份性

所谓身份性系指股份合作社之成员必以一定的身份为准入前提。

（一）中国公民

《农民专业合作社法》第 19 条首先规定，合作社成员必须是"具有民事行为能力的公民"。此处民事行为能力应当是指《民法典》中的完全民事行为能力人或成年人。[①] 该规定是维持合作社作为经济组织有效运行的基本要件，因为系建立于农户家庭基础上，所以不用担心不具有完全行为能力之限制行为能力人和无行为能力人权利之保障问题。

所谓"公民"，属于公法概念，系指具有某一国籍之自然人。此条规定说明，不具有中国国籍之自然人不得成为合作社成员。

---

① 《民法典》第 18 条规定："成年人为完全民事行为能力人，可以独立实施民事法律行为。十六周岁以上的未成年人，以自己的劳动收入为主要生活来源的，视为完全民事行为能力人。"《最高人民法院关于贯彻执行〈中华人民共和国民法通则〉若干问题的意见（试行）》还特别对"视为"进行解释："十六周岁以上不满十八周岁的公民，能够以自己的劳动取得收入，并能维持当地群众一般生活水平的，可以认定为以自己的劳动收入为主要生活来源的完全民事行为能力人。"

（二）农民

即以现行户籍管理标准，合作社成员必须为农业户口。

（三）特定农户的家庭成员

因家庭联产承包责任制的特殊机制，合作社成员必须是享有承包经营权的农户家庭成员。

（四）特定集体经济组织成员

合作社成员必须具有特定集体经济组织成员资格。

如何取得集体经济组织成员资格？成文法没有统一列举，部分地方立法根据农村实际经验进行了总结。如《安徽省实施〈中华人民共和国农村土地承包法〉办法》第 8 条规定了五个条件：本村出生且户口未迁出的；与本村村民结婚且户口迁入本村的；本村村民依法办理收养手续且户口已迁入本村的子女；刑满释放后户口迁回本村的；其他将户口依法迁入本村，并经本集体经济组织成员的村民会议 2/3 以上成员或者 2/3 以上村民代表的同意，接纳为本集体经济组织成员的。

二　内部性

所谓内部性，系指股份合作社成员相互之间在权利义务设定上具有特定的限制或内部规则。

（一）成员资格不得转让、继承

成员资格以及由此产生之成员权因受身份约束，具有专属权性质，故原则上不得转让、继承，但成员基于成员权所获具体的已量化且可分配财产性收益可自由转让和继承。

根据《农村土地承包法》，继承人原则上仅能继承承包收益和两类承包权。如第 32 条明确规定："承包人应得的承包收益，依照继承法的规定继承。林地承包的承包人死亡的，其继承人可以在承包期内继续承包。"第 54 条规定："依照本章规定通过招标、拍卖、公开协商等方式取得土地经营权的，该承包人死亡，其应得的承包收益，依照继承法的规定继承，在承包期内，其继承人可以继续承包。"

（二）权利转让原则上限于内部成员之间

合作社成员资格及其权利源于其承包经营权，一经入社，承包经营权即转化为成员权。《农村土地承包法》第 38 条第 5 项强化了承包经营权流转之内部性原则："在同等条件下，本集体经济组织成员享有优先权。"修正案颁行前，该法（2009 年修正）第 46～48 条分别通过限权性与赋权性规定对承包经营权之内部流转进行了区分。第 46 条以赋权性规范倡导："荒山、荒沟、荒丘、荒滩等可以直接通过招标、拍卖、公开协商等方式实行承包经营，也可以将土地承包经营权折股分给本集体经济组织成员后，再实行承包经营或者股份合作经营。"第 47 条则明确规定，即便是通过竞争性缔约方式取得的承包经营权流转，"在同等条件下，本集体经济组织成员享有优先承包权"。第 48 条除要求具备农业经营能力外，更对承包经营权外部流转设定了严格的程序条件，"发包方将农村土地发包给本集体经济组织以外的单位或者个人承包，应当事先经本集体经济组织成员的村民会议三分之二以上成员或者三分之二以上村民代表的同意，并报乡（镇）人民政府批准"。

（三）服务对象与范围限定

与股份公司的充分市场化路径不同，股份合作社之内部性还表现为对服务对象、服务范围的限定，属于一种内部互助。《农民专业合作社法》第 3 条规定："农民专业合作社以其成员为主要服务对象，开展以下一种或多种业务：（一）农业生产资料的购买、使用；（二）农产品的生产、销售、加工、运输、贮藏及其他相关服务；（三）农村民间工艺及制品、休闲农业和乡村旅游资源的开发经营等；（四）与农业生产经营有关的技术、信息、设施建设运营等服务。"

（四）对外来主体之限制

无论是成员资格，还是权利转让，甚至在功能定位上，合作社对外来主体都有着极其严格的限制。具体表现如下。

其一，国别限制。基于股份合作社的身份性特征，国外公民不能取得成员资格。

其二，身份限制。对于特别身份的主体，法律明确规定其不得成为合作社成员。如《农民专业合作社法》第 19 条规定，"具有管理公共事务职能的单位不得加入农民专业合作社"。如此规定，主要是因为上述主体系公共服务机构且主持公共资源分配，限制其进入，应当是为了保持其中立性，防范权力寻租，确保合作社利益之公平分配和管理之民主决策。

其三，比例限制。《农民专业合作社法》第20条规定："农民专业合作社的成员中，农民至少应当占成员总数的百分之八十。成员总数二十人以下的，可以有一个企业、事业单位或者社会组织成员；成员总数超过二十人的，企业、事业单位和社会组织成员不得超过成员总数的百分之五。"

其四，功能限制。对于非农民主体，《农民专业合作社法》虽然没有阻断其入社的通道，但从功能和业务范围上进行了限制，该法第19条要求，凡是入社之企业、事业单位或者社会组织，必须是从事与农民专业合作社业务直接有关的生产经营活动的单位，借此防范盲目追求自身利益最大化而忽略合作社之"服务成员"本旨。

三　业务与利益的双重关联性

身份性与内部性决定了股份合作社之另一个特征，即业务与利益之双重关联性。《农民专业合作社法》第2条要求农民专业合作社系"农产品的生产经营者或者农业生产经营服务的提供者、利用者"之自愿联合。而在实践中，农民专业合作社盈余分配的基础是惠顾额，即按照成员与合作社交易量返还盈余，形成了业务与利益之内在关联，此点与股份公司业务与利益的相对独立截然不同。

四　主体资格的民事非诉性

股份合作社虽然强调入社自由、退社自由，但具体能否取得主体资格，应当取决于合作社之内部章程规定。如虽系集体经济组织成员，但未取得土地承包经营权，又不能或不愿通过其他方式入股（农机、技术等），自然不得取得合作社成员资格。关于此类主体资格的诉讼，理应属于民事诉讼，但根据《最高人民法院关于审理涉及农村土地承包纠纷案件适用法律问题的解释》，该类诉讼被归为行政诉讼，殊欠合理。因此，在民事诉讼领域，合作社主体资格纠纷不具备可诉性。"农村集体经济组织成员因未实际取得土地承包经营权提起民事诉讼的，人民法院应当告知其向有关行政主管部门申请解决。"[1]

第二节　股份配置中的主体标准

股份合作社模式下的主体特征已如上述。如此主体身份及内部规则如何解决股份配置中的主体标准问题？相关标准确立之基本价值前提又当如何？各权利人相互之间利益又如何进行平衡？此类问题不仅涉及股份制改革是否成功并有序进化的问题，还直接关涉乡村社会之稳定与发展，关系到乡村与城市和谐发展的基本路径选择。

一　集体股份

（一）集体身份的双重性

作为土地所有权人，集体参与股份不仅决定了股份制改革之经济权利来源，还影响着股份制经济组织之治理结构和绩效。

在现行法权构造中，股份合作社属于互助性经济组织，故就经济权利而言，通观《农民专业合作社法》，集体之地位、作用被完全剥离或被淡化；但就治理功能而言，无论是《宪法》，还是《村民委员会组织法》，都赋予了集体管理、组织的功能，而《农村土地承包法》《物权法》却对集体所有权人之权利进行了系统性规范。前者属于一种宪法性赋权，后者则是私权性权利，不容剥离。

《民法典》颁行前，《民法总则》第 99 条与第 100 条分别规定了农村集体经济组织和城镇农村的合作经济组织可依法取得法人资格。但其归类属于"特别法人"，至于为什么特殊、特殊性如何体现、法律地位与其他法人有何区别、法律后果如何承担则没有具体、细化。但至少从主体身份上界定了二者的私权属性。

作为私权主体，集体之所有权人应有之各项权能毋庸赘述；作为基本的乡村自治单位，《村民委员会组织法》第 2 条界定集体之村委会为"基层群众性自治组织"，第 8 条详尽列举了集体及其具象化的组织

---

① 《最高人民法院关于审理涉及农村土地承包纠纷案件适用法律问题的解释》第 1 条第 2 款，该款虽然仅仅针对承包经营权继承问题，但必然延及对股份合作社之成员资格认定。

体——村民委员会的各项职能与义务：第一，"支持和组织村民依法发展各种形式的合作经济和其他经济，承担本村生产的服务和协调工作，促进农村生产建设和经济发展"；第二，"依照法律规定，管理本村属于村农民集体所有的土地和其他财产，引导村民合理利用自然资源，保护和改善生态环境"；第三，"维护以家庭承包经营为基础、统分结合的双层经营体制，保障集体经济组织和村民、承包经营户、联户或者合伙的合法财产权和其他合法权益"。

由是言之，无论是作为私法之所有权人，还是作为公法之自治权人，集体在农村土地股份制改革过程中不仅是权利人，还是权力人，此点决定了集体的股权人和管理人双重身份与地位。

（二）集体资产中的土地权利与股本投资

在土地权利所有权与经营权分离模式下，土地所有权作为集体资产，是否可以作为股本进行投资？答案应该是肯定的。但现实的问题是，集体名为法权主体，却无从界定；名为权利主体，在实行家庭联产承包以后，特别是废除农业税以后，其权利无从实现，呈现为主体虚位、利益虚无状态。此点已详前述。如此情形下，其资产如何定性？股本如何配置？

就集体资产而言，看似雾里看花，实则细加寻绎，其财产可具象化的成分仍然相当明晰。如土地权利中的建设用地部分，经营性建设用地集体享有权利毋庸置疑，即便是保障性建设用地和公益性建设用地，在功能不发生转换情形下，其所有权及管理权属于集体殆无疑义；功能转换后，集体亦可凭借所有权人身份分享利益并进行公平分配。如前举特殊用地部分，如单纯为村民自力行使权利，占有、使用，则集体仅为公益性用地之提供者与管理者，属于单纯的服务者；但如上述用地进行商业性开发、运营，集体则可享有权利并参与分配，成为利益链条的有机组成部分。

（三）确立集体股份之必要性

农村土地股份制改革为什么必须确立集体股份？笔者认为，在农村土地股份制改革中确立"集体股份+村民自治+契约流通"模式不仅是现有实践模式的通行做法，是实现社会公平正义的有效路径，更是解决现实性紧迫问题的应急之道。所谓现实性紧迫问题，如下三方面因素应予重点考虑。

1. 积累公共管理费用

毋庸讳言，集体土地所有权不仅承载了发展农村经济的时代使命，在建设社会主义新农村的政治语境中还承载了乡村社会治理的社会功能或组织功能。半个多世纪以来，作为乡村管理人身份的集体所起到的进步作用自不待言，但不容否认，时至今日，集体的社会角色及其功能已被严重扭曲：保护农民权利与侵害农民权利交替有之，为国家服务与增加国家负担骈列而行。

乡村治理如何脱困并走上法治化道路？确保必需的公共管理费用后进行有效的村民自治和契约化流通是其最佳通道。但该项费用既不能等待政府投入，亦不可能从农民手中征取或者如此前向农户摊派，只能依靠集体资产的经营所得予以保障。

2. 筹措公益建设资金

对于乡村各类公用事业所需资金，除政府有限的项目扶持和资金支持外，更多的只能由集体自身筹措。

3. 保障无地成员权利

集体股份承载着对无地成员的权利保障功能。目前农村无地农民比例占多少，因调研地域选择、数据采集、分析手段不同，基础数据亦不尽相同。有学者 2008 年对河北省 41 个村进行调研，在 55987 的总人口中，无地农民人数为 5610 人，比例为 10.02%。[1] 重庆市人大农委组织了较为强大的调研组，于 2010 年 4 月通过实地调研和委托调研方式，对重庆市绝大部分地区失地农民进行了综合考察，发布了《重庆市无地农民工生产生活状况调研报告》。根据该报告，新增人口（含新出生、结婚、入赘）虽属于集体经济组织成员，但因承包法律和政策的限制，不享有土地承包权。该类人群达到 49.8 万人，在重庆市 1505 万农村劳动力总人口中占比为 3.3%。[2] 如此众多的无地农民，如没有集体资产股份加以保障，势难维持乡村稳定，更难以实现农业现代化和城乡和谐发展。

二　承包权人股份

诚如前述，承包权属于中国农村地权之特殊构造。当承包权人与经

---

①　参见张润清、乔立娟、宗义湘《无地农民产生原因、收入来源与生存现状研究——基于河北省 32 个县的调查分析》，《财贸研究》2008 年第 3 期。

②　参见重庆市人大农委课题组《重庆市无地农民工生产生活状况调研报告》，重庆人大网站，http://www.ccpc.cq.cn/home/index/more/id/189937.html，最后访问日期：2018 年 3 月 25 日。

营权人一致，其以土地权利入股自无问题。但如承包权与经营权分离，承包权人是否还可享有入股权利和股份？该问题可以区分为两类情形：一类是承包权人将经营权流转给集体，由集体组建股份合作社进行经营，承包权人转化为股权人；另一类是承包权人将经营权流转给其他自然人或公司、企业，此时承包权人就承包地的权利除租金、转让费等项外，是否就必然丧失入股（社）权利？

根据目前法律与政策，即便承包权与经营权分离，且经营权继受主体为本集体经济组织成员以外之自然人或公司、企业，承包权人仍然可以享有入社权和股权。存在的问题如下。

（一）承包权与经营权分离后承包权是否可以入股问题

就农地流转而言，农户移转的仅仅是承包合同存续期间内之经营权而非承包权。承包权的身份性、专属性、内部性决定了承包权人可凭借集体经济组织成员身份以货币资本入股，而该项资金主要应来自土地承包经营权之流转费。《农村土地承包法》第39条规定："土地经营权流转的价款，应当由当事人双方协商确定。流转的收益归承包方所有，任何组织和个人不得擅自截留、扣缴。"同时，该法第61条还规定："任何组织和个人擅自截留、扣缴土地承包经营权互换、转让或者土地经营权流转收益的，应当退还。"

（二）经营权流转后的合同权利义务关系认定问题

《农村土地承包法》（2009年修正）第34条规定："土地承包经营权流转的主体是承包方。承包方有权依法自主决定土地承包经营权是否流转和流转的方式。"修正案第36条对此条进行了修改，明确区分承包权和经营权，"承包方可以自主决定依法采取出租（转包）、入股或者其他方式向他人流转土地经营权，并向发包方备案"。据此，承包权人的处分权可区分为如下四种类型。

（1）转让，承包权与经营权同时处分。《农村土地承包法》第34条规定："经发包方同意，承包方可以将全部或者部分土地承包经营权转让给本集体经济组织的其他农户，由该农户同发包方确立新的承包关系，原承包方与发包方在该土地上的承包关系即行终止。"

此种情形下，承包权人即便在确保生存无忧前提下全部处分其承包权与经营权，与集体（发包人）解除承包合同关系，也并不意味着其集体经济组织成员资格的丧失，仍然可以通过现金入股分红。

（2）转包、出租、代耕，承包权与经营权分离，但承包权人与发包人之基础合同关系（农村土地承包合同）不发生改变。《农村土地经营权流转管理办法》第15条规定："承包方依法采取出租（转包）、入股或者其他方式将农村土地经营权部分或者全部流转的，承包方与发包方的承包关系不变，双方享有的权利和承担的义务不变。"

所谓代耕，仅仅是依据双方协议，第三方临时替代承包权人进行经营，是否产生对价由双方协商确定。《农村土地承包法》第40条第3款对其合同形式要件都进行了简化："承包方将土地交由他人代耕不超过一年的，可以不签订书面合同。"显然，该类流转不改变发包人与承包人之合同关系所涉权利义务。

（3）互换。《农村土地承包法》第33条规定："承包方之间为方便耕种或者各自需要，可以对属于同一集体经济组织的土地的土地承包经营权进行互换，并向发包方备案。"此种流转方式严格意义上不影响权利本身和与发包人之基础合同关系，仅仅是承包权所涉权利客体及其方位、面积发生改变，双方当事人承包权与经营权同时变更。

（4）入股。《农村土地经营权流转管理办法》第14条第3款对入股的界定是："承包方将部分或者全部土地经营权作价出资，成为公司、合作经济组织等股东或者成员，并用于农业生产经营"。

根据《决定》和《意见》，农用地之入股的主体以及组织形式完全可以比照其他承包方式进行，借此实现农业经营体制创新。《决定》第20条后段的表述为："鼓励承包经营权在公开市场上向专业大户、家庭农场、农民合作社、农业企业流转，发展多种形式规模经营。"《意见》第21条说得更为具体："发展多种形式规模经营。鼓励有条件的农户流转承包土地的经营权，加快健全土地经营权流转市场……探索建立工商企业流转农业用地风险保障金制度……有条件的地方，可对流转土地给予奖补。"细加寻绎，《决定》重在强调多种形式的规模化经营；而《意见》则在此前提下，注重农户流转土地经营权。

按照《意见》，承包权与经营权分离后，承包权入股自无问题；承包人与发包人之基础合同关系是否发生变更，经营权人与发包人是否可以经营权入股，此点容后详述。

（三）集体资产收益权分享问题

即便承包权人全部流转经营权，但其作为集体经济组织成员对集体资产仍然享有收益权，该项收益权及其各类收益所得理应可以入股。

（四）国家政策补贴、优惠、扶持问题

在承包权与经营权未分离模式下，农户作为最基本的生产单位，对上述各类政策性补贴、优惠自然享有权利；但在承包权与经营权分离模式下，笔者主张该类权利应当由双方合同约定，如未约定或约定不明，应当归属于经营权人。理由如下。

首先，国家政策补贴、优惠、扶持针对的是直接从事农业生产、经营的主体，而不是针对身份性的承包权，更不是扶贫。

其次，承包权人在流转经营权时已经获取相关收益，对于上述补贴、优惠、扶持计划可能产生的收益已经进行了合理的预测与分配。

最后，将上述各类社会性资源归属于经营权人，不仅有利于稳定经营权，刺激经营权人积极投入和经营，还能间接增加承包权人于集体资产领域之股份收益。

三　经营权人股份

三权分离模式下的农地股份制改革，经营权究竟应属于何种权利？发包人与经营权人之间属于何种关系？经营权人是否有权入股？

（一）经营权应当划归债权而非物权

中国奉行物权、债权二元分离原则。作为一种理论抽象与逻辑生成的物权、债权二元模式，在其诞生之初，即有着先天性不足——不可能在实务中将相应权利或未来、可能之权利无可置疑地划归其中一元，进而产生逻辑与价值方面的双重缺失。具体而微，物权、债权二元分离虽然有利于实现权利构建之体系化、程序化、客观化，有利于区分所有权自由与契约自由，[1] 法官或当事人亦较易于从法典中寻法、适法，但此类区分仅限于一种学理假设与逻辑构造，难以涵括、界定现实生活中所有法律关系及其所生权利，学界与实务界之各种学说、判例或买椟还珠，

---

[1]　参见〔日〕於保不二雄《日本民法债权总论》，五南图书出版公司，1998，第4页。

难以自洽，或饮鸩止渴，毁弃根本。[1]

中国式农村土地经营权之权利体系属问题同样面临如此困境，此点与不动产租赁权之历史演化轨迹极为类似。当罗马法采用土地吸附原则时，将不动产租赁权人之权利划归债权殆无疑义。盖尤斯主张，如在他人租借地上起造房屋，根据市民法和自然法，房屋的所有权归属于土地所有权人；建造人仅能享有准用益权或使用权。如此，当上述权利受到侵害或有侵害之虞时，乌尔比安认为，地上权人（superficiarius）既可向土地所有权人提出"租赁之诉"，亦可基于占有事实获取保护地上权令状，还可提起"准对物之诉"（quasi in rem actio）。[2] 由此可知，罗马法虽然原则上将土地租赁权置于债权范畴，但赋予其今时所谓物权性保护效力及程序性权利，呈现为法权构造与保护程序的双重性原则。近代以来，不动产租赁权人基于罗马法物权性保护效力及程序性权利，渐次获得了实体性权利拓展，所有权变更破除租赁权之罗马法传统亦随之改观，"买卖不破租赁"几成立法通例。《法国民法典》第 1743 条规定："如出租人出卖租赁物时，买受人不得辞退经公证作成或有确定日期的租赁契约的房屋或土地承租人；但于租赁契约中保留此项权利者，不在此限。"[3] 嗣后，德国、日本、中国纷纷秉持此项原则。[4]

---

① 本部分可参见刘云生《物权法》，华中科技大学出版社，2014，第 13~16 页。

② 〔古罗马〕盖尤斯《论行省告示》（第 25 卷）、〔古罗马〕乌尔比安《论告示》（第 70 卷），载〔意〕桑德罗·斯契巴尼选编《物与物权》，范怀俊译，中国政法大学出版社，1999，第 163 页。

③ 《拿破仑法典》（《法国民法典》），李浩培、吴传颐、孙鸣岗译，商务印书馆，1997，第 243 页。

④ 《德国民法典》第 571 条第 1 项从权利义务替代角度规定："出租的土地在交付转承租人后，由出租人让与第三人时，受让人代替出租人取得在所有期间因租赁关系所产生的权利和义务。"《日本民法典》第 605 条则在租赁权人之对抗效力层面予以规定："不动产租赁实行登记后，对以后就该不动产取得物权者，亦发生效力。"中国台湾地区"民法"第 425 条对此也作出规定："出租人于租赁物交付后，纵将其所有权让与第三人，其租赁契约，对于受让人，仍继续存在。"中国大陆对于此条立法虽然晚近，但《最高人民法院关于贯彻执行〈中华人民共和国民法通则〉若干问题的意见（试行）》第 119 条第 2 款规定："私有房屋在租赁期内，因买卖、赠与或者继承发生房屋产权转移的，原租赁合同对承租人和新房主继续有效。"《商品房屋租赁管理办法》第 12 条亦规定："房屋租赁期间内，因赠与、析产、继承或者买卖转让房屋的，原房屋租赁合同继续有效。"《民法典》第 725 条专门规定"买卖不破租赁"原则："租赁物在承租人按照租赁合同占有期限内发生所有权变动的，不影响租赁合同的效力。"

租赁权之相对性日益减弱，其对抗效力于立法层面不断强化，其性质、类型于物权、债权二元区分模式下是否仍归属于传统所谓债权，学界观点不一，或主张物权说，或主张债权说，或主张债权物权化，或主张债权享有物权之效力。

笔者主张，不动产租赁权虽具有占有之事实，且享有优先购买权，但本质上仍应归属于债权，但其权利行使与保护可比照物权优先效力予以考量及实施。

与不动产租赁权近似，农村土地经营权人虽对土地实际占有、使用、收益并享有有限之处分权和优先权，但不宜归为物权。质言之，经营权非物权化于学理上虽难以获得价值与逻辑之双重圆满论证，但法权之外之政治性、社会性因素不得不予以审慎考量。

（1）就其权利来源而言，经营权源自承包经营权之财产性权利转让并以承包权人与经营权人之合同约定为依据，既受限于土地所有权人之土地用途管制，又受制于承包权人之身份性权利。

（2）就中国具体国情而言，农村土地承载的绝非单一性的经济功能，其承载的粮食安全、耕地保护、劳动力就业、社会保障、社会稳定等政治性、社会性功能虽有弊端，但短时间内无从克服亦难以跨越。此种情形下如赋予经营权人物权效力，无形间推动了农村土地私有化的进程，不仅会导致违宪风险，还可能诱发严重的土地利益分配失衡，危及中国社会的平稳转型。

（3）经营权物权化势必加强经营权人之竞争优势，可能导致对承包权甚至对集体土地所有权之侵蚀。经营权人会凭借资本、技术、信息、管理等优势，不断削弱、淡化承包权人之承包权，进而使集体土地所有权再次虚化，背离股份制改革初衷。

（二）经营权人与发包人之间法权关系认定

两者虽不存在直接合同关系，但基于国家土地法律、法规与流转合同，发包人可以行使所有权人层面的监督权和管理权，确保土地的农业用途。经营权可以对抗发包人之非法干预。根据现行法律，经营权之取得不需要征得发包人同意。《农村土地承包法》规定，转让土地承包经营权的，应当经发包方同意，但采取转包、出租或者其他方式流转的，应当报发包方备案。根据上述规定及体系化解释，入股显系其他方式流转，无须发包人同意。同样，经营权人获得经营权后，只要保持土地的农业用途，未对土地造成永久性损害，则自可排除发包人之干预。经营权人基于实际占有、经营的事实与流转合同，可以直接对抗承包权人，防范其凭借身份优势进行投机或超越合同约定之外新增条件。经营权人在新一轮承包权开始后或承包权转让时，同等条件下享有优先权。

（三）经营权人有权以土地经营权入股

避开经营权属于物权还是债权这一难题，笔者认为，经营权人无论就其权利，还是就其未来可能的实体化收益，还是权利或利益之商品化转换后的货币均可进行入股。

首先，就理论层面而论，罗马法时期，物权、债权并未出现学理上的二元区分，债权仅仅是物权之有机组成部分。《民法大全》中将物区分为两类："有体物"和"无体物"。盖尤斯主张："有体物是能触摸到的物，如土地、奴隶、衣服、金银及数不胜数的其他物；无体物是不能触摸到的物，如权利，比如遗产继承权、用益权及以任何形式设定的债权。"[①] 同时，罗马法上的债权不仅包含无体物，还包含未来之物及可期待之权利。盖尤斯主张，现在虽不存在但未来可能会存在之物（如悬挂之果实、女奴待产之孩子、家畜之幼崽）可以设定抵押权；彭波尼甚至主张未来可能之希望亦可进行交易，是为"无物的出卖"（sine re venditio），或称为"希望的买卖"（spei emptio）。[②]

其次，就实践层面而论，如果杜绝经营权入股，则三权分离及新一轮农村土地改革，特别是股份制改革将会失去意义，目前各地推行之尝试性改革模式亦会失去其驱动力和发展内涵。

最后，就操作层面而言，经营权入股与承包权入股并不矛盾。如果承包权人与经营权人的土地权利重合，则可通过合同约定计算股本；如果两者土地权利不重合，则自可分别计算股本。

---

① 〔古罗马〕盖尤斯：《法学阶梯》（第2卷），载〔意〕桑德罗·斯契巴尼选编《物与物权》，范怀俊译，中国政法大学出版社，1999，第1页。

② 〔古罗马〕盖尤斯《论抵押规则》、彭波尼《论萨宾》（第9卷），载〔意〕桑德罗·斯契巴尼选编《物与物权》，范怀俊译，中国政法大学出版社，1999，第29、30页。其中，"spei emptio"一词，一般译为"机会买卖"，或译为"期待权"。

四　外来股份问题

虽然农村土地合作社属于内部性、互助性经济组织，但并不意味着绝对排斥农村土地及成员以外之外来股份。《农民专业合作社法》第 19 条规定，"从事与农民专业合作社业务直接有关的生产经营活动的企业、事业单位或者社会组织"可以入社，这无疑在强调合作社之内部性的同时，向社会打开了合作社的大门。

（一）必要性

美国人类学家 G. P. 默多克 1949 年出版《社会结构》一书，认为"家族"是通过互惠关系和共同文化凝聚而成的一种"内团体"（ingroup）。家族在满足基本需求活动中相互帮助并提供一些派生的需求的满足，从而最终形成一种大家团结一致的集体感和对群体的忠诚。默氏称这种文化现象为"同宗意识"（syngenism）、"我们感"（We-feeling）。① 此种理论有利于解析身份性、内部性极为浓厚的我国农村土地合作社产生之基础与功能。打破身份性的内部关联，逐步向社会化、市场化方向发展，不仅有利于提升资金、信息平台，还有利于提升技术、管理水平，最终形成多元化、开放式的市场主体。就该意义而言，外来股份的加盟自有其必要性。

（二）外来股份限制原则：农业经营与适度比例

与私有化模式下的市场化路径不同，中国农业土地的市场化仅表现为有限市场化。所谓有限市场化，系指通过市场化配置资源实现农业土地的集约化、规模化、现代化经营，借此增进农地经营效益和效率，实现农村劳动力的非农化转换，而非对农村土地进行全盘非农化改造。

有鉴于此，强调外来资本的农业化投入必然成为中国农村土地股份制改革之方向和基本原则，一方面提升农村土地现代化经营水平，另一方面实现农业人口的有序转移。换言之，就农村土地合作社而言，对外来股份的吸纳固然重要且必要，但必须恪守两大前提：一是农业经营原则，二是适度比例原则。为防范资本的寻租本能冲动，必须对外来股份

---

① Murdock, George Peter, *Social Structure*, New York：The MacMillan Company, 1949, p. 83.

的比例进行控制，防范对土地的非农化转换和对农户的资本盘剥。

（三）股份计算

外来股份既可以表现为货币资本，亦可表现为技术、管理、信息各方面的投资股份，其股份可通过合作社章程和双方合同进行配置和计算。

第十一章　股份制改革中的行为选择

中国农村土地因区域差异、城乡差异、地租差异导致了土地股份制改革的多元化特征，各类土地基于资源禀赋差异必然导致农民与集体选择不同的主体经营形式。

就地域差异而论，经济发达地区如深圳、湛江、上海等地农村集体土地多采用股份公司形式进行市场化经营；广大中西部除少数城郊接合部和较为发达地区采用股份公司形式外，多采用股份合作社形式。

就发展时序而论，早期农村土地的股份制改造都以规模化经营、市场化经营为导向，先行试点地区采用农村土地合作社形式，随着城市化的进度加快、力度加大，最终实现"村改居"，该类合作社亦渐次转型为股份公司。

第一节　组织形式选择

一　法人与非法人

农村土地股份合作社采用法人组织形式还是非法人组织形式，原则上应取决于其成员之自愿。《农业法》第 2 条将"农业生产经营组织"通过列举式界定为农村集体经济组织、农民专业合作经济组织、农业企业和其他从事农业生产经营的组织四大类别；第 11 条则专门强调了专业合作经济组织的设立取决于农民的自由选择（"国家鼓励农民在家庭承包经营的基础上自愿组成各类专业合作经济组织"）和多元化形式选择（"农民专业合作经济组织可以有多种形式，依法成立、依法登记"）。易言之，农民经济组织采用法人或者非法人形式应当遵循自愿原则。

但如果选择法人组织形式，则需符合相应法定条件并履行相应程序。

（一）设立条件

《农民专业合作社法》第 5 条第 1 款规定："农民专业合作社依照本

法登记，取得法人资格。"亦即，农村土地合作社的法人资格必须以登记为取得要件。同时，依照该法第 12 条规定，尚需满足如下五项条件：有 5 名以上符合该法第 19 条、第 20 条规定的成员；有符合该法规定的章程；有符合该法规定的组织机构；有符合法律、行政法规规定的名称和章程确定的住所；有符合章程规定的成员出资。

（二）登记程序

法人型股份合作社必须按照市场监督管理部门的规定履行登记程序始能取得法人资格。2022 年施行的《市场主体登记管理条例》第 3 条第 1 款规定："市场主体应当依照本条例办理登记，未经登记，不得以市场主体名义从事经营活动。法律、行政法规规定无需办理登记的除外。"

（三）特别规定

1. 名称规范

国家工商行政管理总局《关于农民专业合作社登记管理的若干意见》（工商个字〔2007〕126 号）对农民专业合作社的名称作了专门规范："农民专业合作社名称依次由行政区划、字号、行业、组织形式组成，组织形式应当标明'专业合作社'字样。"在《农民专业合作社登记管理条例》颁行以前，如专业合作社采用公司、非公司企业法人或者合伙企业等组织形式并在工商行政管理机关登记，则应在规定期限内（2007 年 7 月 1 日至 2008 年 6 月 30 日），依法办理农民专业合作社登记。

2. 业务范围

国家对各类专业合作社之业务范围进行了严格规定，特别是以农村土地承包经营权出资入股的，农民专业合作社的业务范围应当符合《农民专业合作社法》第 3 条之规定，并不得从事与农业生产经营无关的业务。同时，《关于农民专业合作社登记管理的若干意见》中更为详尽地列举了几类涉农业务范围，如组织采购、供应成员所需的农业生产资料；组织收购、销售成员及同类生产经营者的产品；开展成员所需的农产品加工、运输、贮藏等服务；引进新技术、新品种，开展与农业生产经营有关的技术培训、技术交流和信息咨询服务等。但对于登记前置许可之经营项目，如"种子生产经营""种畜禽生产经营"等，则应申报审批后再行登记，且必须在许可或审批的经营项目核定业务范围内进行经营。湖北省工商行政管理局、湖北省农业厅公布的《湖北省农村土地承包经营权作价出资农民专业合作社登记管理暂行办法》（鄂工商规〔2011〕247号）第10条较有创意地增加了两类业务："以农村土地承包经营权作价出资的农民专业合作社的业务范围，除应按照《农民专业合作社登记管理条例》第九条规定核定其主营业务的同时，还可依照《农村土地承包经营权流转管理办法》规定，增加代耕代种、为本社成员提供土地流转服务等相关服务业务。"

3. 组织形式强制

重庆市万州、梁平等区县于2007年出现了诸多"以地入股"的"公司"，农民以承包经营权入股组建有限责任公司，根据《重庆市农业委员会、重庆市工商局关于以农村土地承包经营权入股发展农民专业合作社注册登记有关问题的通知》（渝农发〔2009〕230号，以下简称《通知》），此类以农村土地承包经营权出资入股之组织形式"只限于组建农民专业合作社。对组建公司、非公司企业法人、合伙企业等其他经济组织的，一律不予登记"。《通知》规定，对于此类《农民专业合作社法》实施以前设立之所谓具有农民专业合作社性质的有限责任公司应当变更登记，依照程序改制为农民专业合作社。如农民不愿改制，则农民股东之农村土地承包经营权不得再作为公司出资并需办理出资变更登记，由"入股"改为"出租"。

《通知》为什么规定以土地经营权入股只能限定于农民专业合作社这一类组织形式，而不能依自主意志组建公司、非公司企业法人、合伙企业等其他经济组织？笔者认为真正原因有如下几个。

（1）规避法律风险以及由此而生的政治风险。虽然《农村土地承包法》（2009年修正）第42条规定农村土地承包经营权可以入股，但该条及嗣后的《农村土地承包经营权流转管理办法》第35条都明确了一项基本原则：农村土地承包经营权入股的主体仅限于承包方之间的内部、自愿联合；能被量化为股权并组建股份公司的仅仅是以"其他方式"承包的"四荒地"。换言之，基本农田之经营权不得进行外部化经营。

中国土地问题，特别是农村土地问题从来就不是一个单纯的经济问题，而是一个更复杂的社会问题和政治问题。重庆市的《通知》显然是忌惮农民的多元化实践会诱发社会与政治风险。

（2）确保土地的生存保障功能。上述风险的最大方面表现为，一旦土地承包经营权转化为股权进行市场化运营将会带来不确定性及灾难性后果：一是如果公司亏损，农户将血本无归，贫无立锥且无以为生；二是农村土地集体所有权被严重虚置；三是为寻求更大利润，大资本会无限趋向于改变农村土地特别是农用地的农业用途，实现土地利益最大化。如此，法律、政策所定位的农村土地生存保障功能将会被悄然置换为资本本能冲动与利益博弈。

（3）保障土地的内部流转，实现乡村社会的自治。农村土地的内部流转不仅可以实现土地的经济功能，亦是实现乡村自治的有效载体和通道，该功能一旦被弱化或被颠覆，势必影响乡村稳定。

客观而言，上述担心在 2009 年并非杞人忧天，但确实限缩了股份制改革的现实能量与可能的生机。《决定》和《意见》的出台，使农村土地经营体系出现了重大转机，新的政策导向与松绑开禁也同步而行，土地经营权作为股份出资已经没有了政策风险，法律修订亦势在必行。但即便如此，土地经营权之股份制改革尚需坚持四大前提：不得改变集体土地所有制；不得改变农户承包权；不得侵害农民权益；不得改变土地农业用途。

二　股份公司与股份合作社

股份制具有出资多元化、要素股份化、经营产业化、运作市场化等优势，但鉴于中国农村具体实际，特别是土地资源禀赋差异巨大，不宜采用同一类组织形式，而应当充分尊重农民和集体意愿，自由选择最佳组织形式，渐次实现全方位、深层次改革目标。

股份公司制与股份合作社制之区别前已述及。征诸实践，除极少数经济发达且地租效益极高地区采用股份公司组织形式外，更多的地区采用了股份合作社形式。

（一）非农化运作下的农村土地股份公司

值得留意的是，凡是采用股份公司组织形式的地区都有一些共性。

1. 经济发达地区

最典型的地区集中于长三角、珠三角。广东佛山市南海区众多自然村早在 1992 年就开始试点推行土地股份合作制，把农民的土地承包权改为股权。短短三年，到 1995 年，南海共建立股份合作组织 1574 个，占全区经济合作社总数的 96%，以土地为主的 130 亿元农村资产，以股份的形式配置给 76 万名农民。其中，平东村的总股份构成有两部分：地面物业构成物业股，农民土地构成资源股，比例大致匹配。如此操作模式，土地利用效率与城市化骈列而行、互推共进，最终以土地权利为中心形成强大的股份制经济。

2. 地租效益高

珠三角、长三角城市经济高度发达必然带来农村土地的效益增长，地租效益越来越高。特别是城市化过程中相关基础设施的完善和土地需求的增大、劳动力资源的密集，让农村土地产出效益呈几何级数增长。上海九星村位于上海西南市郊接合部，隶属闵行区七宝镇，区位优势明显，交通便捷，紧靠外环线西一大道，相连顾戴路、漕宝路两匝道出入口。通过土地股份制改造，最终农村建设性经营用地变为停车场、商城，收益年均达到数十万元，实现了土地级差地租的跳跃式转换。[①]

3. 直接或间接改变农业用途

如上海九星村虽名为村，却早已没有任何耕地，农民亦全部从事非农产业；南海模式的股份制改革，影响到周边各大区域，各类农业股份公司如广东万顷洋农业发展有限公司、佛山市南海区农业发展公司、罗村镇农业经济发展总公司、创润科技农业发展公司纷纷横空出世。其基本模式是将土地计入股份统一归行政村调配，除数量极少的基本农田保护区外，绝大部分转化为工业开发区和商贸住宅区。

（二）农村土地股份合作社

相较之下，国内目前绝大部分地区之农村土地股份制改革多选择农村土地股份合作社组织形式。分析其原因，除土地级差效益低与所处区位欠优势等原因外，尚有如下方面值得关注。

1. 利益分配

虽然合作社奉行惠顾额比例返还原则且对外来资本报酬进行目的性排斥，导致了合作社资金约束等制度缺陷，但在中国目前的农业生产经

---

① 邓伟志：《三分地上搞创新》，《中国经济周刊》2006 年第 32 期。

营中，按照《农民专业合作社法》第 44 条规定上述返还可分配盈余比例达到 60% 以上，还可就国家财政直补和投入捐赠部分财产进行人均量化、分红，此点在一定程度上刺激并增强了农民的入社预期。利益的可预见性、分配的可监控性与相对公平，无疑为农民带来了安全感和公平感。股份公司虽然有利于集聚资本，但外来投资人报酬、返利、集体公积金提留、管理人费用等项超出农民自身能力可控范围，除非有相当强大的同质性力量或利益诱因，否则难以为农民所接受。[①]

2. 经营模式

股份合作社属于典型的"熟人社会"，[②] 合作社成员对于相互之间的经济能力、社会网络都较为熟悉，组建合作社不但可以形成新的利益共同体，还能通过道德舆论进行相互钳制和监督，促进利益分配的透明化。同时，合作社经营模式还可在决策民主化、产业经营规模化领域产生吸引力和凝聚力，进一步增强内在认同感与合作力。

3. 风险分配

与股份公司不同，合作社经营的风险分配机制有着多元化路径选择。既可通过道德控制，还可通过法律维权，同时，也不乏自力对抗情形的出现。如此，一旦风险分配失当，农民的维权成本，包括在破产清算、诉讼相对人选择、证据收集、纠纷解决机制选择方面均有着不同于股份公司之优势。

4. 责任形式

对于合作社责任形式，中国台湾地区"合作社法"（2015 年修正）第 4 条规定了三种责任形式："一、有限责任，谓社员以其所认股额为限，负其责任。二、保证责任，谓社员以其所认股额及保证金额为限，负其责任。三、无限责任，谓合作社财产不足清偿债务时，由社员连带负其责任。"根据第 12 条规定，法人"仅得为有限责任或保证责任合作社社员，但其法人以非营利者为限"，"无限责任合作社社员，不得为其它无限责任合作社社员"。相形之下，我国《农民专业合作社法》第 6

---

① 关于安全感、控制感部分，可参见于世刚《确定感、安全感、控制感——人的安全需要的三个层次》，《社会心理科学》2011 年第 2 期。

② 关于"熟人社会"的概念内涵及表现，可参见费孝通《乡土中国》，中华书局，2013，第 5~12 页。

条规定的合作社成员对合作社仅仅是一种有限的责任，其财产责任亦仅"以其账户内记载的出资额和公积金份额"为限。同时，《农民专业合作社法》第 55 条规定："农民专业合作社破产适用企业破产法的有关规定。但是，破产财产在清偿破产费用和共益债务后，应当优先清偿破产前与农民成员已发生交易但尚未结清的款项。"此条亦有利于充分保障农民成员之利益，减轻其风险。

第二节　土地资产（本）投入

除集体资产外，无论是股份公司还是股份合作社，探寻农户或农民之土地资产或资本投入意愿可以透视其内在动力与外在行为模式选择之间的必然联系。

虽然全国各地都有所谓土地入股的试验、试点，但农民或农户以何种土地权利入股，存在不同的模式与见解。

一　土地承包经营权入股

此类为土地股份早期形态。其依据为《农村土地承包法》第 42 条规定之农户内部入股联合经营模式（"承包方之间为发展农业经济，可以自愿联合将土地承包经营权入股，从事农业合作生产"）和第 49 条规定之其他方式承包获得土地承包经营权之相对开放的入股模式（"通过招标、拍卖、公开协商等方式承包农村土地，经依法登记取得土地承包经营权证或者林权证等证书的，其土地承包经营权可以依法采取转让、出租、入股、抵押或者其他方式流转"）。

但在具体法权构造方面，《农村土地承包经营权流转管理办法》第 16 条和《农村土地经营权流转管理办法》第 15 条确立了一大原则：即便存在土地流转合同，承包人已然将土地经营权入股，但其与发包人之基础合同关系并不发生改变。

为什么要强调基础合同关系不发生改变？如前所述，无非是为了确保土地公有制与农户承包经营权，实现土地的社会性、政治性功能。但如此规范，集体土地所有权与农户承包经营权必然占据主导地位，具体经营权人之权利难以对抗承包权人之承包权，更不能对抗集体土地所有权人（发包人），经营权人权益处于弱势地位，激励机制不全，土地集约化、规模化经营效果不明显。

二 土地承包经营权预期收益入股

此类入股方式系为了保障农村土地公有制和在农户承包权基础上寻求土地效益增长之一种创新模式。如《农民专业合作社登记管理条例》第8条规定："农民专业合作社成员可以用货币出资，也可以用实物、知识产权等能够用货币估价并可以依法转让的非货币财产作价出资。成员以非货币财产出资的，由全体成员评估作价。"此条规定既没有明确赋权土地承包经营权可以入股，亦未明确禁止土地承包经营权入股。但依照物权法定原则，承包经营权本身显然不能入股。

为提高经营效率，同时避免突破法律、法规界限，有的地区对上述规定进行了扩张性解释。如2010年11月1日起施行的《四川省〈中华人民共和国农民专业合作社法〉实施办法》第6条即规定："农民专业合作社成员可以用货币出资，也可以用实物、技术、知识产权、土地承包经营权预期收益及其他能够用货币估价并可以依法转让的非货币财产出资"，新增了"土地承包经营权预期收益"可以入股。此类规定虽旨在突破农村地权的内部性，但就其实效而论，亦难解决根本问题。

首先，该"实施办法"规定的"预期收益"是指收益的农产品还是收益权？就其前后语义，显然系未来的农产品收益，指的是实体化的农产品本身。

其次，农产品价值不高，既难以调动农民投资入股的积极性，在合作社组织体内部亦产生不了较强的刺激性和对外竞争力，仅仅是相较于"单干"模式多了一些量的积累，不可能产生质的蜕变。

最后，风险大。以未来农产品投资入股，虽然在理论上没有任何法权上的障碍，但其风险极大。主要表现为两方面：一是农业经营的收成都具有季节性和依赖性，是否有收益、收益额多少，都取决于地力和气候条件以及种子、人工、化肥、药品、管理投入程度，一旦收成少或零收成，则入股显系无意义；二是即便有预期收益，农产品绝大部分也会转化为农户之生存必需品，鉴于人道主义风险和乡村社会稳定，此项收益不可能转化为实体股权进行流转或担保。

三 土地经营权入股

早在《决定》和《意见》出台之前，虽有法律禁区，但全国各地已然开始三权分离式的创新性经营，土地经营权独立于承包权，可以独立入股。如浙江省工商行政管理局、农业厅2009年印发的《浙江省农村土地承包经营权作价出资农民专业合作社登记暂行办法》第3条规定："以家庭承包或通过招标、拍卖、公开协商等其他方式承包农村土地，经依法登记取得农村土地承包经营权证的，其农村土地承包经营权均可以依法向农民专业合作社作价出资。"该办法明显突破了法律禁区，直接将以"家庭承包"方式取得的土地承包经营权和其他方式取得的土地承包经营权等量齐观，可一并作价出资。

四川省在立法上虽然趋于保守，不碰"高压线"，但早在2008年，达县百节镇三牌村就已经开始以土地经营权入股，成立了当时省内第一家土地股份制农民专业合作社——达县三牌花木专业合作社，并成功进行工商登记，取得营业执照。具体运作模式为：入股土地前三年的亩均毛利润×承包经营权年限=每亩土地经营权价值；每亩土地经营权（估价5000元）折算为1股，每亩土地经营权（估价2500元）折算为0.5股，股权10年不变。股权分配为个人股。合作社收益主要来源于土地资产的发包收益、出租收入、转让增值和其他相关的经营收入。《四川省〈中华人民共和国农民专业合作社法〉实施办法》实施后，2011年3月，成都崇州市隆兴镇杨柳土地股份合作社成立。该社并未以所谓土地承包经营权预期收益出资入股，而是村民以确权颁证后的101.27亩土地承包经营权入股，以101.27亩二轮土地承包期剩余经营权年限，每亩作价900元出资，在工商部门登记注册。[①]

同时，作为成渝城乡统筹试验区的重庆，虽然在立法层面保持与现行法律与政策高度一致，但个别区县独辟蹊径，进行土地经营模式创新。如《重庆市实施〈中华人民共和国农民专业合作社法〉办法》（2001年）第9条完全沿袭《农民专业合作社登记管理条例》第8条之规定，

---

① 参见李秀中《成都试验：新型农业经营体系创新实践》，《第一财经日报》2014年5月28日，第6版。

但在具体实施过程中，规定不断被突破。如 2008 年 5 月 7 日发布的《重庆市南川区农村土地承包经营权流转管理意见（试行）》，创新了两类模式。一是专业合作社模式。农民以土地承包经营权为股份，成立土地流转合作组织，再由合作组织作为中介，把土地承包给种养大户、单位或个人。虽然原土地承包关系不变，但确实实现了成方连片的规模化经营，产业结构也得以调整。二是公司承包模式，实际上就是经营权入股。具体操作模式为：在承包权不变的条件下，农户将土地交由承包方进行经营或将土地承包经营权折资入股，收益按一定比例分成，比例可逐年增长或按股分成，一定年限后土地归还农民，承包方投入的硬件设施设备亦归农民所有。

在农村土地股份制改革的实践中，南川区较早成立了以地入股为主的新型股份合作社，合作社成员以土地承包经营权、资金、资产等入股，实现了规模经营。农民在合作社里享有三项收益：保底分红（租金）、务工收入、年终返利，实现了增收目标。2014 年 6 月，重庆市南川区竹林扁农业股份合作社在大观镇铁桥村挂牌成立，成为该区首家农业股份合作社。其资产主要以集体土地资产和农民土地入股资产为主。集体资产包括村委会办公楼 320 平方米，山坪塘 2 口，茶山 135 亩；农民土地入股资产包括铁桥 1—5 社 976 亩土地。该合作社结合现代农业示范区建设 1000 亩，集中打造集种植、养殖、采摘、观光等于一体的复合型种养采摘休闲生态园。①

四　土地使用权入股

《公司法》第 27 条规定了土地使用权入股制度，"股东可以用货币出资，也可以用实物、知识产权、土地使用权等可以用货币估价并可以依法转让的非货币财产作价出资"。此处土地使用权不应为广泛意义上的土地用益物权，应当仅限于城市建设用地使用权。但从理论上讲，《公司法》2013 年修正后，特别是《决定》和《意见》出台后，应当是指统一的使用权，既包含城市建设用地使用权，也包含农村土地建设用地使用权；在农村土地内部，不仅包含农村建设用地使用权，还包括农用地使用权。只要法律没有明令禁止，各

---

① 　参见颜安《南川首个农业股份合作社挂牌成立》，《重庆日报》2014 年 6 月 19 日。

类土地使用权均能依法定程序和条件作价入股。

但必须留意以下几点。

首先，在组织形式上，《公司法》规范的仅限于"公司"。该法第2条规定："本法所称公司是指依照本法在中国境内设立的有限责任公司和股份有限公司。"由是可知，除非农村土地的经营利用采用股份公司或有限责任公司形式，否则其入股仍然受限。如前所述，能以股份公司形式组建的农村土地经营组织最多出现于沿海经济发达地区且均存在不同程度的违法变更土地用途等问题。

其次，在法律适用层面，即便2014年最高人民法院出台了司法解释，其土地使用权仍仅仅是指城市建设用地。如《最高人民法院关于适用〈中华人民共和国公司法〉若干问题的规定（三）》第8条规定："出资人以划拨土地使用权出资，或者以设定权利负担的土地使用权出资，公司、其他股东或者公司债权人主张认定出资人未履行出资义务的，人民法院应当责令当事人在指定的合理期间内办理土地变更手续或者解除权利负担；逾期未办理或者未解除的，人民法院应当认定出资人未依法全面履行出资义务。"①此处所谓"划拨土地"，显系城市建设用地；所谓"设定权利负担的土地使用权"一般指土地使用权上设有抵押权，而农村土地一般情形下依法不得设定抵押，故其范围可推定仅适用于城市建设用地。

此外，该司法解释第10条也从土地使用权权属变更层面回应了第8条所持有的立场："出资人以房屋、土地使用权或者需要办理权属登记的知识产权等财产出资，已经交付公司使用但未办理权属变更手续，公司、其他股东或者公司债权人主张认定出资人未履行出资义务的，人民法院应当责令当事人在指定的合理期间内办理权属变更手续；在前述期间内办理了权属变更手续的，人民法院应当认定其已经履行了出资义务；出资人主张自其实际交付财产给公司使用时享有相应股东权利的，人民法院应予支持。"根据此条，土地使用权入股必须办理权属变更手续，但依据《农村土地承包法》等法律法规，采取处分行为对集体土地进行处分

---

① 　2010年12月6日最高人民法院审判委员会第1504次会议通过，根据2014年2月17日最高人民法院审判委员会第1607次会议《关于修改关于适用〈中华人民共和国公司法〉若干问题的规定的决定》修正。

时，如转让、出租、入股等项，原基础合同关系不变，此点对使用权人进行处分设立了障碍；且该类处分须经集体（发包人）同意，又不得改变集体土地所有权性质，难度和风险都相当大。

最后，未来路向。虽然有以上限制，但根据《决定》和《意见》的基本精神，未来应构建城乡统一土地市场。除农村集体经营性建设用地以及以"其他方式"取得的农村土地承包经营权可以有效进行市场整合外，农村土地经营权亦应当有其发展空间，具体理由与路径前已详述。十八届三中全会以后，农村土地经营权抵押已经渐成蔓延之势。据《经济参考报》报道，早在2014年2月，中国邮政储蓄银行已然开启农村土地经营权抵押贷款通道，成为北京市首家农村土地经营权抵押贷款试点金融机构。但其前提是不危及集体土地所有权，不影响承包农户和集体的土地承包关系，更重要的是，经营者到期如不能偿还抵押债务，金融机构或其他债权人也不能取代承包权人之承包权，仅能以土地经营获得的农产品收入或地租收入优先受偿，此点可为未来农村土地经营权入股提供有效示范。[①]

第三节　行为特征解析

一　货币出资额小、比例低

虽然各类农民专业合作社数量激增，但总体考察，作为一种互助性经济组织，其天然缺陷仍然不能克服、跨越。其中，出资比例、额度的量大额小系其典型特征。

（一）出资特征

所谓量大额小，系指合作社虽然出资户数、出资额数量巨大，但一旦平均到户数或人头，则出资额小且货币出资更小。按照吉林省工商局公布的统计数据，截至2013年底，吉林省全省合作社成员出资总额达到780.50亿元，其中货币出资总额为695.57亿元，占89.12%，非货币出

---

① 参见蔡颖、林远《农村土地抵押贷款变相突围：土地流转成银行处置不良资产新途径》，《经济参考报》2014年2月28日。

资总额为84.93亿，占10.88%，货币出资比例较以前有了明显提高。其中100万~500万元的有16990户，500万~1000万元的有2685户，1000万~1亿元的有530户，1亿元以上的有6户。①

该类数据有如下六个因素值得留意。

第一，上述数据只区分了货币出资与非货币出资。而非货币出资，按照法定业务范围，一般是指通过农机、物流服务等方式出资；此处所谓货币出资，应当不是指现金出资，而是包含了土地权利出资，系对土地折价入股后计入货币的出资类型。抛开土地权利入股，该类数据必然严重缩水。

第二，上述数据未区分合作社类型，囊括了所有的合作社组织。其中，专业合作社、股份合作社未区分，资本型投入与资产型投入亦未区分，难以看出独立类型合作社货币出资总量。

第三，即便承认上述数据的真实性，如此数据一旦平均到户数和人头，其户（人）均数仍然很小，虽较以前有了很大的进步，但如果说具有强大的竞争优势尚为时过早。

第四，上述数据未显示外来资本投入情况。但可以推测，诸如1000万~1亿元的投资额中的530户，1亿元以上投资额的6户，占据绝对投资主体的绝非农户，而应当是外来资本。

第五，上述数据是否包含了政府各类专项补贴？如果包含了各类补贴，其实际出资比例只能趋向于显性减少。

第六，即便能被认定为货币出资，其中农户自有资金部分显然与政府支持和金融机构借贷两项来源有必然联系。有关课题组调查结果显示：合作社投资依靠政府支持的比例与银行贷款的比例分别达到64%和61.3%。②

课题组对山东省青岛市、青海省海东地区两地专业合作社进行调研，抽样调查中，整体出资额最少的只有0.7万元，最高为518万元，平均出资额较为乐观，为60.44万元。但是，就其内部考察，出资额不足10万元的比例达到32.8%；超过100万元的仅占16.4%，人均出资额最少

---

①　参见《吉林省农民专业合作社发展呈现新特点》，吉林省工商行政管理局网站，http：//www.jlgs.gov.cn/tplt/info.jsp？infoid=44841，最后访问日期：2017年8月13日。

②　参见郑丹、大岛一二《农民专业合作社资金匮乏现状、原因及对策》，《农村经济》2011年第4期。

的仅有几十元。

（二）为什么货币出资额度小

笔者以为，农户货币出资额度小、比例低，主要原因有如下方面。

1. 农民投入能力低

青岛农业大学学生调研团队对青岛地区的 60 家农民专业合作社进行调研，数据显示 91.67% 的合作社资金严重不足。[①] 其中，囿于农民自身投资能力，合作社内生性经济互助与合作功能难以实现，更难以实现外向型拓展。

2. 融资难度大

除自身资金短缺外，农民与合作社对外融资能力也较低。主要原因有三：一是传统三权（土地承包经营权、林权、住房所有权）抵押法律、政策风险大，严重影响金融机构放贷业务；二是农民抵押贷款额度小、周期长、利率低，本息回收难度大，遏阻了金融机构放贷驱动力；三是金融机构对合作社之法律主体资格认知不明且难以认同，合作社借贷一般通过理事长个人名义。

3. 利益激励机制欠佳

按交易量返还盈余以及对外来资本的限制导致合作社内外利益激励机制欠佳，农民出于规避风险、外来资本基于寻利动机都不愿增加投入。

二　偏好选择土地出租，不愿意选择土地权利入股

农村土地股份制改革的有效组织形式应当说是土地股份合作社占据主流，其他专业合作社作为辅助性力量。而土地股份制的制度基石应为土地股份化及其资本化。苏州市委农办、苏州市工商局 2005 年联合下发的《关于规范农民专业合作社等各类农村新型合作经济组织工商登记管理的通知》（苏工商〔2005〕136 号）明确规定："土地股份合作社的承包土地经营权作价股金应占股金总额 50% 以上。"但除去部分经济发达地区，广大中西部农民多倾向于土地出租而非土地入股。

---

① 参见张兴华《农民专业合作社缺资金少人才　艰难中发展——来自青岛农民专业合作社的调查》，《山东科技报》2009 年 9 月 30 日。

（一）名为入股，实为出租

笔者领衔之课题组赴重庆市南川区与绵阳市游仙区进行实地调研时，根据相关数据统计发现，诸多合作社虽然名义上系以土地权利入股，但究其实质，仅仅是土地租金。重庆畔园猕猴桃股份合作社位于重庆市南川区河图乡长坪村4社，系以现金、技术、土地等多种形式入股的新型股份合作社。土地入"股"面积为500亩左右，农民手里持有"股金证"，每年持"股"分红，但此处所谓"股权红利"，实际上是土地的年租金，产生效益后的按股分配才是真正的红利。

2013年12月20日，课题组在南川区区政府法制办牵头下，约集区农委、农办、农经站及各镇乡负责农业的领导进行座谈，就座谈所了解的情况看，虽然有土地股份合作社，但真正实现股份制的合作社没有一家。

2013年1月29日，课题组在绵阳市游仙区进行调研，虽然发现了有土地入股的例证，但实地考察后发现，所谓入股亦表现为一种变相的土地出租。如表11-1所示，2013年度，游仙区耕地总面积为37.6万亩，各类土地流转方式中，土地入股仅有6.5万亩，占比为17.3%；出租为5.5万亩，占比为14.6%；转让仅有0.93万亩，占比为2.5%；互换为0.53万亩，占比为1.4%；转包为4.2万亩，占比为11.2%。特别需要留意的是：转让、出租、入股三类流转方式具有互通性。签订合同过程中，有的用转让合同，有的用出租，有的用入股，实则三种方式多有交集，见表11-1。

表11-1　2013年度四川省绵阳市游仙区土地流转方式

流转方式	入股	转让	转包	互换	出租	自耕或代耕
流转面积（万亩）	6.5	0.93	4.2	0.53	5.5	19.94
比例（%）	17.3	2.5	11.2	1.4	14.6	53.0

数据来源：根据课题组实地调研材料生成。感谢游仙区农委提供基础数据。

名为入股，实为出租，此类现象固然与农民不明白股份制之含义有关，但与政府部门的大力倡导和积极推进以实现农业产业化换代升级转型的指导方针亦有很大关联。

（二）农民为什么不愿意选择土地权利入股

根据调研，笔者认为有如下原因。

1. 对土地股份合作制度认知欠缺

土地股份合作社属于新型合作社类型，农民在对已有合作社制度功能尚未完全了解的基础上，对此类新生事物知之甚少。部分农民对于土地到底属于国家、集体还是个人都很难分清。[1]

2. 失权失利风险意识强

因为对土地股份合作发生机理与运作模式不熟悉，农民在进行合作社投入时首先考虑的是是否会失去土地权利或遭受不明损失。因此，在进行投入抉择时，基于此类"未来阴影"（shadow of future），农民自然会倾向于选择不合作或者以选择相对熟悉的模式加以替代。[2]

农民此类忧虑并非空穴来风。比较之下，农民在土地股份合作模式下，在资金、技术、信息以及社会资源（如信贷、诉讼等人际网络）等各方面均处于弱势地位，既难以对大资本产生信任，又不能控制未来可能的风险，其行为必然趋于保守。

3. 地权不稳定，难以产生长远预期

从传统思想文化层面考察，在社会转型未完全实现之前，不动产成为农民的"子孙业"，传统社会的"业不出户"充分体现了农民阶层的此类认知与行为选择。[3] 但目前地权模式下，有期限的土地承包经营权还面临调整、征收等风险，农民对未来土地效益增长缺乏动力和预期。加上有些地区农地确权工作尚未完成，导致土地实际经营权人与农户亦难以在土地股权问题上达成较高和谐度，影响土地入股。

上述因素的存在不但影响了土地股份制改革的进程，还相应制约着农地流转规模。课题组对绵阳市游仙区 2013 年的土地流转规模进行统计（见

---

[1] 此点与 5～10 年前农民对土地产权之认知情况具有一致性和连续性。参见刘云生《制度变异与乡村贫困——中国农村土地利益分配法权研究》，法律出版社，2012。具体数据还可参考高飞《集体土地所有权主体制度运行状况的实证分析——基于全国 10 省 30 县的调查》，《中国农村观察》2008 年第 6 期。

[2] "未来阴影"理论本用于说明理性行为体对于报偿结果的预期及其行为矫正，此处借用是为了说明农民投资行为选择受未来不利益的认知与预期的影响。Axelrod R., *The Evolution of Cooperation*, New York：Basic Books, 1984, 转引自黄璜《合作进化模型综述》，《北京大学学报》（自然科学版）2011 年第 1 期；Kenneth A. Oye eds., *Cooperation Under Anarchy*, New Jersey：Princeton University Press, 1984, pp. 1-24, 转引自胡宗山《博弈论与国际关系研究：历程、成就与限度》，《世界经济与政治》2006 年第 6 期。

[3] 参见刘云生《中国古代契约思想史》，法律出版社，2012，第 162 页。

表 11-2），在 11.67 万亩的流转耕地中，流转规模达到 1000 亩以上的仅为 0.36 万亩，占比 3.1%；10 亩以下的则为 2.7 万亩，占比达 23.1%；10～100 亩的小规模经营耕地为 4.98 万亩，占比为 42.7%，100～1000 亩的中等规模经营面积为 3.63 万亩，占比为 31.1%。

表 11-2　2013 年度四川省绵阳市游仙区土地流转规模

	<10 亩	10-50 亩	50～100 亩	100～500 亩	500～1000 亩	≥1000 亩
流转面积（万亩）	2.7	3.2	1.78	2.58	1.05	0.36
比例（%）	23.1	27.4	15.3	22.1	9.0	3.1

数据来源：根据课题组实地调研材料生成。感谢游仙区农委提供基础数据。

三　"保底"与"保守"

结合全国情况考察，从经济发达地区到欠发达地区，再到不发达地区，农户有一项偏好特别值得关注：绝大部分地区土地入股者都积极寻求"保底"——无论土地经营状况如何，必须先行确保土地的最低收益并通过实物或货币方式支付，重庆大部分地区还须先行支付后农户才流转土地权利。

（一）保底收益分布情况

此类情形遍布全国各地。四川的农村土地股份合作社一般采取"保底分配（或称固定收益）+浮动红利分配"模式，在计算土地股份的同时，确保每股保底 500 元；重庆亦采取股份红利形式支付土地租金，前举重庆畔园猕猴桃股份合作社即先行支付一年的租金，产生效益后再按 500～1000 元/亩比例进行土地股份分红。发达地区亦复如是，上举广东省佛山市南海相关地域，虽以农业发展股份有限公司形式组建设立，但根据合同约定，公司必须保证按照国家当年粮食收购价格的 80% 为每人每月供应 25 公斤稻谷，且每年给予每股 400 元以上的现金分红，产生收益后再以股份进行盈余分配。山东青州市何官镇小王村 2009 年成立土地股份合作社，农户以承包土地入股，每股每年必须保障 926 斤小麦以股利形式支付的保底收益（固定收入）。[1]

---

[1]　参见吴福明《完善土地股份合作 促进农村土地流转》，证券时报网，http://epaper. stcn.com/paper/zqsb/html/2013-11/15/content_519802.htm，最后访问日期：2014 年 8 月 14 日。

课题组调研过程中，从官员到龙头企业负责人再到基层农经站负责人都对农户上述行为选择表示难以理解，将此类行为形象地比喻为"看三步，缓步走"，认为是农民的保守心理所致。

就理论层面而言，既为股份制经营，则不可能有保底性收益，此点在法人组织形式和收益分配上都与现行股份制难以兼容，显系中国乡村特色，其法权关系介于租赁与股份合作之间，殊难界定。

（二）成因分析

农户为什么会在入股时要求保底收益？是否真的是趋于保守？

笔者认为，农户作出如上选择，并非基于所谓"短视""保守""现实"，而是一种必然的理性决策。其根本原因在于以下几点。

1. 信任感缺乏

此种信任感缺乏，不仅表现为对国家政策和法律缺乏稳定性的不信任，还表现为对外来资本的不信任。基于农民的身份地位、农村的制度性贫困、农业的基础产业属性，农民对自身利益的保护必然趋于保守甚至封闭。美国华盛顿大学乔尔·S. 米格代尔（Joel S. Migdal）教授对农民的相关评述可以引为佐证："农民总是处在社会的从属地位。在农民之上的无论是地主，还是集权国家官员，都控制着农民生活的基本资源。由于农民处于相对无权的地位，所以他们尽可能地避免参与不够稳定的社会制度。"[1]

作为理性的判断者，农户不仅关注土地利益的最大化，更关注经营体制变化后如何在最大限度减轻自己风险的同时实现利益最大化。换言之，在土地投入利益最大化与土地利益损失风险最大化两者之间，农户经过理性平衡，趋向于在最低利益保障前提下追求土地利益最大化。美国普林斯顿大学教授丹尼尔·卡尼曼（Daniel. Kahneman）创建了"预期理论"（Prospect Theory），解释了此种不确定情况下人类作为自私主体行为决策的合理性。按照该理论，人类对所损失利益的评价和心理感受高出所得利益的两倍，因此，在进行决策时，总是按照自己的视角和参考

---

① 〔美〕J. 米格代尔：《农民、政治与革命：第三世界政治与社会变革的压力》，李玉琪、袁宁译，中央编译出版社，1996，第9页。

标准进行衡量，采纳自认为最有利的行为模式。①

　　但有一点尚需说明，正是基于农民的保守策略，在讨价还价中，资本集团通过将保底作为一种刺激策略，然后对其进行消极评价，最终进行行为引导。此点在日后的股份制改革中，特别是农民权益保护层面须特别留意。

　　2. 安全感缺乏

　　除信任感缺乏外，农民对土地股份合作尚缺乏安全感。主要体现为对经营损失不可预测、对股份合作社内部决策不可操控，加上没有完善的社会保障体系，农民对土地的依赖性与其安全度几乎完全成正比。

（三）法权关系界定

　　如何评价收取保底收益的土地股份化模型？

　　就学理层面而论，确乎背离了股权之设立本旨。其一，股权虽系所有权或使用权之转化形态，但权利人不得主张返还原物，亦不得主张返本或保底，否则有违股权产生之原初机理。权利人一旦入股，仅得依股权人身份而非物权行使请求权。其二，股票、股金证或股权证书表现形态虽系一种有体物且具有客观化、形式化等类似物权之公示公信特征，但其记载之权利本质上仅能为债权，不能为支配权。其三，股权之实现虽有赖于股权人之处分行为，但其处分的仅仅是股票、股金证或股权证书所记载的债权而非对土地权利本身进行实体性处分。

　　但就实践层面而论，中国农村土地改革处于转型、过渡阶段，此项模型虽难称创新，但也绝非畸形，实际上是利益博弈的客观结果。

　　有鉴于此，笔者建议对于此类法权可以直接认定为股权法律关系，其保底收益部分可直接视为双方股份合同约定之特别条款或优先条款。

四　集体性违法

　　在股份制试验、实践过程中，集体性违法在全国时有发生。此处仅针对股份化改革行为决策方面进行枚举、解读。

①　Kahneman D., Knetsch J., Thaler R., "Experimental Tests of the Endowment Effect and the Coase Theorem," *Journal of Political Economy*, 98（6），1990. 转引自"维基百科"之"Loss Aversion"词条，http：//en. wikipedia. org/wiki/Loss_aversion，最后访问日期：2014 年 8 月 14 日。

（一）所涉土地类型

以土地效益增长为由，各地以联合开发、合作开发名义经营城市，无数农村土地或被直接征收占用，或以"股份"形式非法入市。根据《法制日报》报道，2007 年，国土资源部开展"百日行动"，16 个省共计查处违法违规用地 3 万多宗，有关市县新增建设用地违法违规比例达到 70% 甚至 100%！①

与政府违法违规征占农村土地不同，农民集体为规避农地转用审批，纷纷以村组织名义将各类建设用地甚至农用地、整治后的宅基地以租赁形式外租，改变农村集体建设用地和农用地的性质和用途，这成为城市建设用地供给的主渠道，此即所谓以租代征。至于租金收益，既可以是货币租，亦可通过股份计价折算，实现有无互通、城乡联动。

（二）涉案主体：官、商、民一体化

面对巨大的市场利润，各地政府、工商企业、村社集体和老百姓就土地的非农化改造倾注了超乎寻常的热忱。低廉的违法成本和巨大的利益空间促使各类主体以各种名义加入农村土地的股份化改造行列。2011 年 11 月 29 日，国土资源部发布了《关于严禁工商企业租赁农地后擅自改变用途进行非农业建设的紧急通知》（国土资电发〔2011〕164 号，以下简称《紧急通知》），说明了此类现象的泛滥程度。

该《紧急通知》要求："任何单位或个人依法进行土地承包经营权流转，包括工商企业租赁农地从事农业生产的，必须按照土地利用总体规划，坚持农地农用，不得擅自改变土地用途。使用农地进行非农建设的，必须符合土地利用总体规划和年度土地利用计划，依法办理农用地转用审批手续，涉及土地征收的，依法办理土地征收审批手续。"同时强调："禁止任何单位或个人借'租赁'、'流转'农地之机，或以兴办设施农业为名，违规兴建'配套设施'，或变相兴建非农设施，擅自从事非农建设，一经发现，必须严肃查处。"

（三）行为动机：发展与投机

地方政府极端政绩情结诱发的行为决策姑置不论，工商资本进入农

---

① 参见郗建荣《国土资源部清理农用地非法入市 16 省查出 3 万多宗》，《法制日报》2007 年 10 月 23 日。

村的真实目的是不是从事农业经营？集体和农户又如何对待工商资本下乡？资金的刚性需求决定了农业经营对工商资本"欲拒还迎"的态度，而工商资本进入乡村，除极少数从事生态农业外，绝大部分应当说是老百姓所谓的"挂羊头卖狗肉"，是为了获得农民的土地权利，分享甚至垄断土地资源和高额利润。

资本寻利动机本属理性选择，发展与投机如未脱离合理的界限，亦能理解。但如走进法律的灰色地带甚至黑色地带，一味谋求暴利并借此消解、稀释农民权利，不仅会导致粮食危机，还会诱发社会矛盾。

村社集体以落实集体土地所有权为由，以股份合作形式促进农地流转，其本旨在于筹措农业转型所需的庞大社会资金，分享土地红利，其行为动机与行为决策应当说是土地市场和资本市场挤压、剥削后的被动结果。

（四）土地股份化：外壳与硬核

土地股份化改制的试验和立法成为诸多工商资本进入乡村攫取土地利益的有效依据，而土地股份合作社或土地股份公司必然成为一种被包装并标识为合法、改革创新等名目的外壳。所谓租赁、合作开发、作价入股、承包经营权流转，每一项流转方式和开发模式中，都不难见到土地入股的身影。如果仅是徒有其表，集体性违法尚能及时矫正，但该类外壳下已然形成强大而坚硬的内核。

笔者认为，对于集体性违法，应当理性看待。一方面，地方政府、集体、农民固有"法不责众"的侥幸，却有迫不得已的苦衷。农民寻求土地利益价值的实现和公平分享；集体需要所有权实体化，实现土地利益的高速增长，带动农民致富和筹集社会转型资本；地方政府亦需要发展地方经济，不甘人后。另一方面，土地立法的双轨制导致了城乡差距加大，挤占农村土地，挤压农民利益；加上经济发达地区对土地规模化、非农化利用的示范效应，土地入股可能会演化为土地投机的最佳范式。同时，关于农民土地权利构建与改革形成的法律文本与政策指向之间的冲突也成为集体性违法的最佳借口。陈小君教授对此有过精当的评价：集体建设用地使用权市场化、城乡建设用地市场一体化，既可以提高集体建设用地的利用效率，发挥集体建设用地使用权的经济价值，保障农民集体与农民个体的土地权益实现，限制政府通过征收获取巨额土地增值收益的冲动，还可以通过集体建设用地使用权流转收益来发展农村集体经济，为村庄公共产品与公共服务的供给奠定经济基础。①

（五）法律责任：罪与罚

毋庸讳言，集体性违法之所以如此普遍，固然与立法缺陷和经济发展模式有关，但违法成本低无疑为农村土地投机开发提供了内在驱动力和延伸空间。

首先，土地违法的首要层面是行政法风险，但前述国土资源部的《紧急通知》无疑在禁区中又产生"以惩罚代合法"的治理误区，破坏了行政执法的统一性、权威性、稳定性。该《紧急通知》对于已经开发的建设用地处理措施有一个例外——"依法对违法违规用地行为处理后，确需补办用地手续的建设项目，有关税费按违法用地期间最高标准支付和缴纳"。换言之，罚款之后再收取最高税费，即可取得合法性地位和身份。

一定程度上而论，国土资源部这种"话硬手软"不仅是权宜之计，亦是迫不得已的选择。因为此类集体性违法虽然具有违法性，但其确实可以带动区域性经济发展，甚至能在法律边缘地带创造经济奇迹。

其次，最有效遏阻土地违法的应该是《刑法》。《刑法》第410条规定："国家机关工作人员徇私舞弊，违反土地管理法规，滥用职权，非法批准征收、征用、占用土地，或者非法低价出让国有土地使用权，情节严重的，处三年以下有期徒刑或者拘役；致使国家或者集体利益遭受特别重大损失的，处三年以上七年以下有期徒刑。"细绎此条，承担刑事责任需以"徇私舞弊"为主观要件，但土地开发何来"私利"？主体要件为"国家机关工作人员"；违法后果是"情节严重"，如仅属于一般违法批地、占地，不构成本罪，可采用行政措施处理。同时，2000年6月发布的《最高人民法院关于审理破坏土地资源刑事案件具体应用法律若干问题的解释》规定，所谓情节严重是指非法批准征用、占用基本农田10亩以上；非法批准征用、占用基本农田以外的耕地30亩以上；非法批准

---

① 参见陈小君《我国农村土地法律制度变革的思路与框架——十八届三中全会〈决定〉相关内容解读》，《法学研究》2014年第4期。

征用、占用其他土地 50 亩以上；虽未达到上述数量标准，但非法批准征用、占用土地造成直接经济损失 30 万元，造成耕地大量毁坏等恶劣情节，即便上述要件均已满足，其刑期亦仅为"三年以下有期徒刑或者拘役"。更何况，此类刑事责任尚可以通过集体责任、分段（人、项目）审批等方式加以规避，如此刑罚等同虚设。

对于非国家工作人员的土地违法犯罪，《刑法》第 342 条规定："违反土地管理法规，非法占用耕地、林地等农用地，改变被占用土地用途，数量较大，造成耕地、林地等农用地大量毁坏的，处五年以下有期徒刑或者拘役，并处或者单处罚金。"此条原罪名为"非法占用耕地罪"，嗣经《刑法修正案（二）》改为"非法占用农用地罪"，但如何界定犯罪主体尚很艰难，遑论其他要件之认定与施行。

第十二章　乡村文本：农村土地股份制改革实践模式比较

20 世纪 90 年代以来，为寻求土地效益增长，全国各地农村纷纷出现了土地股份制改革的试点，时至今日，创造了多种多样的模式和类型，在股份配置、内部治理、收益分配等各方面各擅胜场。但必须说明的是，各地纷纷出现的土地股份合作社系合作社与股份制的融合，体现了极为浓厚的中国特色。[①]

根据对全国各地不同模式的比较，笔者将各类实践模式区分为内部互助型、吸纳嵌入型、资本控制型三大类，分而述之如后。

第一节　内部互助型

所谓内部互助型，系指农村土地虽以股份制名义进行改造，但无论就其"股权"配置，还是组织形式都是传统的合作社类型，系对传统合作社的一种改造或改良。

如 2012 年 6 月，《中共浙江省浦江县委办公室浦江县人民政府办公室关于印发〈浦江县农村土地股份制改革试点工作方案〉的通知》，确立了农民承包地股份制改革的一种模式：农民纯以土地入股组建为股份合作社。但该类入股土地限于农村承包地，且一般不作价，而是以农户承包土地面积量化入股，由土地合作组织统一对外发包或租赁，所得收益按农户土地入股的份额进行分配。

此类土地股份合作社具有如下特点。

一　身份高度统一

此类土地股份合作社多系内部成员之间以村社组为单位进行组建，

---

① 参见徐旭初、吴彬、高钰玲《合作社的质性与现实——一个基于理想类型的类型学研究》，《东岳论丛》2014 年第 4 期。

绝大部分社员为本村（社、组）农户或农民，身份上具有高度统一性。

此种身份性导致其土地份额的内部性和利益均衡。所谓内部性，系指所有土地均为本村社自有及社员自用之土地，多方合作仅仅是为了提高土地经营效率，但不得改变土地产权归属和农户之承包经营权；所谓利益均衡，系指无论土地是否折价，土地股份份额及其利益分配均追求严格的均等分配规则。

以温岭模式为例，虽然在组织形式上采用了各类股份合作形式，但其利益分配均集中于集体成员之身份股和土地承包权之土地股，借此寻求内部土地利益分配的均等化。

温岭模式根据入股标准不同而有三种子模式。

第一种，原始型土地股份合作制。该子模式以在册农业人口为基础进行股份量化。先根据全村在册农业人口的性别、年龄测算出每一农户的基分数，每 100 基分为一股，再按基分确定每户土地承包面积，以土地承包权入股，组建农业发展股份合作公司。公司每年按照基分变化调整股份，全村土地资产由公司统一经营管理开发，所得的净收入一半作为集体积累，一半用于股东分红。

第二种，单纯型土地股份合作制。该子模式以土地承包经营权为基础，每 0.1 亩为 1 股，将农户的第二轮土地承包面积折算成股份，建立土地股份合作公司。入股的土地由公司统一经营管理开发，所得净收入一半用作集体积累，一半用于股东分红。

第三种，综合型土地股份合作制。该子模式以村集体财产和土地为基础进行股份量化。将全部集体资产，包括固定资产、货币资产、土地资产和其他资产在内，经过量化后折股，组建村集体资产股份合作公司。农户的承包地则根据当年土地征用价格以货币形式表现，按照承包面积折算成个人分配股，集体资产则折算成集体积累股和机动调节股。全村的集体资产由公司经营管理开发，公司经营净收入提取资本公积金和公益金后按股份分红，所有股份配额每五年用机动股微调一次。

即便在第三种模式中，土地已然通过征收标准进行量化且分配到农民个人或农户家庭，但其基准仍为农户土地承包经营权，集体经济组织内部的无地成员则只能通过集体资产股份之分红实现利益分享。

二　股份以土地经营权为主，较少涉及农村集体资产

此类土地股份合作社成立之初，多系集体经济组织成员内部依照《农村土地承包法》之规定进行联合、协作、互助经营，所以早期多以土地承包经营权为主，对于集体土地所有权及其他集体资产则一般未进行股份化改造并计入股本，亦不涉及宅基地、自留山、自留林等土地资源。

如宁波市江北区庄桥镇颜家村自 2002 年以来就不断探索土地股份制改革。其基本模式为：稳定家庭承包经营权，以二轮承包土地为基准，将土地折股量化，以每个社员及社员子女的二轮土地承包面积（该村二轮承包时是按人均落实承包面积，人均 1.2 亩）为单位量化为 1 股，入股后土地承包经营权作为股权，并以户为单位发放土地股份证书。

颜家村探索的模式在股权配置上值得称道的是：虽然集体资产没有入股，但为了兼顾公平和效率，对土地已被征用的农户采取退还安置补助费的方式吸纳入股；对于入股社员的新生子女及婚嫁迁入本社的人员，也赋予其享受股东同等权益。

三　社员权和股权合一

基于产权、身份的内部性，功能的互助性，此类土地股份合作社社员权和股权具有同一性。

广东南海罗村镇下柏管理区较早推行农村土地股份合作制试点，该管理区辖 4 个自然村 1748 名农业人口，有水田 1600 多亩，旱岗地和宅基地 2000 多亩。新设农业发展股份有限公司虽系纯市场化经营实体并以公司化形式组建，但其股份分派基准严格按照集体经济组织成员之年龄进行配置，身份权、股权高度合一。公司首先将农户土地和集体组织的其他财产统一集中，然后按年满 16 周岁以上的农业人口分配一个土地股份，16 周岁以下的按半股的标准折股分派到具体人头。同时，公司还通过章程形式保证每月为"股东"（"社员"）按照国家当年粮食收购价格的 80% 供应 25 公斤稻谷，且每年给予每股 400 元以上的保底现金"分红"，体现了极强的身份性、保障性特征。

重庆市早期的土地股份合作社采取所谓"统分结合"的经营模式，

农民既是社员，又是股东，还是土地的实际经营者。所谓"统"，即农民以土地承包经营权入股，对于入股的土地则由农民专业合作社统筹安排，从品种提供、生产技术、生产资料、产品销售方面采取统一提供、采购、安排的方针。所谓"分"，即田间工作依旧由农民展开，或由合作社通过劳务报酬的方式雇用农民进行耕种，或由承包户（生产大户、业主等主体）负责耕种并向合作社缴纳服务费。对于没有土地承包经营权可入股的农民，合作社则通过提供技术服务、优惠价格收购产品、成本收益独立核算、盈余按照交易量返还的方针对其进行技术引导和销售扶持。

四　合作社统一经营或内股外租

在具体经营方式上，各地土地股份合作社可谓百花齐放、品类繁多。但综合考察，一般是采取联合经营、内股外租、委托经营等方式。

（一）联合经营

所谓联合经营，系指虽然进行了股份制改革，但农户与新的农地经营组织体（公司、合作社）之间仍然通过契约进行联合互动，有效整合土地、资金、技术、劳动力四大要素，逐步实现规模化、市场化目标。此类模式既可缓解合作社或公司劳动力供给紧张的问题，也为农民增收提供了新的路径；既可促进农民向农业工人转型，亦可推进传统农业生产向现代农业生产转型。

山东蓬莱模式可谓此类经营模式的典型。蓬莱农地股份制改革后，开始推行"农民+合作社+公司"联合经营模式，具体有如下三种方式。

第一种，建设订单合作型基地，主要由龙头公司帮助农民设计、栽种优质葡萄并签订订单，按照双方约定价格收购、出卖。

第二种，葡萄基地由公司直接经营，但通过合同约定，土地入股农民优先就业，实现了资金、技术、劳动力三大要素的有机整合。

第三种，农户以土地经营权入股组建土地股份合作社后，先由公司投资开发葡萄基地，之后按照"入股社员优先"原则，对土地实行再分配，划片经营、责任到户。合作社则按照与公司签订的合同作出生产计划，统一技术标准和操作规程，统一苗木和生产资料供应，将葡萄园转化成为一个大型车间，农民转型为"农业工人"，按企业规程进行标准化生产。

（二）　内股外租

所谓内股外租，系指土地股份合作社将土地资源整合后，进行内部配股，统一向外出租经营，再根据合作社章程对土地租金按股分配。严格意义上讲，该类土地股份合作社并非真正意义上的经济组织体，仅仅是土地流转的中介服务组织。典型的如苏州吴江市同里科技农业示范园，园内全部土地都进行了股份改革，1174 户农民以土地承包权入股组建了土地股份合作社，3000 亩土地集中后，分别出租给由当地 9 位农民和 7 位农民组成的两个粮油专业合作社承包经营。①

此类模式虽然名不副实，但在土地集约化经营方面有其独到之处。2007 年 4 月 26 日，盐城市以 "中共盐城市委农村工作办公室" 名义下发了《关于印发土地股份合作社示范章程的通知》。根据该通知，土地股份合作社被区分为两类："内股外租型" 与 "合股经营型"。其中，"内股外租型" 示范章程第 7 条明确规定了股权设置情况："本社入股的土地，每亩为一股，不足 1 亩的按比例折算。以其他生产要素入股时，股权折算方法和分配办法由股东大会或者股东代表大会讨论决定。""本社向入股的农户颁发股权证书，作为股东所有者权益和记载各财务年度分配的凭证，并以记名方式进行登记。颁发给股东的股权证书须同时加盖本社财务印章和理事长印鉴。" 第 8 条则规定了股权处分权利："个人股权的收益可以继承、馈赠；农户土地股权，在二轮承包期内，经本社和村委会同意可以转让。" 第 19 条说明了合作社收益的来源："本社的收益主要来源于入股土地的租赁收入。"②

（三）　委托经营

所谓委托经营，系指农民将土地承包经营权通过股份化折价或作价，组建农村土地股份合作社，委托村社组织或土地合作社统一经营，农民根据委托合同、按照股份份额从土地经营收益中获取约定比例的分配收益。

此类为近年来土地股份合作社的常见模式。其中，很多原来由村社

---

① 参见杜静《江苏农地股份合作社发展模式简析》，《江苏农村经济》2011 年第 4 期。

② 中共盐城市委农村工作办公室：《关于印发土地股份合作社示范章程的通知》及附件1："盐城市农村土地股份合作社（内股外租型）"，转引自盐城市官网，http://www.yancheng.gov.cn/ycapp/nrglIndex.action? messageID = ff80808133b6f0c90133c43ec6f-90754，最后访问日期：2017 年 8 月 25 日。

集体作为受托人的经营模式，已然转化为绝大部分由合作社接受委托，对集中的农用地进行规模化经营，或合作社自主经营，或发包外租，或与企业、公司联合经营。如成都锦江区以土地入股为纽带，建立了独立于乡政府、村委会的新型的社区农户联合体的法人组织——土地股份合作社。合作社把土地承包权集中起来入股，请有实力的种植公司来盘活土地，让农民一起致富，彻底改变过去"土地不多人人种"和"丰产不丰收"的低水平生产状况。土地股份合作社既是确定农村土地流转形式的载体，也是农民在土地流转后保护自身利益的一个实体。

需要说明的是，上述三种方式虽然单列而论，但在实践中，并没有严格进行明确区分，一类经营模式可能会和其他经营模式重叠。如前举委托经营，合作社既可采用联合经营模式，亦可采用内股外租方式经营。但总体而论，此类土地股份合作社多以信息服务、组织协调、日常事务管理为主，还很难称得上是典型的市场主体。

第二节　吸纳嵌入型

所谓吸纳嵌入型，系指为实现农村土地效益的快速高效增长，农户通过土地吸纳其他社会化资本、技术力量融入农业产业，而社会化力量则通过资本、技术嵌入农业生产领域，实现互利共赢。

如浙江浦江的第二种土地股份制改革形态。该种土地股份合作社，农民以土地入股为主，入股土地作价折股，工商企业、农业龙头企业则以投入、技术折价入股，土地股份合作社经营收益按股份进行分配。

此类模式有如下特征值得留意。

一　身份质性发生外溢，由同质性向异质性转变

此种土地股份合作社之第一大特征表现为合作社成员发生身份性质转变，由合作社成员内部之互助性、合作性转化为农民与工商资本、企业、公司之异质性融合，由上一类同质性身份性、互助性合作一变而为较为多元化的财产性、技术性、管理性合作。此点不仅有利于打破身份壁垒，突破城乡二元结构，实现资本、土地、技术、劳动力的四大要素优化组合，还能够促进农民脱农入城、城市工商资本嵌入乡村农业建设。

成都市农村土地股份制改革中采用了两类组织形式：一是农民自愿以土地承包经营权量化入股，组建土地股份制公司；二是由龙头企业和村集体经济组织出资金，农户以土地承包经营权折价入股，建立农业股份制公司。两类组织都按照现代企业制度统一组织生产经营，产品由入股龙头企业直接收购或与农产品加工和营销企业建立购销关系，实行订单销售。特别是实行农资统供、农机统配、病虫统防、品牌统建、产品统领"五个统一"突破了传统农业和农户经营的局限性，生产技术规程和产品质量标准得到极大提高。此种模式下，农户或社员除了按股分红和优先务工外，不再因为基本生存而留置土地进行零细化经营，绝大部分农民脱农入城。

二 相对严格的股份确权

征诸现行农村土地股份制改革，无论是采用何种组织形式，都有较为严格的股权确权。吸纳嵌入型经营模式因涉及外来资本投入、运营，所以农户对土地确权及股本量化都极为关注并成为股份制改革的前置条件。

成都市为集合农村土地进行规模化经营，提升土地的市场化、资本化水平，自2008年以来，又探索出了所谓"土地银行"改革模式。其组建流程和运作模式为：以村组集体经济组织名义注册成立农业资源经营合作社（内部称为"土地银行"，以下简称"合作社"）→农民自愿将土地承包经营权以股份形式"存入"合作社，并成为合作社成员→合作社参照银行的经营方式，对土地承包经营权进行集中"存贷"经营管理→农户土地采取"预存"方式"存入"合作社→合作社物色有实力的龙头企业或经营大户，将"预存"土地通过"放贷"方式集中流转出去并获取利润。

该类模式值得留意的有如下方面。

第一，农户股份按照"存入"土地面积计算，标准统一、客观，操作性强、透明度高，有利于赢得农户的信任。

第二，农民的收益表现为四方面：一是在集中"贷出"（流转）以前，土地仍由农户自行种植；二是土地"存入"后，以土地承包经营权所剩余期限定期获得存地"利息"；三是合作社产生的利润，按照"股份"不定期对社员进行二次分红；四是不愿离乡农民可以优先务工，获得劳务收入。

第三，龙头企业或经营大户投入资本后，面对的是合作社而非农户个体，可以有效降低成本和风险，特别是可以节约与农户直接谈判的成本，可以避免与农户直接发生经营纠纷和利益分配纠纷。

第四，该类土地股份合作社名为"土地银行"，但绝非真正意义上的金融机构，究其实质而论，仍然是一种土地流转中介服务组织，系农民自我管理、经营土地之自治性组织。

三　资本优势及内部控制

基于农村产业巨大的资金需求和城市工商资本的利益空间拓展，无论是吸纳还是嵌入，都形成了农村土地股份制改革的一大特色：资本优势远远大于土地优势，从而形成了农村土地股份占比大、股份比例小的权利形态。生产大户、运销大户、村社干部、农村基层组织和龙头企业等出资者的出资目的在于掌握合作社的实际控制权，以获取更多服务和利润。

就其优势而论，此类股份制改革有利于土地整理和成片经营；拓宽现代农业发展的投、融渠道，克服融资"瓶颈"；有效克服信息、技术、农资和农产品运销服务上的不足，促进新品种、新技术应用，提升产品销售通道和水平。

就其风险而论，资本的寻利本能可能会导致对农民权利的挤压、对集体权利的虚化。

四　收益分配多元化

吸纳嵌入型土地股份合作社的收益分配呈现为多元化特征。所谓多元化，系指土地股份合作社基于土地收益而产生的分配格局较第一类更复杂。

（一）权利主体多元化

就主体而论，该类收益分配权利主体既包含合作社成员，还包括土地经营权人以外之各类资本、技术提供者。以股份构成为例，按照该类土地股份合作社之股份来源，利益分配主体主要涉及如下数类。

第一，成员股或股东。此类系以土地经营权直接入股之农户或经过配股后量化到人头的农民个体。

第二，集体股。在组织形式转型过程中，集体资产日渐活跃并以土地、林地、水塘等自然资源及其他可量化财产、资产入股。此类集体股份既可解决乡村公共管理、建设所需资金，更可对失地失业农民、新增农村人口、外来农村人口权益进行有效保护并进行土地收益适度矫正，使之在提高效益基础上趋于公平。

第三，合作社或公司股份。以村（社、组）或公司名义组建之土地股份合作社、农业发展有限公司之类，或以集体股名义，或以公积金、日常管理费用等名义提取土地经营利润，或以公司股份直接参与分配。此点与传统合作制不以营利为目的的经营具有较大差异，更高层面、更大幅度趋近于股份制。

第四，工商资本股份。除乡村自发性的家庭农场、种植大户、基地业主外，大量城市工商资本近年来也不断向农业产业渗透并从土地经营中获取利润。

第五，技术、管理股份。多年前，有学者已经指出，土地股份合作制对农村微观经济主体的内部权利结构、技术进步、规模经济等方面的影响巨大。[①] 随着土地资源的高度集中和产业化，农业经营的风险日益增加，经济发达地区的土地股份合作社或各类公司渐次于股份配置中强化了技术股份和管理股份，其中最常见的是各合作社或单聘或联合聘任生产经理，专司农业生产技术与管理。如江苏省常熟市新港镇李袁村土地股份合作社的总股本为 407.5 万元，其中土地作价股本 216.5 万元，每亩土地作价 1 万元，集体现金入股 91 万元，经营者技术等折价 70 万元，技术股占比达到了 17.2%。[②]

第六，知识产权股份。以土地股份合作社与土地发展公司等名义进行的农业生产、加工、销售，近年来产生了诸多品牌，也产生了不少技术创新、发明，此类知识产权是否可以入股，配股标准如何确定，尚需进一步深入研讨。

---

① 参见黄少安《从家庭承包制的土地经营权到股份合作制的"准土地股权"——理论矛盾、形成机理和解决思路》，《经济研究》1995 年第 7 期。

② 参见杜静《江苏农地股份合作社发展模式简析》，《江苏农村经济》2011 年第 4 期。

（二）分配方式多元化

就收益分配方式及其客体范围而论，该类土地股份合作社的收益既可通过实物进行分配，也包含具有中国特色的保底金，还表现为股份制模式下的股息或股份红利。

1. 实物

如江苏扬州市渌洋湖农林综合开发土地股份专业合作社成立于 2004 年 10 月，截至 2012 年，共有 1400 户农户入社，吸纳社员 4900 人。全社有耕地 5500 亩、林地 2500 亩、鱼池 1000 亩。每股每年保底分红 600 斤粳稻、50 斤小麦。[①] 国务院发展研究中心农村经济研究部及国土资源部相关学者对成都市土地股份合作社进行调研，发现也有合作社以实物分配股份利益的情形，如崇州市锦江乡新华村三家土地股份社，农户每亩保底的毛收入以 800 斤黄谷计量，按市价折为 944 元。[②]

2. 保底金

目前，很多地方的土地股份合作社均有土地股的保底金，或称为"保底股金""保底分红""保底租金"，究其实质而论，多表现为一种土地租金形态，是农民为保障土地收益的最为有效的策略设计和行为选择。

例如大连市金州区向应镇城西村向应农业发展有限公司，该公司成立于 2001 年 3 月，系大连首家采用农民土地入股的形式发展产业经营、实现集约化和专业化的企业，目前已发展成为集农业科研、生产、加工、贮藏、销售于一体的股份制企业。虽然宣称以《公司法》规定组建，且按股份分担风险，但在改革之初，必须保证：无论公司盈亏，每年年初，先期支付入股农民每亩保底分红 200 元。如果公司年底还有盈利，可继续分红。

此类保底金固然有其保守性，但其产生原因与运作机理自有其合理性和必然性。毋庸讳言，此类保守心态和行为动摇了股份制改革的价值核心，使土地股份制改革演化为名为入股、实为出租，此点详见前述。

[①] 参见杜静《江苏农地股份合作社发展模式简析》，《江苏农村经济》2011 年第 4 期。

[②] 参见刘守英、谭明智《成都农地股份合作社调查》，国务院发展研究中心信息网，http：//www. drcnet. com. cn/eDRCnet. common. web/DocSummary. aspx？chnid = 1002&docid = 3448577&leafid = 21199&version = integrated，最后访问日期：2014 年 8 月 27 日。

3. 红利

此类为土地股份之赢利后收益。

4. 补助金

除实物、保底金和红利外，不少地区的土地股份合作社还有补助金，表现为一种内部福利供给。如江苏扬州市渌洋湖农林综合开发土地股份专业合作社，每年为每一位 60 岁以上的老人发放生活补助费 300 元，此点虽未计入股份，也不管合作社是否赢利，却是合作社的一项约定义务。2009 年，笔者在上海市闵行区七宝镇九星村调研时发现，该村对无劳动力的老人、未成年人、残疾人都有固定数额补助。至 2012 年，九星村已经完成股改，每年盈利中的一部分用于各类补贴、补助、救济。[①]

第三节 资本控制型

所谓资本控制型，系指农村土地转化为显性资本并通过严格的确权、配股后由实体化主体控制、经营。随着《决定》与《意见》的颁行以及农村土地股份制改革的内部完善，此类形态的农村土地股份合作社日渐增多，其效益增长可观，但其内蕴的风险亦愈加突出。

此类土地股份制改革模式有如下特征。

一 身份转换

此类模式多采用"土地权利+货币资本+企业营运"方式，突出资本的贡献率和控制力。其中，农户的土地权利已经被量化为货币化资产或股本。农户的社员权、成员权和集体的管理职能仅仅表现为一种股份化权利，其土地身份性特色和优势渐次让位于资本性身份架构。如成都市自 2008 年以来，通过"两股一改"模式进行全盘改革，集体与农民身份双重淡化。所谓"两股一改"，系指对集体土地进行股权化确权，对集

---

① 根据有关媒体报道，九星村股份制改革后，其村内福利亦纳入股红分配中。"逢年过节，向每个村民职工发放食物和过节费；每年都组织 1000 多名退休老人外出旅游，每月向每个老人发送牛奶卡；向在读大学生、研究生和出国留学生每年补贴 6000 元、9000 元和 2 万—8 万元等各种福利。"转引自徐盘钢《九星村壮大集体经济福利同步红利共享》，《农民日报》2012 年 6 月 5 日。

体资产进行股份制改造。其改革以社为单位，财产范围涉及集体所有的经营性净资产和集体建设用地（含农户宅基地）使用权、土地承包经营权等各项。对上述各类财产分别折股量化到人头，不设集体股，农民股份股权长久固化。再以村（社区）为单位组建股份经济合作社，对量化股权后的集体建设用地、农用地和经营性净资产实行统一经营管理。

该类模式使农民、社员、集体经济组织成员统一实现了股权化身份转换，成为股东兼合作社成员，不仅可以摆脱对土地的资源供给依赖，还可以实现农村土地、农村劳动力和农业其他资源的进一步市场化、规模化流动。

（一）强化集体建设用地的市场化流转

根据成都市的改革路径，因为在股份中不设集体股，股份经济合作社在一定程度上属于社企合一。合作社按照规划对土地进行统一整理后，将闲置、置换及其他新增集体建设用地指标除一部分用于建设农民集中居住区外，全部量化到股权，统一流转至市场获取利润，克服了集体建设用地的低效率、分散化以及内部的违法或不公平现象（如多占宅基地、违规搭建等）。其中，值得留意的是，集体建设用地指标流转获得的收益一部分用于投资集中居住区建设和基础设施配套建设，剩余收益并非直接作为股息红利进行分配，而是先转化为股份经济合作社的本金进行流通、经营，农民股东从此项经营性收益中再按股分配。

（二）强化农用地的规模化经营

成都模式中的农用地强调统一规划，建设现代化农业园区，再以租赁方式将集中的土地流转给龙头企业及其他社会业主。此点相较现代化企业生产尚有一定距离，但其在实现土地适度规模化经营上大大优于传统小农生产。

（三）强化经营性资产的保值增值

此类模式对于闲置、不法占用集体性经营性资产可以起到遏阻作用，且能实现资产的保值增值。

二 工商资本"渗入"与"控制"

农业产业周期长、风险大、投入大，但在利益驱使下，众多工商资本日渐选择投资乡村，寻求与土地的利益连接。

但资本的寻利本能和农民、农业、农村对资金的极度需求，极易造成工商资本渗入后控制土地收益，逐步淡化、弱化农民股份权利，甚至挤压农民的权利空间，农村土地最终沦为工商资本的"摇钱树"，而农民却沦为新一轮"雇工"。

在合作社模式下，工商资本对农民和土地的控制能力稍弱一些；但如完全采用公司化方式运作，工商资本的渗入固然有利于带动农业发展和农村基础设施的改善，但是否能实现与农民共享土地收益则需要谨慎斟酌。正是基于此种忧虑，除极少数经济发达地区，一般农民不愿意选择公司化股份制改造。现有众多农业资源发展股份有限公司，虽名为公司，实则为合作社的另类存在形态。

最典型的问题还在于，工商资本以货币入股，农民以土地作价或折价入股。因农村土地市场价值低，实践中农民土地入股的配股标准一般采用粮食产量标准，条件好的地方采用土地征收补偿标准，同时规定一定时间内适度提高租金价格或股红分配比例。由此，土地收益货币化计量后，虽然人口多、数量大，但实际股份占比少，如果按照纯公司化经营、管理、分配，农户显然无法与工商资本进行有效对抗，导致绝大部分地区农民对公司型股份制改革采取不合作、不信任态度。

如何解决农户"不合作"或遏制工商资本的极端控制问题，笔者认为可以从如下方面进行思考。

其一，农村土地的市场化仅能为"有限市场化"。征诸世界各国，即便在自由化程度极高的国家和地区，农业也是基础性产业，为确保粮食安全和耕地生态，不可能亦不允许对农村土地进行纯市场化操作。工商资本进入农村，仅仅是"输血"，而不能是"换血"。

其二，资质限定。就农用地而言，对进入农村的工商资本不能一概放行或积极招商，而应以其是否具有经营农业产业的能力为基准，进行产业准入限制和资质评定。

其三，农民自愿。对于农村土地与工商资本的链接必须确保农民自愿前提，不宜通过所谓乡镇、村社统一规划，强力推行。

其四，组织形式多元化。目前，工商资本与农村土地可以有多种结合形态，其中最成功的一种就是土地股份合作社。在公司化运营存在障碍和风险的地区，可以先由工商资本组建的公司出资与农民土地权利入股共同组建各类专业合作社，公司在科技、信息、销售、加工等方面进行市场化拓展并按照约定获取利益。如贵州省毕节市金沙县广德农业发展有限公司，先由公司出资，吸收农民土地入股，组建独立运营、单独核算的专业合作社，合作社按约定与公司分红后再与合作社成员进行内部分红。

三　土地用途改变

根据实践经验，目前较为成功的公司化运作的土地股份合作社或公司，都出现在经济极为发达地区，特别是原来的城乡接合部。随着城市化进程的推进，土地价值飞升，农民集体经济组织为了实现土地的更高效益统一进行股份制改造，寻求土地的规模化利用与市场化增值。最为重要的是，凡是这类农村土地，无论是集体建设用地，还是农用地，后来都转变成为非农用地。

如上海闸北区彭浦镇彭浦村在土地被征收后，获得了部分"征地留用地"，成为上海市第一个留地安置试点单位。关于此类安置方式，理论上存在诸多问题，操作层面也存在法律、政策的双重风险。但该村通过在留用地上建设商务用房，年租金达2000多万元；正在建设的47000多平方米公租房，建成后年租金可达3000多万元。上述资产通过资产量化，配置到农民个人，形成个人股2000多万元。[①]年租金收入达六七亿元之多，做到"人人有工作，人人有股份，人人有保障"。上海闵行区九星村通过自主开发1300多亩集体土地，建设九星综合市场，建筑面积达80多万平方米，入驻商户8000多家，年销售额达到280多亿元，昔日乡村一变而为上海市场航母。[②]

---

① 参见朱全弟、顾吾浩《土地制度改革增加农民财富》，《新民晚报》2013年11月22日。
② 参见徐盘钢《九星村壮大集体经济福利同步红利共享》，《农民日报》2012年6月5日。

第十三章　农村土地股份制改革：风险生成与防范机制

第一节　风险种类及其生成

毋庸讳言，农村土地股份制改革过程中土地股份配置、组织形式之所以出现百花齐放、难归一统的局面，固然与传统的文化情结有关，如追求资格平等、利益共享等，但更深层次的原因即在于最大限度避免或减少股份制后的风险。

一　法律风险

农村土地股份制改革的法律风险不仅仅表现为前面论及的法律与政策的冲突与调适问题，也涉及前已论及的各类理论难题，更涉及具体层面的立法、司法、执法的风险。

（一）立法风险

立法方面的风险主要表现为现行各类试点在目前立法文件中难以准确定位，甚至直接与现行法律相抵触。抵触、冲突部分已详前述，难以界定的问题如农村土地股份合作社主体资格认定。

依照《农民专业合作社法》，该类组织可以通过工商登记取得法人资格。由此就产生以下问题。

首先，如果该类土地股份合作社没有进行工商登记，自然就不具备法人资格，那么，在民法上，该类组织究竟应属于何种主体？是用描述性的非法人型经营性组织，还是将其归为《民法典》之"非法人组织"，或者归于合伙？如果"姜身未分明"，一旦发生诉讼，其民事主体地位、身份如何认定？责任主体如何落实？

其次，如果土地股份合作社进行了工商登记，取得了法人资格，此类法人为何种法人？根据物权法定原则，此类组织对其财产享有的物权属于何种物权？

再如，即便确证了农村土地股份合作社的主体身份，但其内部所谓的股份、股权股东是否能与现行《公司法》相匹配？农户能否以有期限的限定物权进行入股？此类股份如何实现市场化？如果不能充分实现市场化，仅限于一种内部封闭性流转，此种股份又有何种价值或意义？

虽然《决定》和《意见》要求对法律进行修改与完善，但上述问题不解决，法律修改难以完成；或者强行削足适履，不仅会破坏成文法的统一性、权威性，还会诱发更大的法律风险。

（二）司法风险

现行土地权利股份化模式及其运行机制 20 多年来虽然取得了一定的成效，但很多问题在法律适用上自始难以解决。

比如，对于土地纠纷的受理问题。根据最高人民法院（2002）民立他字第 4 号答复的意见，农村集体经济组织成员与农村集体经济组织之间因收益分配产生的争议，如果争议的财产属于集体经济组织所有、管理和使用，则不属于人民法院受理民事诉讼的范围，应由行政部门协调解决；如果争议的财产依法属于农村集体经济组织成员个人所有而集体经济组织予以截留引起纠纷的，则属于人民法院受理民事案件的范围。笔者认为，当事人对争议财产归属没有争议，股份合作企业明知财产归股东所有而扣发、截留，属于民事侵权法律关系；而收益分配纠纷是股份合作企业与股东因收益归属发生争议，属于物权法律关系，亦属于民事权益纠纷的范畴。

再如，集体经济组织成员的成员权如何通过司法程序进行保障？实体法上对成员权的内涵、外延虽然于理论上相对明确，但具体到农民个体化权利，一如集体土地所有权之于农民之土地权利，成文化文本始终不能自圆其说。由此，集体土地所有权之虚化、虚位直接导致农民权利之缺损，其成员权之保障更无从谈起。① 即便于农村土地股份合作社之

---

① 《宪法》第 6 条虽然明确规定了"中华人民共和国的社会主义经济制度的基础是生产资料的社会主义公有制，即全民所有制和劳动群众集体所有制"，但对于集体所有权的主体，法律、法规及政策性文件均未明示。《中国大百科全书·法学》将之界定为"劳动群众集体所有权是指劳动群众集体所有制组织的财产所有权"。《中华法学大辞典·民法学卷》更进一步主张"集体组织所有权又称劳动群众集体组织的财产所有权，是劳动群众集体组织占有、使用、收益和处分其财产的权利"，认为其"是劳动群体所有制在法律上的表现"。同时，一再声明："集体所有权没有全国性的统一的主体，其主体是工业、农业、商业、修理和服务业等各方面的劳动群众集体经济组织。"更值得留意的是，该辞典特别指出："集体所有权的主体是集体组织，而不是组成这个集体的成员。"

类组织体中，成员权、社员权、股东权三项权利合一，一定程度能够保护农民的权利，但此类成员权、社员权、股东权混合，其相互关系又如何界定，都存在价值上、逻辑上的双向困境。

又如，如何通过合法、透明的司法程序保障农户或农民的股权不被"淡化""稀释""收购"？如果农户或农民之成员权资格被一再虚化，再以一种虚化的权利进行入股，此类"股权"极易被颠覆，或因政策改变，或因大资本被吞并，或因经营不善自动弃权，任何一种后果都将溢出法律边界，由法律问题、经济问题演化为社会问题、政治问题。

还如，当工商资本与农村土地承包权人发生纠纷，法院如何认定工商资本的主体地位？是否能够认定其基于合同约定并实际经营而产生的物权对抗效力？如果认定工商资本仅仅属于一种合同性权利（债权），势必导致大量工商资本逃逸远遁；如果认定其物权效力，其物权请求权基础又是什么？

（三）执法风险

客观而论，目前农村土地股份制改革最为成功的是经济发达地区。无论是公司化的土地有限公司，还是土地股份合作社，因为城市带动地价攀升，各类要素集成效应均可推动土地经营实现较高利润或收益。但最为显著的问题接踵而至：此类土地要么被征收后转化为集体资产；要么是所谓的"留地安置"所保有的经营性建设用地；要么是获得地方政府默许的集体违法；要么是根本无视法律与政府，擅自改变农村土地的农业用途，直接将农用地转化为商业性开发用地。

上述问题积之既久，已然成为历史遗留问题。如何解决，尚需在民法典时代寻求更为妥适的路径。

二　政策风险

除法律风险外，农村土地股份制尚存在一些政策性风险。具体而论，表现为法律与政策之冲突可能导致合法性缺失，政策碎片化可能会影响股权的稳定性，同时，政策推进过程中的政府积极主导、倡导可能会违背农民意愿。分而述之如下。

（一）法律与政策之冲突

如前所论，在《农村土地承包法》修订前，在《民法典》颁行前，虽然《意见》区分了承包权与经营权，但就法律层面而言，物权法定原则对于土地经营权是否成为独立物权类型将产生不利影响；同时，物权属性的缺乏又必然牵涉土地经营权抵押之合法性等一系列问题。当其时，即便通过对立法进行扩张解释暂时调适，但因循既久，势必产生两种后果：要么改革成果面临合法性风险，要么牺牲成文法之统一与权威。更重要的是，如果以政策替代法律，政策之短期性、个体性以及部门意志的强力性势必导致中国社会转型脱离法治轨道。

《农村土地承包法》的修订和《民法典》的问世弥缝了上述冲突，消弭了潜在的风险。

（二）政策碎片化与股权之稳定性

政策的短期性、个体性会屏蔽法律的长期性、普遍性，其针对具体问题所产生的不同处理方式、策略、原则必然引发碎片化，导致农户或农民股权的稳定性缺乏，更难形成统一而具法律权威的法权体系。

有学者曾经指出，从国家层面看，公共决策存在碎片化现象：一些重大政策前后不统一，各个地区各个群体间不一致，一些政策甚至被部门利益和团体利益绑架。①

目前，农村土地股份制改革从组织形式选择到股权配置、从收益分配到内部治理之所以出现差异性、区域化等特征，固然与改革试点中体制创新的程度有关系，但不容否认，此类纷繁复杂的局面与各地、各部门的政策导向有着必然的内在联系。

（三）政策推行之强制性与农民意愿

《意见》第 21 条明确规定："土地流转和适度规模经营要尊重农民意愿，不能强制推动。"此类表述足以证明现实生活中各地政府有强制推动之举措。征诸实践环节，确有部分地方政府或为了政绩，或为了利益，与城市工商资本联合，强制性推动所谓农村土地股份制改革，加上收益分配不合理，或收益过低，引发农民严重不满。

---

① 参见万磊《俞可平：如何防止改革碎片化》，转引自新华网，http://news.xinhuanet.com/fortune/2013-03/02/c_124406884.htm，最后访问日期：2017 年 8 月 30 日。

三　经营风险

因为缺乏统一的法律调整，农村土地股份制改革在经营过程中尚存在融资、管理等诸多经营风险。典型的如农民土地融资抵押。

依照《担保法》《物权法》之相关规定，农民仅能以土地收益进行抵押，而不能以承包经营权设定抵押。如此必然导致农业抵押周期短、利率低、风险大、面额小，很难有金融机构为其提供"服务"；偶有所谓以农产品设定抵押，要么限于政府强制，要么流于人情，要么名为抵押农产品实则暗中转移土地权利，改变土地用途。

我国目前尚未建立统一而具实效的农业保险制度，即便金融机构愿意或被迫进行农贷，如农村土地股份合作社破产，即便适用《企业破产法》，其利益保障亦仅限于土地收益而不能及于土地权利本身且必须确保农户或农民的必要生活条件。由此，资金短缺必然成为农村土地股份制改革的制约因素并引发经营风险。

美国经济学家 T. W. 舒尔茨（T. W. Schultz）在评价传统农业时认为，"传统农业应该被作为一种特殊类型的经济均衡状态"，其核心问题是生产要素与技术条件长期以来缺少明显的变化。[①] 此点系对传统农业的内生性特征进行的归纳。客观而论，传统农业的生产要素与技术条件之所以缺少明显变化，其根本性原因即在于产权约束与资金短缺，系一种外力（制度刚性）推动的结果，而非农民自愿选择的结果。

集体经济时代以后，农业产业链上的投融资体系基本陷于瘫痪状态，农民的投融资能力主要被严格限制在其自身内部能力。张曙光教授的研究数据表明（见表13-1），1985~1999年十余年间，农民从银行信用社融资的比例平均不到24%，从合作基金会融资的比例平均不足4%，从其他途径融资的比例平均不足3%，而绝大部分融资仅限于道德性援助的具有互助性质的私人借贷，其平均比例接近70%。

---

① 〔美〕西奥多·W. 舒尔茨：《改造传统农业》，梁小民译，商务印书馆，1999，第24~25页。

表 13-1　中国农民融资路径（1985~1999 年）

单位：%

融资路径	1985 年	1995 年	1996 年	1997 年	1998 年	1999 年
银行信用社贷款	40	24.23	25.42	23.94	20.65	24.43
合作基金会借款		5.52	2.45	2.91	3.42	3.47
私人借款		67.75	69.27	70.38	74.29	69.41
其他融资方式		2.50	1.86	2.78	1.64	2.68

　　数据来源：张曙光、赵农：《决策权的配置与决策方式的变迁——关于中国农村问题的系统思考》，《中国社会科学评论》（香港）2002 年第 1 期。

　　说明：因原文数字进位问题，统计数据总计不足或超过 100%。此处遵从原文。

　　但就农民而言，除土地与自由劳动力之外，没有任何融资来源。在乡村地权严重封闭的情形下，农民的投融资链条无形间被截断。

四　社会风险

　　农村土地股份制改革之社会风险主要表现为：当土地被集中利用、集约化经营后，高科技的引入、高效能的管理、高水平的能力需求必然导致大量社会问题。

（一）自由农民失业

　　上述所谓"三高"（高科技的引入、高效能的管理、高水平的能力需求）系农业产业化、现代化转型的必然要求和应然结果，但必然导致大量农民成为自由劳动力。该类劳动力或进入城市成为"农民工"，或留守农村成为新一代农民。但因自身禀赋，无论是"入城"还是"留乡"，部分农民都会面临失业风险。留守乡村的失业农民尚可通过土地收益分配获得一些生存条件，而城市农民工失业则可能成为城市无业人员。

（二）失地农民安置

　　对失地失业农民如何安置，历来是人口大国现代化转型的一大难题。无论是进入城市，还是留守乡村，提高其自身禀赋与市场竞争力、拓展较为宽裕的就业通道是各个发达国家都曾走过的艰辛历程。在强调政府责任、社会责任的同时，将土地收益适度适量投入应当是解决此类问题的一大关键。

　　对此，笔者曾经建议设立国家土地基金，专司剩余劳动力转换与土地改良。① 详见后述。

（三）入城农民生存权与发展权

农村优质劳动力进入城市，还将面临社会融入（social cohesion）问题。Michel Bassand 等从六大方面阐析了社会融入问题，涵括了归属感（belonging）、包容（inclusion）、合法化（legitimacy）、平等（equality）、参与（participation）、认可（recognition）。②

揆诸现实，入城农民之生存权、发展权并不理想。作为农村土地股份制改革的联动配置，如果该领域失败，不仅城市公共安全堪忧，回流的农民更可能导致乡村治理风险。

（四）乡村治理风险

一定程度而言，农村土地具有相对独立的消化剩余劳动力的组织功能，失地失业农民的增加，会造成乡村闲散劳动力为寻求较高生活水平于乡村肆虐，成为乡村不稳定团体力量。③

五　环境生态风险

环境生态风险不仅存在于城市中，在土地股份制改革的农村亦日趋严峻。

《决定》强调："紧紧围绕建设美丽中国深化生态文明体制改革，加快建立生态文明制度，健全国土空间开发、资源节约利用、生态环境保护的体制机制，推动形成人与自然和谐发展现代化建设新格局。"第51条则具体规定了健全自然资源资产产权制度和用途管制制度。要求："对水流、森林、山岭、草原、荒地、滩涂等自然生态空间进行统一确权登记，形成归属清晰、权责明确、监管有效的自然资源资产产权制度。建

---

① 参见刘云生《制度变异与乡村贫困——中国农村土地利益分配法权研究》，法律出版社，2012，第201页。

② Michel Bassand et al.（eds.）, *Urbanization: Appropriation of Space and Culture*, New York: Graduate School and University Center, 1990, 转引自李培林、田丰《城市化与农民工的社会融入》，载李培林等《当代中国城市化及其影响》，社会科学文献出版社，2013，第100页。

③ 显著的个案如2008年以来的金融危机导致农民工"倒流"回村，突破了乡村治安的防控底线，各类土地纠纷、刑事案件均呈上升趋势。参见长子中《返乡民工较大部分仍滞留农村消极影响不容忽视》，《中国经济时报》2009年5月6日。

立空间规划体系，划定生产、生活、生态空间开发管制界限，落实用途管制。健全能源、水、土地节约集约使用制度。"

《意见》在涉及农业产业时，于第 14 条特别申明"促进生态友好型农业发展"，并对各项任务进行了具体安排。①

农村土地股份制改革过程中，自然生态、经济生态、社会生态之保护程度如何，目前笔者尚无具体数据支撑。但在田野考察过程中发现，农村土地股份制改革带来了城市的文明，也带来了土地、空气、水流的高能耗、强污染；同时，产业结构单一，创新速度缓慢，劳动力转换程度低，经济生态前景不容乐观；此外，土地股份制改革后，基于土地的集约化经营需求，各地纷纷建设集中居住区或撤村改居，农村原有之特色民居、寺庙道观等人文景点先后遭到毁灭性破坏。

第二节　防范机制

如何防范如上风险？除坚持完善土地股份制之法权结构外，其他配套性系统工程亦日显重要。

一　建立健全城乡统一的社会保障体系

农村土地股份制改革中农民的"保底"需求、集体违约退社、集体违法等现象的发生，并非因为农民缺乏理性，而是当前制度下农民对土地依赖的必然反映。要通过股份制改革实现城乡互通、和谐共荣，实现农村、农业、农民的现代化转型，必须仰赖于统一而健全的社会保障体系。

（一）健全城镇住房保障体系

《决定》提出"健全符合国情的住房保障和供应体系"。对于目前中

---

① 《意见》之具体表述为："落实最严格的耕地保护制度、节约集约用地制度、水资源管理制度、环境保护制度，强化监督考核和激励约束。分区域规模化推进高效节水灌溉行动。大力推进机械化深松整地和秸秆还田等综合利用，加快实施土壤有机质提升补贴项目，支持开展病虫害绿色防控和病死畜禽无害化处理。加大农业面源污染防治力度，支持高效肥和低残留农药使用、规模养殖场畜禽粪便资源化利用、新型农业经营主体使用有机肥、推广高标准农膜和残膜回收等试点。"

国农民的住房问题应当区别对待。

1. 已征地农民住房问题

根据《意见》第 20 条和《物权法》的规定，对于土地被征用的农民，"除补偿农民被征收的集体土地外，还必须对农民的住房、社保、就业培训给予合理保障"。《民法典》第 243 条第 2 款更全面地落实了此类保障问题，将村民住宅纳入补偿范围，规定："征收集体所有的土地，应当依法及时足额支付土地补偿费、安置补助费以及农村村民住宅、其他地上附着物和青苗等的补偿费用，并安排被征地农民的社会保障费用，保障被征地农民的生活，维护被征地农民的合法权益。"

2. 在乡农民集中居住区建设

农地股份制改革后因土地集约化利用进行的在乡农民集中居住区建设，因农民享有无偿的宅基地使用权和相应充裕的使用面积，此类问题不大。

3. 撤村改居

该类住房严格意义上已经有所保障，不仅享有基于集体经济组织成员身份而获得的宅基地无偿使用权；在撤并过程中，相当多的住房已经改造升级，且产权明晰。

4. 关于改善型住房

必须坚持市场化改革方向，发挥市场在资源配置中所起的决定性作用，激发市场活力。

5. 因土地股份制改革脱农入城的农民住房问题

此类问题是改革的最大障碍，也是最为敏感的问题。该类农民虽然保有农民身份和土地承包权，但土地经营权、宅基地权、自留山、自留林等一旦实现股份化，其基本住房保障凭借有限的土地股份分红难以奏效。

对于此类入城农民，政府必须尽到责任，发挥宏观调控作用，为中低收入者提供能够满足基本需要的住房保障公共服务。可以在地方实践基础上，对廉租住房和公共租赁住房实行并轨运行，也可以指导地方有序开展共有产权保障房的探索。

（二）建立农村养老医疗保险机制

我国目前虽已基本建立全面覆盖的农村合作医疗制度，但除医疗保障制度外，广大农村其他社会保障制度如失业、工伤、生育保险等领域基本处于空白状态。在推进农地产权改革和股份制设计过程中，必然面临部分农民失地失业的问题，为接替农地社会保障职能，切实保障农民利益，需要建立健全农村社会保障体系，防范农地改革中的社会风险。为了让每位农民享受基本医疗费和基本养老金，除了国家和地方政府根据财政状况给予适当补助外，可以尝试推进农村土地股份合作经济组织按合同约定为成员缴纳医疗、养老保险。

（三）农业人口城镇化与财政转移支付的同步化

《决定》提出，建立财政转移支付同农业转移人口市民化挂钩机制，从严合理供给城市建设用地，提高城市土地利用率。我国现阶段存在大量农业转移人口难以融入城市社会，市民化进程滞后。例如，2亿多农民工及其随迁家属虽然被纳入城镇人口统计范围，却未能在教育、就业、医疗、养老、保障性住房等方面平等享受城镇居民的基本公共服务。城镇化应以人口城镇化为核心，有序推进农业转移人口市民化，不断提升城镇居民生活品质。"国家中长期新型城镇化规划"提出未来中国财政转移支付分配规模将一改之前户籍人口认定方式，更多考虑常住人口因素，根据常住人口规模进行认定，以做到根据地方实际来"真正合理分配公共资源"。因此，为鼓励地方积极接纳转移人口，合理调整政府间收入划分，在一般性转移支付认定改变的同时，对专项转移支付认定也作出相应调整。各类与常住人口相关的公共服务、基础设施建设等专项转移支付，也要与常住人口规模挂钩。中央财政和省级财政可设立农业转移人口市民化专项补助资金，根据城市吸纳农民工落户规模，提供城市基础设施和公共服务设施建设补贴。

二　构建多元化投融资体系

在地方探索与实践的基础上建构多元化的农村投融资体系，课题组提出了"两条路径＋四大板块"解决方案。

（一）"两条路径"

其一，以土地储备基金、发展基金为基础，创建多元化投融资体系，确保农民阶层的融资路径畅通。

其二，对单纯农业产业，国家应当通过扶持、补贴政策弥补投融资体系构建之不足。此外，在农村土地有限市场化前提下开放乡村建设用地市场，有效实现农村产业投融资体系的双向良性发展。此类选择较多，如通过土地权利抵押、发行"土地债券"、筹建"土地银行"以及商业性的小额贷款公司等方式均可立体化、多层次保障乡村土地投融资走上健康发展道路。

（二）"四大板块"

根据现有国家法律、法规，地方政策与实践探索，可对农村土地投融资体系进行规整、统一，形成多元化农村金融体系。笔者目力所及，有如下四大板块：其一，农村政策性金融机构，此类可以农业发展银行为代表；其二，农村合作社金融机构，此类可以农村信用社为代表；其三，农村商业性金融机构，此类以村镇银行、贷款公司、小额担保公司等为代表；其四，农业政策性保险。将财政手段与市场机制相对接，创新政府产业扶持、补贴、救助方式，提高财政资金使用效益，分散农业风险，促进农业产业健康稳定发展和农民收入可持续增长。

目前，在开放农地产权、激活农村金融方面，各地均在不同程度上进行探索，如重庆市于 2006 年已通过地方立法形式对农民土地入股予以肯定，并于 2008 年提出支持有条件的地方建立村镇银行、贷款公司、农村资金互助合作社，发展小额贷款等议案，同时鼓励民间资金参与村镇银行投资，并建立"三农"金融业务利益补偿和风险分担机制。

三　改革户籍制度，推动城乡一体化居住证制度和均等化公共服务①

城镇化并非单纯的城市空间扩张，也不能简单追求统计数据的城镇化率，更紧迫的任务是实现人口城镇化，以存量带增量，有序推进农业转移人口市民化。以僵化的户籍制度为基础的城乡二元体系和公共服务区别化已无法满足当前迅速推进的城镇化需要。

（1）推进户籍和人口迁移体制改革。逐步建立城乡一体的居住证制度，以举家迁徙和新生代农民工为重点，以就业年限或居住年限或社保

---

① 本课题调研过程中，中共中央政治局 2014 年 7 月审议通过了《关于进一步推进户籍制度改革的意见》，国务院随即以国发〔2014〕25 号文件形式予以发布。

参与年限为基准，加快放开在中小城市和小城镇落户限制，逐步放宽大中城市和特大城市落户限制，引导和促进符合条件的农业转移人口在城镇落户定居。

（2）推进公共服务和社会福利体系均等化。农村转移人口进城落户后，逐步实现其在子女教育、文化休闲、医疗卫生、就业服务、劳动报酬、住房租购方面与城镇居民享受同等待遇，促进基本公共服务和社会福利均等化。

（3）推进户籍制度与社会保障制度改革和衔接。逐步将农村转移人口纳入社会保障体系，实现社会保险关系在不同统筹区的转移接续和不同制度间的衔接转换，提高统筹层次，逐步实现社会保障全覆盖。

四　建立土地基金

土地基金是以土地资源为载体，为了促进土地资源的合理开发和利用或促进公共基础设施的建设，而设立的一种专门的基金。其最主要的意义在于利用基金良好的管理模式，归集不同时期的、零散的土地收益或其他资金，用于土地整理开发及基础设施建设等，使过去土地收益及投资开发的短期性、分散性及无目标性转变为可持续的、资金集中的和有明确长远目标的基金使用和投资模式，最终有利于土地资源的合理开发与利用。

由于我国实行土地公有制和特殊的土地使用权出让方式，一定程度上掩盖了土地的资产特性。随着我国多年来不断深入地开展土地使用制度改革，实行土地使用权同所有权分离，土地使用权可以出让、转让，可以进入市场流通，这使得土地的资产特性又逐步体现出来。在农村土地股份制改革过程中，伴随着农地的巨大活力释放与价值实现，土地基金对于巨额土地增值利益管理与分配具有重要意义。

该类基金的来源，主要可通过股份制改革过程中的公积金、公益金形式提取，待形成规模后，可推行社会募集、项目基金融资等市场化手段运作。

该类基金除用于土地整治改良外，尚应更多考虑对农民社会福利的提高和乡村基础设施的改善，辅以政府公共服务、公共产品的均等化改革，最大限度缩小城乡差距，一方面提升农村的居住质量，另一方面缓解城市的人口压力。

五　建设农业保护区

农村土地股份制改革是保证农村土地集体所有制基本框架下的农村经济经营模式和生产方式的变革，但其实现必然涉及农村地权改造，与现行建设用地使用权流转机制、基本农田保护制度、用途管制、房地产市场等产生冲突和冲击，若大面积迅速铺开会带来重大的政治与社会风险，故而应采取循序渐进、连片规划方式进行。

建立农业保护区，不仅是发达国家的成功经验，理论研究领域亦相当成熟，毋庸赘述。但针对中国具体国情，在划定农业生产永久区域时，尚应注意如下两方面：第一，立足地区差异，实施动态管理，按照土地规划法律规范，由国家统筹，结合各地区自然因素和社会经济因素，确定各地农业保护区标准和数额，实行区域化、动态化管理原则；第二，农业保护区内部和外部实行分类管理。

农业保护区之内应严格执行统一规划和用途管制。农业保护区之外则对土地权利进行改造，实现土地市场化、资本化和证券化。

可喜的是，《土地管理法》修正案通过第 33 条确立了国家永久基本农田保护制度，为达成上述目标提供了有力的制度支持。

六　建立农业保险公司，保障工商资本利益

城市工商资本"下乡"是农村土地股份制改革的资本来源要素。除解决农业资金短缺问题外，工商资本尚能为农业、农村、农民带去先进的技术、科学的管理模式、可持续发展理念，从而引领农村从传统落后的粗放型经济模式转型为集约型经济模式。

但诚如前述，工商资本"下乡"固然有其寻利动机，也有广阔的投资空间和多元化盈利路径，但基于农业产业的脆弱质性和内在风险，加上与农户、农民之利益纷争极有可能导致工商资本"血本无归"，进而遏阻工商资本"下乡"的投资动因。故而笔者主张，保障工商资本的正当权益不仅需要法权层面的完善，还需要强有力的保护性制度，而农业保险公司可以降低城市工商资本"下乡"的风险，提升其积极性和拓展力，有利于长久持续地保障农业产业的"源头活水"。

七　确立科学、客观的效益评估机制

对农村土地股份制改革，应建立科学、客观的效益评估机制。

在现行农村土地立法之价值缺失与制度漏洞的基础上，剖析股份制运行所带来的综合效益，此类效益评估的结果能够明晰展示制度改革的实际影响，为制度重塑与修复作出预测和参考。而在此制度重塑中，应注意的是对农村土地的用途管制，其能在社会公益与个人私益中起到较为关键的作用，对股份制效益而言也是重要影响因子。

笔者认为，应当重视的是如下两类评估。

（一）社会效益评估

1. 股份制改革是否有利于缩小城乡差别

国家与农民之间通过土地合同建立起来的是一种典型的土地契约关系，双方当事人的法律地位、人格平等，其利益协调取决于私权领域之私法自治而非国家强制。由此，应一方面消解现行地权立法中农民的弱势法律地位；另一方面有效阻却现行户籍政策、再分配机制所造成的城乡差别规则。

2. 股份制改革是否有利于促进社会流动，农村劳动力转移市场化

土地权利的自由实则意味着农民作为劳动力的自由，征诸各发达国家与传统发达封建经济时期的规律，土地股份制之后，因地权集中、大地产的出现、农业科技水平的提高，必然使农村大量剩余劳动力遵循劳动力价值市场规律自由流动。

3. 股份制改革是否有利于集聚社会保障所需的庞大社会资本

农村土地股份制改革之后，农村土地所有增值利益除土地使用人应得部分外，国家可通过税收、土地发展基金两个渠道完成广大农村社会保障所需资本。

（二）经济效益评估

1. 是否有利于实现规模化并有力突破小农经济的历史性弊端

现行农村土地制度存在追求公平而难以兼顾效益的历史性缺陷，这导致我国农村长期处于小农经济的循环模式，难以破茧。农村土地的股份制改革不仅可以在追寻公平的前提下实现农村土地的规模化利用，而

且可以进一步推动机械化大生产。

2. 是否有利于促进农村土地的市场化、商品化

现行农村地权结构的单一性、封闭性必然导致土地趋于实现其社会保障功能，地权流转受限过多，土地商品化、市场化程度低。股份制改革之后，有望建立起全国统一的土地权利流转市场，最终实现土地的市场化。此点必然加速土地商品化过程，在全国形成较为统一的土地市场及其相应的价格体系。

3. 是否有利于通过股份制改革建立合理的土地增值利益分享机制

农村土地股份制改革必然使国家与农民、农民与具体土地使用人之间关系契约化、市场化，借此实现合于公平正义的土地利益分享机制。

4. 是否有利于确立一种有效的激励功能

从经济学角度分析，就农村经济而言，平等身份、自由劳动力、土地私有化、土地利益构成斯密动力所需的前提基础。股份制改革的现实合理性即在于充分反映了土地利润所带来的劳动分工及其专业化水平以及由此导致的社会性变革，而土地利润也将成为土地使用人生产的激励因素。

5. 是否有利于带动城市工商资本的乡村投入

现行农村地权结构的封闭性及低效益根本不可能吸引城市资本或工商业资本向农村投入，农村的发展仅限于农民有限的积累与国家财政支援。农村土地股份制改革之后，开放性的地权结构必然带动各种生产力要素的提高，特别是大量的城市资本或工商业资本甚至外来资本根据市场需求会遵循市场规律流向农村。

参考文献

（以引注先后为序）

《马克思恩格斯全集》（第 46 卷），人民出版社，2003。

《马克思恩格斯选集》（第 4 卷），人民出版社，1995。

A. M. Honore, "The System of Full Liberal Ownership, 'Social Justice'," in R. S. Summers（ed.）, *Essays in Legal Philosophy*, Oxford: Clarendon Press, 1968.

周其仁：《中国农村改革：国家和所有权关系的变化（上）——一个经济制度变迁史的回顾》，《管理世界》1995 年第 3 期。

杜颖：《日本的近现代土地所有权理论》，《中外法学》1997 年第 3 期。

高圣平：《新型农业经营体系下农地产权结构的法律逻辑》，《法学研究》2014 年第 4 期。

刘欣：《当前中国社会阶层分化的制度基础》，《社会学研究》2005 年第 5 期。

周天勇：《农村土地制度改革的模式比较和方案选择》，《中国经济时报》2004 年 2 月 26 日。

周天勇：《土地制度改革的几个问题》，《经济参考报》2004 年 11 月 17 日。

冯善书：《广东"土地入股"遭遇退股流》，《中国改革》2008 年第 5 期。

傅晨、杨钢、郭晓鸣：《农村集体经济组织管理体制改革的探索——广州市天河区社区股份合作制考察》，《社会科学研究》1994 年第 1 期。

陈暹秋、郑划：《广州社区集体经济引入股份制改造合作制做法及意义》，《农村经营管理》2004 年第 4 期。

韩松：《论农民集体土地所有权的集体成员受益权能》，《当代法学》2014 年第 1 期。

邓伟志：《对深化农村集体土地产权制度改革的建议——以上海九星村为例》，《探索与争鸣》2006 年第 7 期。

房绍坤：《物权法用益物权编》，中国人民大学出版社，2007。

马新彦、李国强：《土地承包经营权流转的物权法思考》，《法商研究》2005 年第 5 期。

宋志红：《土地承包经营权入股的法律性质辨析》，《法学杂志》2010 年第 5 期。

高海：《土地承包经营权入股的法律性质探析》，《法学论坛》2011 年第 3 期。

冯曦：《家庭土地承包经营权入股公司的法律建构——基于公司双重资本制》，《法学杂志》2013 年第 2 期。

郝大江：《区域经济增长的空间回归——基于区域性要素禀赋的视角》，《经济评论》2009 年第 2 期。

王中伦、李明、梁蔚、刘立才：《重庆市南川区笋竹产业化发展对策》，《世界竹藤通讯》2009 年第 2 期。

孟芮溪、杨耀文：《何处觅品质 "金佛山"中来》，《中华合作时报》2013 年 12 月 6 日。

程郁、张云华、王宾：《农村土地产权抵质押：理论争论、现实困境和改革路径》，《金融监管研究》2014 年第 10 期。

兰庆高、惠献波、于丽红、王春平：《农村土地经营权抵押贷款意愿及其影响因素研究——基于农村信贷员的调查分析》，《农业经济问题》2013 年第 7 期。

李辰未、于丽红、兰庆高：《农地经营权抵押贷款制约因素分析——以辽宁法库县为例》，《农村经济与科技》2014 年第 2 期。

房启明、罗剑朝、蔡起华：《农地抵押融资意愿与最优土地规模》，《华南农业大学学报》（社会科学版）2016 年第 6 期。

黄惠春、徐霁月：《中国农地经营权抵押贷款实践模式与发展路径——基于抵押品功能的视角》，《农业经济问题》2016 年第 12 期。

邱继勤、邱道持、王平：《农村土地抵押贷款面临的挑战与政策检讨——以重庆市开县为例》，《农村经济》2012 年第 2 期。

郭继：《土地承包经营权抵押的实践困境与现实出路——基于法社会

学的分析》,《法商研究》2010 年第 5 期。

于丽红、陈晋丽:《农村土地经营权抵押贷款的经验与启示:昌图县案例》,《农村经济》2014 年第 4 期。

藏波、杨庆媛、周滔:《农村土地收益权证券化的农户意愿及其影响因素——基于重庆市 11 个典型村的调研》,《中国人口资源与环境》2013 年第 6 期。

程郁、张云华、王宾:《农村土地与林权抵押融资试点调查》,《中国经济时报》2016 年 4 月 15 日。

刘云生、吴昭军:《农村土地股份制改革中的行为特征》,《求实》2016 年第 9 期。

吴长波、徐鑫:《日本农业产业化法律政策及启示》,《广东农业科学》2012 年第 2 期。

李燕琼:《日本政府推进农业规模化经营的效果及对我国的启示》,《农业技术经济》2004 年第 5 期。

赵维清:《日本认定农业者制度及其对我国的启示》,《现代日本经济》2012 年第 2 期。

田毅鹏:《20 世纪下半叶日本的"过疏对策"与地域协调发展》,《当代亚太》2006 年第 10 期。

饶传坤:《日本农村过疏化的动力机制、政策措施及其对我国农村建设的启示》,《浙江大学学报》(人文社会科学版)2007 年第 6 期。

胡霞:《日本过疏地区开发方式及政策的演变》,《日本学刊》2007 年第 5 期。

杨东亮、王羿钦:《日本区域经济发展的集聚式收敛表现》,《现代日本经济》2016 年第 3 期。

黄培红、吴守洋:《金融支持农村剩余劳动力的调查及建议》,《华北金融》2009 年第 3 期。

〔美〕托马斯·内格尔:《平等与偏倚性》,谭安奎译,商务印书馆,2016。

刘云生:《中国古代契约思想史》,法律出版社,2012。

刘云生:《永佃权之历史解读与现实表达》,《法商研究》2006 年第 1 期。

〔美〕米格代尔：《农民、政治与革命：第二世界政治与社会变革的压力》，李玉琪译，中央编译出版社，1996。

Lily L. Tsai, "Social Groups, Information Accountability, and Local Public Goods Provision in Rural China," *American Political Science Review*, Vol. 101, No. 2., 2007, pp. 355-372.

赵树凯：《农民的政治》（增订版），商务印书馆，2012。

林毅夫：《关于制度变迁的经济学理论：诱致性变迁与强制性变迁》，载〔美〕科斯（Coadse R.）等《财产权利与制度变迁：产权学派与新制度学派译文集》，上海三联书店、上海人民出版社，1994。

黄少安、刘海英：《制度变迁的强制性与诱致性——兼对新制度经济学和林毅夫先生所做区分评析》，《经济学动态》1996年第4期。

刘云生：《制度变异与乡村贫困——中国农村土地利益分配法权研究》，法律出版社，2012。

〔法〕谢和耐：《中国社会史》，耿昇译，江苏人民出版社，1995。

葛剑雄：《统一与分裂：中国历史的启示》，商务印书馆，2013。

黄风：《罗马私法导论》，中国政法大学出版社，2003。

〔美〕王国斌：《转变的中国——历史变迁与欧洲经验的局限》，江苏人民出版社，1999。

韦森：《斯密动力与布罗代尔钟罩——研究西方世界近代兴起和晚清帝国相对停滞之历史原因的一个可能的新视角》，《社会科学战线》2006年第1期。

温铁军：《"三农"改革：中国道路的根本问题》，载东方出版社经济编辑部编《改革重启中国经济：权威学者谈十八届三中全会》，东方出版社，2014。

周建春：《中国耕地产权与价值研究——兼论征地补偿》，《中国土地科学》2007年第1期。

丁成日：《中国征地补偿制度的经济分析及征地改革建议》，《中国土地科学》2007年第5期。

李强：《影响中国城乡流动人口的推力与拉力因素分析》，《中国社会科学》2003年第1期。

刘云生、黄忠：《重庆地票交易制度创新面临的几个问题》，《决策导刊》2010 年第 8 期。

　　华生：《细读"改革 60 条"：重点、难点与疑点》，载《改革重启中国经济》，东方出版社，2014。

　　刘云生：《统筹城乡模式下的乡村治理：制度创新与模式设计》，《河北法学》2009 年第 2 期。

　　陈映芳：《征地与郊区农村的城市化——上海市的调查》，文汇出版社，2003。

　　杜洪梅：《城市化进程中城郊农民融入城市社会问题研究》，《社会科学》2004 年第 7 期。

　　孙东海：《谨防"郊区陷阱"——与黄向阳博士一席谈》，《安徽决策咨询》2001 年第 Z1 期。

　　〔美〕詹姆斯·C. 斯科特：《农民的道义经济学：东南亚的反叛与生存》，程立显、刘建等译，译林出版社，2001。

　　〔日〕富永健一：《社会学原理》，岩波书店，1986。

　　陆学艺主编《内发的村庄》，社会科学文献出版社，2001。

　　刘云生、李开国、孙鹏：《物权法教程》，中国人民大学出版社，2009。

　　梁慧星：《中国物权法草案建议稿：条文、说明、理由与参考立法例》，社会科学文献出版社，2000。

　　陈甦：《土地承包经营权物权化与农地使用权制度的确立》，《中国法学》1996 年第 3 期。

　　江平主编《中国土地立法研究》，中国政法大学出版社，1999。

　　刘云生：《农村土地使用权抵押制度刍论》，《经济体制改革》，2006 年第 1 期。

　　房绍坤：《用益物权基本问题研究》，北京大学出版社，2006。

　　陈小君：《我国农村土地法律制度变革的思路与框架——十八届三中全会〈决定〉相关内容解读》，《法学研究》2014 年第 4 期。

　　崔建远：《房地产法与权益冲突及协调》，《中国法学》1994 年第 3 期。

　　王家福、黄明川：《土地法的理论与实践》，人民日报出版社，1991。

　　梁慧星：《物权法》，法律出版社，1997。

王卫国：《中国土地权利研究》，中国政法大学出版社，2003。

许经勇、张一力：《我国农业发展新阶段的"三农问题"透析》，《学术研究》2003 年第 5 期。

沈晖、陶田：《发展非农业走城市化道路》，《价格与市场》2003 年第 4 期。

〔意〕桑德罗·斯契巴尼选编《物与物权》，范怀俊译，中国政法大学出版社，1999。

〔英〕梅因：《古代法》，沈景一译，商务印书馆，1959。

程宗璋：《罗马法与日尔曼法物权制度的比较研究》，《济南大学学报》1999 年第 1 期。

〔意〕彼德罗·彭梵得：《罗马法教科书》，黄风译，中国政法大学出版社，1992。

李尚红：《美国的家庭农场制度与我国农业生产经营模式的创新》，《经济纵横》2006 年第 5 期。

李强、王进：《社会失范与心理障碍》，《医学与哲学》2005 年第 4 期。

J. Crocker, et al., "Social Stigma," in D. T. Gilbert, et al. (eds.), *The Handbook of Social Psychology*, Vol. 2, Boston, MA.: McGraw-Hill, 1998.

林毅夫：《再论制度、技术与中国农业发展》，北京大学出版社，2000。

顾准：《顾准文集》，贵州人民出版社，1994。

〔日〕寺田浩明：《清代民事审判与西欧近代型的法秩序》，潘健译，《中外法学》1999 年第 2 期。

马克垚主编《中西封建社会比较研究》，学林出版社，1997。

〔法〕丹纳：《艺术哲学》，傅雷译，人民文学出版社，1986。

〔英〕古奇：《十九世纪历史学与历史学家》（上册），耿淡如译，商务印书馆，1997。

徐莉：《城市化进程中如何解决农地抛荒问题——以四川省为例》，《农村经济》2010 年第 3 期。

费安玲主编《学说汇纂》（第 2 卷），知识产权出版社，2009。

谢特立：《美国农业产业特征与农业推广体系运作、推广目标》，《世界农业》2008 年第 6 期。

梁漱溟：《中国文化要义》，正中书局，1975。

成中英：《知识与价值》，联经图书公司，1986。

〔日〕中村元：《比较思想论》，吴震译，浙江人民出版社，1987。

〔英〕艾伦·沃森：《民法法系的演变及形成》，李静冰、姚新华译，中国政法大学出版社，1992。

刘云生：《物权法》，华中科技大学出版社，2014。

赵冈：《历史上农地经营方式的选择》，《中国经济史研究》2000 年第 2 期。

钱明星：《论物权的效力》，《政法论坛》1998 年第 3 期。

申卫星：《优先权性质初论》，《法制与社会发展》1997 年第 4 期。

董开军：《担保物权的基本分类及我国的立法选择》，《法律科学》1992 年第 1 期。

刘云生、宋宗宇：《中国古代优先权论略——概念·源流·种类》，《重庆大学学报》（社会科学版）2002 年第 3 期。

方文：《群体符号边界如何形成？——以北京基督新教群体为例》，《社会学研究》2005 年第 1 期。

方文：《转型心理学：以群体资格为中心》，《中国社会科学》2008 年第 4 期。

王利明：《物权法论》，中国政法大学出版社，1998。

房绍坤：《用益物权与所有权关系辨析》，《法学论坛》2003 年第 4 期。

〔意〕朱塞佩·格罗索：《罗马法史》，黄风译，中国政法大学出版社，1994。

〔英〕伯尔曼：《法律与革命》，高鸿钧等译，中国大百科全书出版社，1993。

孙宪忠：《德国民法对中国制定物权法的借鉴作用》，《中外法学》1997 年第 2 期。

鄢一美：《俄罗斯第三次民法法典化》，《比较法研究》2000 年第 1 期。

潘颖：《厉以宁：应双向推进城乡一体化改革》，《证券市场周刊》2011年3月14日。

肖胤、周敏飞、刘显海：《全村宅基地入股实现"整村开发"》，《湛江日报》2009年5月15日。

朱良骏：《鼓励以宅基地入股推进改造工作》，《深圳特区报》2008年4月11日。

卢育鸿：《宅基地入股——村民分新房》，《晶报》2010年9月11日。

马琳洁：《以宅基地入股破解安置难题》，《深圳晚报》2009年11月30日。

张润清、乔立娟、宗义湘：《无地农民产生原因、收入来源与生存现状研究——基于河北省32个县的调查分析》，《财贸研究》2008年第3期。

〔日〕於保不二雄：《日本民法债权总论》，五南图书出版公司，1998。

于世刚：《确定感、安全感、控制感——人的安全需要的三个层次》，《社会心理科学》2011年第2期。

费孝通：《乡土中国》，中华书局，2013。

郑丹、大岛一二：《农民专业合作社资金匮乏现状、原因及对策》，《农村经济》2011年第4期。

高飞：《集体土地所有权主体制度运行状况的实证分析——基于全国10省30县的调查》，《中国农村观察》2008年第6期。

黄璜：《合作进化模型综述》，《北京大学学报》（自然科学版）2011年第1期。

胡宗山：《博弈论与国际关系研究：历程、成就与限度》，《世界经济与政治》2006年第6期。

徐旭初、吴彬、高钰玲：《合作社的质性与现实——一个基于理想类型的类型学研究》，《东岳论丛》2014年第4期。

黄少安：《从家庭承包制的土地经营权到股份合作制的"准土地股权"——理论矛盾、形成机理和解决思路》，《经济研究》1995年第7期。

杜静：《江苏农地股份合作社发展模式简析》，《江苏农村经济》2011 年第 4 期。

〔美〕西奥多·W. 舒尔茨：《改造传统农业》，梁小民译，商务印书馆，1999。

李培林、田丰：《城市化与农民工的社会融入》，载李培林等《当代中国城市化及其影响》，社会科学文献出版社，2013。

后 记

循惯例，后记多为感谢感恩而作。

本成果能一次性顺利结题，需要感谢的人太多。

李开国教授、李昌麒教授、刘俊教授、赵万一教授、卢代富教授是我在西南政法大学传道授业的恩师、前辈，正是在他们的引领下，西南政法大学才形成了研究农村土地法制的精良团队，承担了一系列国家级、省部级课题，产出了一批精品。迄今为止，同辈中最早加入团队的孙鹏教授、王洪教授、宋宗宇教授早已蜚声学界，张力教授、张建文教授、黄忠教授、侯国跃教授各具擅场，后辈如张先贵博士、徐文博士、徐银波博士、童彬博士、杨青贵博士、綦磊博士亦渐次显露头角。

2013 年 12 月 1 日，课题组举行开题会，特请时任中南财经政法大学副校长陈小君教授、华东政法大学副校长顾功耘教授、中国人民大学王轶教授和高圣平教授、国家农垦局胡建锋副局长以及西南政法大学李开国教授、赵万一教授、卢代富教授等人参会。与会专家就课题思路、框架、子课题调整提出了建设性意见和要求。特别是陈小君教授、顾功耘教授、胡建锋副局长对课题组的既有优势和不足进行了精准点评并提出八点期望：第一，要遵循有限性、确定性和务实性的原则，将课题的研究对象进一步明确；第二，要坚持在当前土地制度的基础上进行优化改革；第三，在制度设计上要牢记理论探索和制度设计的关系，即前者服务后者，后者以前者为依托；第四，在研究思路上要遵循从解释学到立法论的逻辑思路；第五，在坚持有关原则方面，要注意与《宪法》和相关法律制度相结合；第六，要回归传统概念；第七，子课题须有充足的实践支撑；第八，在流程的设计上要更加合理高效。

上述要求不仅决定了本课题的基本定位，也为本课题的思路调整提供了科学、合理且易于操作的研究方案。可以说，没有上述前辈、同人的无私扶持、奉献，如此庞大、复杂的课题势难完成。

中国人民大学王利明教授始终关注、关心本课题的研究定位、路向和技术方案，无论是在人民大学的办公室，还是在学术会议的茶歇厅廊，抑或在自助餐的餐桌上，都留下了利明教授的殷切关怀和真知灼见。

感谢广州大学法学院应飞虎教授，广东外语外贸大学土地法制研究院高飞教授、耿卓教授，上海海事大学法学院张先贵博士，他们无数次的研讨、电访，都为本成果增色添彩。

感谢课题试验点、观测点的各位领导、朋友。特别是重庆市南川区法制办的刘达文主任、江西省人民政府办公厅的吴晓晖处长、福建省永春县农办的相关领导，正是这些试验点、观测点为课题调研提供了极大的便利，也提供了可贵的数据与个案。

感谢西南政法大学付子堂校长、岳彩申副校长和科研处孙宝刚副处长等领导和工作人员，没有他们的真诚支持和科学管理，就不可能有课题的成功申报，更不会在迟滞期重振信心，砥砺前行。

2017年暑期，再一次举家到东北大姑家修改、完善结题报告。自晨而暮，分秒不懈。大姑李静涛女士、姑爹薛洪付先生以及表弟弟媳承担了全部的家务劳作，遥申谢忱！

一路走来，内子李星蕾女士从课题申报到中期检查直至结题验收，都倾注了大量心血；岳父母身居沙坪坝照料小儿高三迎考，免去了本人所有的后顾之忧，使我得以独闭书斋，潜心学术。

感谢刘门弟子数年来的辛勤付出。欧家路、童彬、陈玮煌、徐文、綦磊、李晓伟、徐迪锋、吴昭军、卞开星等弟子不仅跟随调研，还承担了课题研究所有的庶务杂务。

感谢教育部社科司的人性化、科学化管理！

感谢社会科学文献出版社芮素平编辑的精心付出！

诚如陈小君教授所论，农村土地问题是中国的关键、核心问题，但必须找到真问题，才能作出有益的学术研究，也才能产出有用的学术成果。此点决定了农地研究的未来方向，自然，也成为本人和团队未来研究的动力。

刘云生
2020-12-10
倚莲半岛 排云轩

图书在版编目（CIP）数据

农村土地股份制改革的理论探索与制度设计／刘云
生著. -- 北京：社会科学文献出版社，2024.6
ISBN 978-7-5228-2685-1

Ⅰ.①农…　Ⅱ.①刘…　Ⅲ.①农村-土地-股份制-
改革-研究-中国　Ⅳ.①F321.1

中国国家版本馆 CIP 数据核字（2023）第 197390 号

农村土地股份制改革的理论探索与制度设计

著　　者／刘云生

出 版 人／冀祥德
责任编辑／芮素平
文稿编辑／白金玉
责任印制／王京美

出　　版／社会科学文献出版社·法治分社（010）59367161
　　　　　　地址：北京市北三环中路甲 29 号院华龙大厦　邮编：100029
　　　　　　网址：www.ssap.com.cn
发　　行／社会科学文献出版社（010）59367028
印　　装／三河市东方印刷有限公司

规　　格／开本：787mm×1092mm　1/16
　　　　　　印　张：14.75　字　数：228 千字
版　　次／2024 年 6 月第 1 版　2024 年 6 月第 1 次印刷
书　　号／ISBN 978-7-5228-2685-1
定　　价／88.00 元

读者服务电话：4008918866